普通高等教育“十三五”规划教材

学前教育专业系列教材

学前儿童科学教育

刘敏钰　主编

任丽平　郑　珂　副主编

科学出版社

北　京

内 容 简 介

本书遵循《幼儿园教育指导纲要（试行）》和《3—6岁儿童学习与发展指南》的精神，吸收当前国内外学前儿童科学教育理论和实践的研究成果，密切结合学前教育教学实践，充分体现学前儿童科学教育的先进理念，全面系统地介绍了学前儿童科学教育的基础理论、目标与内容、方法、评价等方面，力求贴近幼儿园课程改革的实际，旨在培养学生从事学前儿童科学教育的能力和专业素质。

本书内容选择具有时代性，结构编排突出实践性，教学资源体现实用性，重点章节选取的优秀案例具有指导、示范作用，思考与实践中的实践性题目可帮助学生提高应用能力。

本书可作为高等院校学前教育专业教材，也可作为幼儿园教师职后培训教材或学前教育工作者的参考用书。

图书在版编目（CIP）数据

学前儿童科学教育/刘敏钰主编．—北京：科学出版社，2018
（普通高等教育“十三五”规划教材・学前教育专业系列教材）
ISBN 978-7-03-056441-2

Ⅰ．①学…　Ⅱ．①刘…　Ⅲ．①学前儿童-科学教育学-高等学校-教材
Ⅳ．①G613

中国版本图书馆CIP数据核字（2018）第017259号

责任编辑：冯　涛／责任校对：马英菊
责任印制：吕春珉／封面设计：东方人华

科学出版社 出版
北京东黄城根北街16号
邮政编码：100717
http://www.sciencep.com

三河市骏杰印刷有限公司印刷
科学出版社发行　各地新华书店经销

*

2018年4月第　一　版　开本：787×1092　1/16
2018年4月第一次印刷　印张：16
字数：370 000

定价：40.00元

（如有印装质量问题，我社负责调换〈骏杰〉）
销售部电话 010-62136230　编辑部电话 010-62130750

前　言

本书根据教育部《幼儿园教育指导纲要（试行）》和《3—6岁儿童学习与发展指南》的基本精神和原则，按照高等教育学前教育专业课程改革的要求和社会对学前教育专业人才的需求实际编写而成。本书密切结合学前教育教学实践，内容选择和结构编排力求在保持理论体系完整的同时突出实践性，重点章节中选取的优秀案例具有指导、示范意义，书中各章均有思考与实践题，对学生的教育教学实践能力和信息技术教育能力提出了一定要求，以适应“互联网＋”时代的需要，加强对学生专业素质的培养。

全书共分为八章。第一章为学前儿童科学教育概述，主要介绍学前儿童科学教育的内涵与意义、国内外学前儿童科学教育的发展和学前儿童科学教育的有关理论。第二章为学前儿童科学教育的目标与内容，主要介绍学前儿童科学教育目标的结构、内容，学前儿童科学教育的内容范围，以及学前儿童科学教育内容的选编原则、要求和具体方法。第三章为学前儿童科学教育的方法，主要介绍学前儿童科学教育的观察、小实验、种植与饲养、分类、测量、信息交流、科学游戏、早期科学阅读等方法。第四章为学前儿童的数学认知教育，主要介绍学前儿童数学认知教育的意义、目标、内容、方法和途径等。第五章为学前儿童科学教育活动设计与指导，主要介绍学前儿童科学教育活动的分类与特点、设计原则、集体性科学教育活动的设计与指导、区域性科学教育活动的设计与指导、一日生活中的科学教育活动设计与指导、整合性科学教育活动设计与指导。第六章为学前儿童科学教育的资源与环境，主要介绍学前儿童科学教育的资源种类、学前儿童科学教育环境的内涵与创设原则、物质环境的创设、心理环境的创设以及自然资源的利用。第七章为家庭与社区的学前儿童科学教育，主要介绍家庭中的学前儿童科学教育、社区中的学前儿童科学教育。第八章为学前儿童科学教育评价，主要介绍学前儿童科学教育评价的内容、标准和方法。

本书由陕西学前师范学院刘敏钰教授担任主编，任丽平、郑珂担任副主编。具体分工为：刘敏钰负责全书的统稿、定稿并编写第一章；杨丽军编写第二章；赵勃编写第三章；任丽平编写第四章、第八章；程欣编写第五章；郑珂编写第六章、第七章。

本书编撰历时几载，在编写过程中得到了单位领导的关心和支持，听取了西安市多所幼儿园的教师及高校学生的意见和建议，引用了国内外幼教专家、同行的研究成果，在此一并表示衷心感谢！

鉴于编者水平有限，书中难免存在疏漏和不足之处，敬请广大读者批评指正。

编　者

2017年9月10日

目　录

第一章 学前儿童科学教育概述

自 21 世纪以来，随着互联网的迅猛发展，特别是近几年“互联网+”给各行各业带来的巨大变化，人们对科学技术的认识愈加深刻，国际竞争愈加激烈，全球教育正面临前所未有的挑战。科学教育是当前世界各国教育改革的热点之一。科学教育包括从学前阶段到大学阶段的一系列教育。学前阶段的科学教育是整个科学教育教育体系的基础，作为科学启蒙教育，它对人的一生会产生很大影响。重视儿童科学教育已成为全球性的大趋势。

在我国，学前教育已纳入基础教育序列。国民的科学素养是国民素质的重要组成部分，如何开展学前儿童科学启蒙教育，已成为当前学前儿童教育工作者关注的重要问题。

第一节 学前儿童科学教育的内涵

一、科学

随着时代的发展，人们越来越发现“科学”就在我们的生活当中，我们正在不断享用科学发明和技术的多种成果，如电脑、网络、智能手机、高铁、机器人等。尽管科学在我们的生活中无处不在，但人们目前还没有一个完全一致的认识和明确的定义，那么科学究竟是什么？ 它包含不同层面的内涵。

（一）科学是知识体系

科学，分科而学的意思，后指将各种知识通过细化分类（如数学、物理、化学等）研究，形成逐渐完整的知识体系。它是关于发现发明创造实践的学问，是人类探索研究感悟宇宙万物变化规律的知识体系的总称，是建立在实践的基础上，经过实践检验和严密逻辑论证的，关于客观世界各种事物的本质及运动规律的知识体系。

科学是运用范畴、定理、定律等思维形式反映现实世界各种现象的本质和规律的知识体系[①]。从静态的角度来看，科学是知识，根据研究对象的不同，可分为自然科学、社会科学和思维科学等。

① 辞海编辑委员会，2000．辞海［M］．上海：上海辞书出版社．

1. 自然科学（natural science）

自然科学是研究自然界的物质形态、结构、性质和运动规律的科学，包括物理学、化学、生物学、天文学、地质学、气象学、建筑学、地理学、医学、农学、心理学、信息学、工程学、机械电子学、系统科学、数学、计算机科学等。其目的在于认识自然规律，为人类正确改造自然开辟道路。

2. 社会科学（social science）

社会科学有广义和狭义之分。广义的“社会科学”，是人文科学和社会科学的统称，除了自然科学涵盖的范围，其余的科学都属于社会科学，包括文学艺术等。不过，一般的社会科学是指用科学的方法研究人类社会的种种现象，艺术、文学等人文科学除外。

社会科学是指以社会现象为研究对象的科学，包括政治学、经济学、管理学、法学、社会学、语言学、逻辑学等。其任务是研究并阐述各种社会现象及其发展规律。

3. 思维科学（noetic science）

思维科学是研究人的思维产生、变化和发展规律的科学，包括数学、哲学、心理学、计算机科学等。

思维是人所特有的认知能力，是人的意识掌握客观事物的高级形式。思维在社会实践的基础上，对感性材料进行分析和综合，通过概念、判断、推理的形式，形成合乎逻辑的理论体系，反映客观事物的本质属性和运动规律。思维过程是一个从具体到抽象，再从抽象到具体的过程，其目的是在思维中再现客观事物的本质，达到对客观事物的具体认识。思维规律由外部世界的规律所决定，它是外部世界规律在人的思维过程中的反映。思维是人脑对客观事物的反映。

思维科学的基础是思维学和社会思维学。思维学有三个组成部分：①抽象（逻辑）思维学。抽象思维是可以用计算机来代替人脑工作的那部分思维。②形象（直感）思维学。形象思维建立在经验或直感的基础上。形象思维学主要研究人类根据经验或直感产生智能活动的行为，以及如何用计算机实现这一过程并使之上升为理论。③灵感（顿悟）思维学。灵感思维是形象思维的扩展，由直感的显意识扩展到灵感的潜意识。

社会思维学则是研究人、集体是怎样思维的。人认识客观世界不但要靠直接实践，而且还要利用人类过去积累的知识。因此，人的思维活动具有集体性质。

科学有广义和狭义之分。广义的科学是关于自然、社会和思维的知识体系，狭义的科学是揭示自然的本质和规律的知识体系，即自然科学。本书所阐述的科学特指狭义的科学，即自然科学和数学。

作为知识体系，科学知识包括概念、原则与原理，具有抽象概括性、真理性、经验性和可重复性等不同于其他知识的特点。

（二）科学是过程

随着对科学本质认识的不断深入，人们逐渐发现，不能完全用知识体系来解释科学，而应该用动态的观点对科学进行诠释，把科学看作获取知识、探索自然奥秘的认识活动，创造知识的认识活动和过程。

从动态的角度去分析，科学是获取知识的过程，是一种动态的活动，是使主观认识与客观实际实现具体统一的实践活动。

（三）科学是世界观

科学是世界观，是一种看待世界（包括对科学活动和科学知识本身）的方法和态度，与迷信、盲从相对立，科学是一种人生态度，是一种精神。

科学精神是人们在长期的科学实践活动中形成的共同信念、价值标准和行为规范的总称，是指由科学性质决定并贯穿于科学活动之中的基本的精神状态和思维方式，是体现在科学知识中的思想或理念。科学精神的本质是敢于探索、敢于创新、敢于失败，是有坚持力、不怕困难、不辞辛劳、勇于创新的精神。

从广义上讲，科学意味着认识世界的方式和看待世界的方式。尽管科学排斥任何主观的价值判断，但是又不可否认，科学本身就是一种价值观。科学体现了人类共同追求和崇尚的价值观——诚实、勤奋、公正、好奇、愿意接受新思想、敢于怀疑和想象等。

因此可以说，科学是人们对客观世界形成的一种正确认识和知识体系，同时也是人们探索世界、获取知识的过程，更是一种看待世界的方法、态度和精神[①]。

二、学前儿童的科学

正式进入小学阶段学习前的儿童统称为学前儿童，即 0～6 岁的儿童，包括婴儿期（0～3 岁）和幼儿期（3～6 岁）的儿童。本书的学前儿童仅指幼儿期的学前儿童。

天文学家萨根说过：“每个人在他们幼年时期都是科学家，因为每个孩子和科学家一样，对自然界的奇观满怀着好奇和敬畏。”在学前儿童教育实践中，不难发现每一个儿童都是天生的科学家，他们认识事物具有如下特点[②]。

（一）与生俱来的像科学家一样的好奇心和探究欲望

孩子从一出生起就与科学结下了不解之缘，这也可以说是从我们祖先那里承袭来的。儿童个个都是天生的科学家，他们好奇、好探索，他们生机勃勃、精力充沛，不知疲倦地探索周围的世界。正因为有着强烈的好奇心和探究欲望，每个孩子都有一双敏锐的眼睛，没有什么东西能逃过孩子们的注意，越是不知道或被禁止触摸的东西，他们就越想探个究竟或试试自己的想法，好奇心和探究热情绝不亚于科学家。只要留心，不难发现，儿童最初关心的问题都和自然环境有关：天为什么是蓝的？小草为什么是绿的？天为什么会下雨？月亮为什么会住在天上？太阳为什么是圆的？鸟儿为什么在天上飞……几乎都是最基本的科学问题。可以说，科学家们在以专业的方式从事儿童自然而然在做的事，寻找儿童最关心的问题的答案。

① 张俊，2006. 幼儿园科学教育［M］. 北京：人民教育出版社.

② 每一个幼儿都是小小的科学家. 改编. http://blog.sina.com.cn/s/blog_5f2e35600100cfvy.html.

（二）通过体验获得直接经验，以语言或非语言的形式表达和交流

幼儿除了好奇、好问、好探索，关心许多“高深的科学问题”外，还是勇于行动的实践者，通过直接经验来认识事物的人。心理学研究一再证明，幼儿的年龄特点决定了他们对事物的认识是感性的、具体形象的，思维常常需要动作的帮助。他们对物质世界的认识，必须以具体的事物和材料为中介与桥梁，在很大程度上要借助对物体的直接操作。例如，面对一摊烂泥，孩子可能会想：“如果我一脚踩下去，会发生什么事？泥巴踩上去会怎么样？会不会从我的脚趾缝挤上来？”紧接着，他便一脚踩下去，以证实他的想法。又如下雨之后，我们越不让孩子们去踩水坑，孩子们越要往水坑里走，孩子们正是通过与物的直接相互作用来获得有关认识的。正如皮亚杰所说：“认识既不来源于客体，也不来源于主体，而是发生于主客体的相互作用。”不仅如此，孩子们和科学家一样，也使用科学探究方法，只是不自觉而已。而且，由于经验水平和思维特点所限，幼儿探究解决问题的过程和方法具有很大的试误性。他们对事物特点的认识和对事物间关系的发现需要尝试多次，或不断排除无关因素，才能接近答案。一个 3 岁半的幼儿在第一次接触橡皮泥时想用它做糖球，他把橡皮泥一小块一小块地揪下来，再用几小块橡皮泥合在一起做糖球。老师发现，他每揪一块橡皮泥都在脸上蹭一下，就好奇地问：“你这（做往脸上蹭的动作）是什么意思呢？”幼儿认真地说：“我试试橡皮泥黏不黏。”幼儿一直一丝不苟地试着，偶尔有一次忘了往脸上蹭，还马上拿回来再补试一次……三十几次后，他不试了，终于相信了橡皮泥的黏性。

（三）获得的知识经验具有非科学性，是对世界的独特理解

幼儿对事物的认识和解释，所获得的知识经验，受其原有经验和思维水平的直接影响，形成幼儿期所独有的“天真幼稚的理论”和“非科学性的知识经验”。孩子们总是用原有经验解释事物。教师说小朋友喝开水身体好，幼儿就会用开水去浇花；懂得了种子泡在水里能发芽、长大，他就会把落在地上的小花瓣拾起来，泡在水里，让它长大。幼儿不能抓住事物的本质特征，对事物及其关系的解释只是根据具体感知到的表面现象来进行。在问幼儿“月亮为什么不会掉下来”时，幼儿会回答“月亮因为明亮，所以不会掉下来”。幼儿在探索使小电灯亮起来的方法时，虽然他只是把横放在桌面上的电池竖了起来，连接方式没有丝毫改变，但他会惊喜地报告，他又发现了一种新的连接方法。幼儿还总是用“儿童独特的眼光”来看待事物及其关系，对事物及其关系的解释具有“人为的”和“万物有灵论”的色彩，幼儿的这一特点是我们早已熟知的。他们相信每一件东西都是由人创造的；他们还相信自然界的事物像他们一样，是有生命、有意识、有意图和有情感的。幼儿在认知发展上的这些局限性，决定了他们能理解的科学知识，具有一定程度的非科学性，决定了他们不能像中小学生那样学习真正的科学概念，而只能获得一些有关周围世界的浅显的知识经验。

理解了科学的内涵，了解了儿童认识事物的特点，我们就不难理解学前儿童的科学。所谓学前儿童的科学，是指学前儿童看待世界的方法。学前儿童对自己经常接触的周围世界中的各种事物和现象怀有强烈的好奇心，总是在与周围环境接触中了解和认识世

界，他们所感兴趣的是一些看来浅显和天经地义的事实或物体之间的联系。学前儿童的科学与成人的科学不同，因为前者是以动作逻辑为基础，后者是以形式逻辑为基础[①]。学前儿童的科学具有经验性、表面性、主观性、朴素性等特点。

三、学前儿童科学教育

（一）科学教育

科学教育是培养科学技术人才和提高全民族科学素养的教育，是教育的一个组成部分，是以数学和自然科学为主的社会活动，涵盖了幼儿园科学领域教育，小学的数学和科学教育，中学的物理、化学、生物等教育以及大学自然科学各学科的专业教育。

中国科学院院士、第六届中国科协主席、第九届全国人大常务委员会副委员长周光召教授，为中国工程院院士韦钰亲自翻译的《科学教育的原则和大概念》一书撰写了中文版序，他写道："科学教育无论对科学的未来还是对世界的未来来说都是极为重要的。随着科学技术成为现代社会的第一生产力，科学态度、科学方法、人文和科学精神成为现代公民基本的素质，几乎所有国家都认识到科学教育关乎国家和民族的兴衰。为了应对 21 世纪的社会发展的挑战，各国纷纷进行教育改革，从而能给国民提供更高质量的科学和人文教育，培养适应未来社会发展的创新人才。""我们科学教育的目的已经逐渐由培养社会中少数科技精英转变为面向每一个人，成为培养合格公民的基本要求之一。"

科学教育是一种以传授基本科学知识为手段，以素质教育为依托，体验科学思维方法和科学探究方法，培养科学精神与科学态度，建立完整的科学知识观与价值观，进行科研基础能力训练和科学技术应用的教育。随着科学技术的飞速发展、高科技产业及产品的不断涌现，现代社会生活对人们的生活技能不断提出新的要求，人们不仅要掌握较高的科学文化知识，还要具备相当的科学素养。科学素养既包含现代科技知识，也包含科学态度、科学方法、科学能力与行为习惯等方面。与以往的科学教育相比，现代科学教育在教育目标上以科学素养为中心，在教育内容上着重强调现代科技与日常生活的结合，在学习过程中重视实践活动。幼儿园、中小学和大学阶段的科学教育是提升全体学生科学素养和创新能力的系统教育活动，而不是为了培养科学家所进行的教育。科学教育的基本目标包括三个方面：科学知识技能、科学方法和科学精神[①]。

（二）学前儿童科学学习

学前儿童的思维以具体形象思维为主，因此在科学学习中具有其学习的特殊性，即直接感知、亲身体验和实际操作。

幼儿的科学学习是在探究具体事物和解决实际问题中，尝试发现事物间的异同和联系的过程。幼儿在对自然事物的探究和运用数学解决实际生活问题的过程中，不仅可以获得丰富的感性经验，充分发展形象思维，而且可以初步尝试归类、排序、判断、推理，逐步发展逻辑思维能力，为其他领域的深入学习奠定基础。幼儿科学学习的核心是激发探究兴趣，体验探究过程，发展初步的探究能力。

---

① 施燕，2014．学前儿童科学教育与活动指导［M］．3 版．上海：华东师范大学出版社．

学前儿童科学学习具有一般性和年龄段的特点，具体如表 1-1 所示。

表 1-1　学前儿童科学学习的特点

一般性特点	年龄段特点		
	3～4 岁	4～5 岁	5～6 岁
1.具有强烈的好奇心和探索欲望 2．以自我为中心 3．所得知识为经验积累	1．处于不分化的混沌认识状态 2．认识带有模仿性，缺乏有意性 3．认识带有明显的拟人化倾向 4．认识带有表面性和片面性	1．好奇、好问 2．初步理解科学现象中的表面的、简单的因果关系 3.可以根据事物表面特征、功用和情境进行概括分类	1.初步理解科学现象中内在的、隐蔽的因果关系 2.可以根据事物的本质属性进行概括分类

（三）学前儿童科学教育的含义

学前儿童科学教育是指教师引导幼儿对周围物质世界进行探究，以培养他们的科学素养为目的的活动。具体地说，学前儿童科学教育是指教师引发、支持和引导幼儿对周围物质世界进行主动探究，以帮助幼儿形成科学情感和态度，掌握科学方法，获得有关周围物质世界及其关系的科学经验的活动[①]。即在教师的指导下，幼儿通过自身的活动，对周围物质世界进行感知操作、发现问题、寻求答案，在这一探索过程中，幼儿获得广泛的科学经验、学习科学方法，发展探究解决问题的能力和好奇心，并享受自己的成功，得到愉悦的情绪体验，产生学习科学的兴趣，萌发对大自然的关注和热爱。因此，学前儿童科学教育是引导幼儿主动学习、主动探索的过程；是支持幼儿亲身经历探究过程、体验科学精神和探究解决问题策略的过程；是使幼儿获得有关周围物质世界及事物之间的关系的感性认识和经验的过程。

与其他学段的教育相比，学前儿童科学教育具有其自身的特点[②]：

（1）学前儿童科学教育目标的全面性

学前儿童的科学教育是科学启蒙教育，其目的不仅是让幼儿获得科学经验，而且要让其在获得经验的过程中，身心全面和谐发展。科学探究活动不仅对幼儿进行了科学素养的早期培养，还能够促进他们认知、情感、技能、社会性等方面的发展，同时，让幼儿的情感与有意义的探究紧密联系起来，激发幼儿的持续学习兴趣，使其形成终身受益的学习态度和能力。

（2）学前儿童科学教育内容的生活化

幼儿的生活经验为科学教育提供了有利基础。幼儿从出生到入园，其科学经验主要来源于日常生活，并在生活中不断丰富。因此，学前儿童的科学教育要选择幼儿熟悉的内容，贴近幼儿，贴近自然。活动方式也应该生活化，即把科学教育贯穿到幼儿的生活中，注意把握生活中点点滴滴的科学教育内容和教育时机。教师要为幼儿创设良好的科学学习环境，指导幼儿有效开展活动。

（3）学前儿童科学教育过程的探究性

幼儿好奇心强，渴望了解和探究世界，事实上，他们也正是通过自身的探究活动来

① 刘占兰，2008．学前儿童科学教育［M］．2 版．北京：北京师范大学出版社．

② http://blog.sina.com.cn/s/blog_5f2e35600100cfvy.html.

获得对世界的了解和认识的。比如，两三岁的孩子看见前面有水洼就要踩一踩，四五岁的孩子很快就会把家长买来的新玩具拆开来查看，六七岁的孩子开始养小动物、泡种子、玩高级的电动玩具，他们的探究范围越来越大，探究内容越来越深。因此，科学教育的核心就是要激发幼儿的探究兴趣，使其体验探究过程，发展初步的探究能力。

（四）学前儿童科学教育的意义

儿童是祖国的花朵，更是世界的未来。向学前儿童进行科学教育是人类社会进步的必然要求，是社会发展的需要，更是学前儿童个体全面发展的需要，具有现实意义和历史意义。

1. 对社会发展的意义

进入 21 世纪后，人类社会发展从未像当今这样迅速，科技发展日新月异，不断涌现的新概念、新产品、新技术充斥在人们周围，悄然地改变着人们的生活、工作方式。要适应这样的现代生活，人们就必须具备一定的科学素养，否则将被时代淘汰。所以，普及科学教育，提高全民族的科学素养，已成为时代的要求。

21 世纪是以科学技术为主体的知识经济时代，全球化在一定程度上促进了人类社会的发展，提升了大众的生活品质，但同时也导致了更为激烈的社会竞争。国与国之间的竞争归根结底是国民素质的竞争，而科学文化素质则是国民综合素质的基础。只有国民具有较高的科学素质，国家才会持续、稳定、快速地发展。学前儿童科学教育是整个科学教育体系的基础，虽然不可能直接培养出科学家，但作为科学启蒙教育，会对一个人的一生产生巨大影响，发挥潜在作用。重视学前儿童科学教育已成为全球性的大趋势。这有利于培养学前儿童对科学的浓厚兴趣，为国家储备科学技术人才资源，对未来造就一代具有科学素养的公民有十分重要的意义。

2. 对儿童个体发展的意义

学前儿童科学教育除了具有社会意义外，还能够满足儿童全面发展的需要，实现教育的个体价值。

（1）有利于学前儿童科学素养的培养

学前儿童具有与生俱来的强烈的好奇心和探究欲望，在后续的成长过程中，生活环境对这种特点的保护情况决定其强化、保留或减弱、消失。对学前儿童进行科学教育可以保护儿童的好奇心和探究欲望，并且可以将他们好奇和探究的盲目性、偶然性引导成为目的明确、结果自然的学习过程，从而进一步激发学前儿童的好奇心和探究欲望。

学前儿童科学教育主要以活动为主，是教师引发、支持和引导学前儿童主动探究，经历从探究到发现的过程。在探究的过程中，学前儿童可以学到一些科学方法，积累科学经验，并且其观察能力、思维能力等可以得到提高，获得解决问题的策略，继而促进科学技术的发明创造。

（2）有利于促进学前儿童的全面发展

学前儿童科学教育不仅可以给学前儿童提供直接接触和探究客观世界的机会，还可以激发他们的自发探究活动，有利于促进学前儿童的主动性、积极性、独立性等良好个性和品质的发展。

第二节 国内外学前儿童科学教育简介

一、国外的学前儿童科学教育

（一）德国的学前儿童科学教育

为什么 8200 万人口的德国人分享了世界上一半的诺贝尔奖？答案竟然是——不要过早过度开发儿童智力，让孩子输在起跑线上。德国崇尚自然环保、关注游戏和幼儿体验的课程体系①，对世界各国产生了深远的影响。

1. 德国的学前教育

德国的学前教育源远流长。19 世纪初，侯爵夫人巴乌利勒开设保育所。福禄贝尔（Fröbel，1782—1852）1837 年在家乡附近的布兰肯堡开办了一所学龄前儿童教育机构，1840 年将它正式命名为幼儿园（kindergarten），这成为世界上第一所真正的幼儿教育机构，德国成为幼儿园的发祥地，从此，幼儿园这一名称便被世界各国采用。福禄贝尔在教育实践中形成了一套具有自己特色的教育理论和方法，促进了德国学前教育事业质的飞跃，同时，也对世界学前教育的发展产生了重大的影响，标志着世界幼儿教育进入一个新的阶段，被人们称为“幼儿园之父”。自福禄贝尔之后，学前教育成为一门独立的学科发展起来，德国对学前儿童的教育越来越重视，形成了自己鲜明的特色。

（1）学前教育机构类型多样化

德国学前教育机构主要有幼儿园和托儿所两种类型。幼儿园主要招收 3～5 岁的幼儿，分为五种类型，分别是普通幼儿园（含公立、私立和独立自主幼儿园三种）、特殊儿童幼儿园和学校附设幼儿园（或学前班）、父母自办幼儿园和森林幼儿园。托儿所是为 0～3 岁儿童开设的全日制保教机构。虽然德国人口只有 8000 多万，但却有约 28 000 所幼儿园，平均 2900 多个居民就有一所幼儿园。德国政府和民众对幼教事业高度关注和重视，资本投入非常可观。

（2）以游戏为主的课程设置

德国是一个地方高度自治的国家，学前教育的课程也以地方或幼儿园为单位，课程设置没有全国统一标准，甚至连州一级也没有统一标准，而是由幼儿园开办者自主决定。课程内容多以游戏等自由活动为主，不进行读、写、算等基础知识的教学。幼儿园的课程包括八个方面，分别是：游戏、社会教育、语言教育、动作教育、韵律与音乐教育、图像与劳作性教育、环境教育、实际生活与家政教育，每一个领域都有其目标要求。德国重视儿童自主活动和学习，强调生活体验，注意儿童独立意识和社会适应能力的培养。

（3）混龄编班

德国的幼儿园实行混龄编班，而不是按年龄分班。通过这样的分班，强调尊重不同

① 金熙雅，李雪艳，2017．浅析当代德国幼儿园的课程特点及对我国的启示［J］．新课程研究，（4）．

年龄孩童的相似性和相异性。每班有 16 个左右幼儿，幼儿在类似有兄弟姐妹的家庭中交往。教育工作者把幼儿看作一个人，一个有着自己独特背景又要面向未来的人，一个需要与同伴、成人、社区交往的人，一个生活在自然真实的社会环境中的人。

（4）禁止对孩子过早开发智力

在德国的《基本法》（即宪法）中明确规定，禁止设立先修学校。孩子有自身的成长规律，他们在相应的阶段要做相应的事情。不要过早地将孩子的大脑变为一个硬盘，被动接受知识而不会主动思考。孩子的天性是玩耍，所以要让孩子玩，在玩中完成所谓的“教育”：一是教授基本的社会常识，如不允许暴力、不大声说话等。二是培养动手能力。在幼儿园期间，让孩子根据自己的兴趣参与手工制作，让他们从小就主动做具体的事情。三是保护孩子的情感胚胎，培养他们的情商及领导力。

（5）朴实温馨的环境和自由的幼儿

从外观上看，德国的幼儿园都比较小，但温馨舒适、优雅朴实，具有厚重的历史感和活动成果展示记录，幼儿可以自由地选择自己的学习方式，教师通过玩来教孩子，充分发挥幼儿的天性，教师只是观察者、帮助者，真正地把教育融合于玩耍中。

苏珊娜博士说：“德国人把孩子看成一粒种子，他们需要自然的生长环境，不可过于控制，给孩子留下尽量多的自由发展空间。”这种教育理念是值得所有教育者学习的。

2. 德国学前儿童科学教育的特点

德国是世界科研大国，也是科技创新大国。德国非常注重开展儿童早期科学教育。于 2006 年 10 月开始的儿童早期教育项目“小小研究员之家”，旨在通过自然科学及科学方面的简单实验，激发学龄前儿童对科学知识的兴趣，及早训练和开发其想象力和思维能力。

在德国，不仅幼儿园、学校重视科学教育，家庭也一样重视对孩子的科学启蒙教育，父母经常和孩子玩科学小游戏。德国的学前儿童科学教育主要有以下特点。

1）以游戏为主要手段，玩中学、做中学。

2）尊重幼儿的自主选择，给予幼儿独立思考和探究的机会，使其享受探究过程带来的乐趣。

3）快乐地全面成长，成为一个完整的人，包括遵守规则、承担责任、尊重他人、学会坚强和主动做具体的事等。

4）重视家庭教育，父母的陪伴胜过一切教育，安全的情感关系是孩子人格完整、心智健全的基础，可以保护孩子的好奇心和求知欲，促进其科学精神的培养。

（二）美国的学前儿童科学教育

美国历来把培养科技人才，尤其是培养高科技人才看作促进经济发展的重要条件，因此，美国人非常重视对儿童进行科学的早期教育。

1. 美国学前儿童科学教育标准

美国的学前科学教育早在 19 世纪 50 年代就开始了，先后受到了斯宾塞思想、自然学习运动以及杜威实用主义的影响。

1985 年 6 月，美国科学促进会启动一项长远性的计划，计划将注意力集中在公民科学素质的养成方面，而不是集中在比较狭隘的“科学学科”上，十分明确地提出“造就科学的美国人”，以此来改革科学、数学和技术教育。因这一年恰逢哈雷彗星飞近太阳，计划的发起人遂将其命名为“2061 计划”，期望在哈雷彗星于 2061 年再度光顾地球之前，美国当今的儿童——21 世纪的主人，能够适应那个时期科学技术和社会生活的急剧变化。目前，这项计划尚在进行中，1989 年，美国政府在《面向全体美国人的科学》的报告中对科学素质进行了定义，在 1993 年颁布的《科学素质的衡量标准》中为各年级（幼儿园到高中）制订了学习目标。“2061 计划”影响了美国一系列的教育改革，特别是科学教育改革。

1996 年年初，美国国家科学院推出了美国历史上第一部《美国国家科学教育标准》，包括科学教学标准、科学教师专业进修标准、科学教育的评价标准、科学内容标准、科学教育大纲标准、科学教育系统标准，其中的内容标准对学生从幼儿园到 12 年级教育过程中，在自然科学应该知道些什么、弄懂些什么、能够做些什么提出了提纲挈领式的概括，共分为八个部分：科学中统一的概念和方法、以探究为特点的科学、物质科学、生命科学、地球与空间科学、科学与技术、从个人角度和社会角度看的科学、科学史和科学的性质。其倡导的科学探究具有以下三个方面的含义①：科学探究是学习内容，科学探究是学习方式，科学探究是教学指导思想。

学生们有效的科学探究，需要训练有素的专业教师，需要足够的上课时间，需要丰富多彩的学习材料，需要条件适宜的学习空间，需要学校以外各界人士所提供的人力、财力、物力方面的支援。

1997 年，全美幼教协会（National Association for the Education of Young Children，NAEYC）公布了经过全面修订的《0—8 岁儿童适宜发展性教育方案》，《幼儿科学教育标准》包含于其中。《幼儿科学教育标准》是全美幼教协会制定的对美国幼儿科学教育的标准要求和指导性的纲领。该标准表达了对于科学教育实质的认识：幼儿学科学是一个积极参与的过程，幼儿科学活动过程是一个动手动脑的过程。美国《幼儿科学教育标准》由以下三部分构成。

1）发展每个幼儿对世界的好奇心，使每个孩子：①对新鲜事物与事件有探究的欲望、有兴趣；②热爱生命；③喜欢并欣赏美丽、整洁、和谐、有序的环境。

2）发展幼儿发现问题、解决问题和做出决定的能力（科学探究的能力），使每个孩子：①积极主动地参与科学活动；②用适宜的感官去感知和了解新鲜事物；③准确使用并照管好科学活动设备（如放大镜、磅秤等）；④运用数量化的方法进行观察（如点数、测量）；⑤区分物体、事件和现象之间的相似性、差异和变化；⑥对材料、事件和现象进行分类，并解释理由；⑦运用科学探究的过程（预测、收集数据）；⑧乐于与同伴一起交流信息并欣赏他人的观点；⑨熟悉和了解科学过程的技术，在科学过程中有以下共同的行为类型，如观察、交流、比较、组织、建立联系、推断、运用等。

3）增进对自然界的认识，使每个孩子：①积极参与可以丰富各种科学经验的活动；

① 李高峰，刘恩山，2009. 美国《国家科学教育标准》倡导的科学探究［J］. 教育科学，（25）.

②经历各种不同科学领域的活动；③了解与基本科学概念有关的技术；④表现和交流科学知识。

以上三部分内容反映出美国的幼儿科学教育观。

1）重视激发幼儿对科学的兴趣和热情，强调科学教育要引导幼儿认识生命的珍贵，并热爱生命。重视对科学的正确态度与价值观的培养，进而影响幼儿对科学的信仰与热情。重视幼儿的科学探索过程和科学能力的培养，鼓励幼儿积极主动参与科学活动，倡导运用多种感官去活动，并强调应该掌握使用和照管科学工具的能力等。

2）强调把科学探究作为获取知识和认识世界的一种方法，构成科学教育的一个独立的组成部分，探究被看成科学教育的中心环节。

3）认为幼儿科学教育应该让幼儿进行直接的科学活动，幼儿科学素养的提高需要以丰富、多样的直接科学经验为基础。例如，帮助幼儿在对材料、事物等的观察、操作中获得独特的、挑战性的直接经验。

2013 年 4 月，美国发布《下一代科学教育标准》（Next Generation Science Standards，NGSS），不仅包含了学科内容，还包含了学科之间的关联，以及它们在实践层面的应用，为未来科学教育的发展指明了方向，反映了 21 世纪对人才的需求。

2. 美国学前儿童科学教育的特点

经过 100 多年的发展，美国幼儿科学教育课程日益成熟。美国幼儿科学课程的内容主要分为自然科学、生物科学和综合科技三部分。

1）自然科学。自然科学分为天文、气象、化学、物理。美国强调通过自然科学的学习，让幼儿重点掌握的内容包括：太阳、月亮和星星，认识它们随时间推移发生变化的规律；物体不同的质量和特征以及周围物体的变化；天气条件和天气变化；声、热和电的来源。

2）生物学。生物学分为植物、动物、微生物、人体。通过生物科学的学习让幼儿重点掌握以下内容：生命的机能；地球上生命的多样性以及生物的分类；植物王国、动物王国、菌类王国；动植物的相同点与不同点；生物的生存方式及其理由；人类利用生物及其产品的方法，发展对生物的保护意识；人体各系统及其功能。

3）综合科技。通过综合科技的学习，让幼儿认识人类创造的各种工具，特别是了解新的发明创造，激发他们的创新意识和创新精神。

美国学前儿童科学教育的内容丰富多彩，教师可以根据不同年龄阶段幼儿的特点进行教学。在教学中侧重于让幼儿认识科学家的活动过程，而不只是活动成果，幼儿不仅知道科学家发现了什么，更重要的是知道科学家是怎样发现的。比较重视培养幼儿的探索技能和理解能力，强调的是让幼儿意识到应该怎样想、怎样做、怎样发现，鼓励他们进行直接的科学活动，以获得独特而富有挑战性的直接经验。

在教学方法方面，美国深受皮亚杰、布鲁纳以及加涅理论的影响，认为儿童是在与周围世界的相互作用中，通过主体的活动构建自己的知识宝库，没有活动就没有学习，给儿童机会，让他们自己去发现概念，所以他们在教学中普遍使用发现法、探索实验法。

幼儿园会尽力为幼儿创造良好的教学条件，例如，准备好各种动植物的实物或标本，各种工具、图片、种植园地等。在班级内，一般都有一个科学中心，中心里设有动物与植物角，儿童可以通过照顾、饲养动物来了解动物的习性和特点，通过栽培植物、观察并了解植物的生长变化。教师比较重视儿童的游戏活动，并注重通过科学小实验使儿童自己得到较科学的结论。

美国学前儿童科学教育主要具有以下几方面的特点。

1）全国没有统一的学前儿童科学教育大纲，州和地方教育当局只做方向性的指导，并提供各种儿童科学课程方案。教师可以根据需要选择合适的儿童科学课程方案并制订适合本班的教育计划。

2）科学教育的重要方法是以个别的科学探索活动为主，强调让儿童根据自己的兴趣去观察、了解和认识周围环境，教师仅做少量的指导，并伴有少量的有计划的小组和集体探索活动。

3）非正式教育机构，如儿童博物馆、科学博物馆、儿童科学发现中心、电视台、广播台、牧场、水族馆、图书馆等为儿童的科学教育提供条件，形成学校、家庭和社会三结合的儿童科学教育网络。

4）在教育过程中，实施认知、技能和方法、态度和情感的统一。认为只教儿童知识，不重视科学探索过程和技能的培养，就会使儿童只会享用知识而不会发现和创造知识。如果忽视对科学态度和价值观的培养，就会影响儿童对科学的信仰和热情以及从事科学活动的道德标准。强调儿童科学教育的目标不仅在于掌握一些知识，而且在于重视教给儿童学习科学的方法；帮助儿童理解科学，不仅包括认知体系，还包括探索过程和科学活动所持的价值观。只有从认知、技能和方法、态度和情感多方面立体地进行科学教育，才能使儿童真正理解并掌握科学。儿童科学教育与早期阅读、艺术等有密切联系。

5）重视为儿童科学教育提供良好的教学条件，包括环境的创设、实验用的各种材料的准备，以及提供观察和接触大自然的充分机会。

（三）日本的学前儿童科学教育

日本十分重视学前儿童教育，多次修订幼儿园教育大纲。在 1964 年颁布的《幼儿园教育大纲》中，规定了日本幼儿园教育的基本方针，教育内容概括为健康、社会、自然、语言、音乐韵律、绘画手工等方面，将“自然”列为幼儿园的重要课程。“自然”的内容包括自然常识、数理化及日常生活等，目的主要是让幼儿适应生活。同时明确规定了幼儿园自然教育的任务包括：爱护周围的动植物，热爱自然；对周围的自然现象有兴趣并愿意进行观察和研究；掌握必要的简单的技能，适应日常生活的需要；对数量和图形感兴趣。

1990 年，日本文部省颁布的《幼儿园教育要领》中规定：幼儿园应根据幼儿年龄特征及幼儿园所在地区的特点制订出符合幼儿身心发展状况的教育课程，在健康、人际关系、环境、语言和表现五个领域中通过综合活动对幼儿进行指导，以完成《幼稚园教育要领》提出的要求。可以看出，原来内涵为自然科学的“自然”已被包括人和自然的“环境”所代替，着眼于使幼儿认识大自然与自己生活的周围环境，培养幼儿积极主动的态度和适应生活的能力。具体内容为：接触自然，注意自然之大、之美、之不可思议；注意随季节的变化，人的生活也发生变化；关心自然等周围的事物和现象，将其纳入自己的游戏；关心、爱护并亲密接触身边的动植物；爱惜周围的东西；使用身边的东西，思考、尝试如何玩；关心玩具和用具的结构；关心日常生活中的数量和图形；对与生活关系密切的信息和设施具有兴趣与爱心；在幼儿园内外的庆典活动中热爱国旗。

2000 年，日本颁布并实施新的《幼儿园教育要领》。“萌发幼儿的道德心”是这次日本幼儿教育改革的重点之一，“环境”领域的改革重点也体现在这一点上。新文件增加了“带着亲切感接触身边的动植物，发现生命的宝贵”等内容；同时在注意事项中也提出，在幼儿期里，自然对幼儿具有博大的意义。直接接触、体验自然的浩大、美丽、神奇等经历，能让幼儿心灵平和、情感丰富，并为其好奇心、思维能力、表现能力的发展打下基础。基于此，教师应努力帮助幼儿加深自己与自然的关系。在大自然中活动是日本幼儿教育一直以来的主要方向，现代的社会环境更需要幼儿园给孩子提供接触大自然的机会。

日本的学前儿童科学教育主要有以下特点。

1）没有全国统一的科学教育教材，有关科学教育的大纲被规定为全国国立、公立和私立幼儿园科学教育课程的标准。各幼儿园可依据《幼儿园教育要领》，从不同地区、季节及幼儿的特点出发制订计划，实施科学教育。

2）通过“环境”进行教育。这里的“环境”，不仅包括幼儿园的各种器具、玩具、素材等物的因素以及幼儿和教师的人的因素，还包括幼儿所接触的周围的自然和社会现象、事物、人和物交织产生的氛围、时间、空间等要素。

3）重视学前儿童的主体活动在科学教育中的作用。高度关注幼儿的好奇心和探究欲望，强调幼儿科学教育是让幼儿获得真实的、直接的体验。

4）注重情感教育和心灵教育，重视幼儿内心世界与外在环境之间的互动。特别强调大自然对幼儿发展与情感的影响，认为大自然与幼儿的接触是建立关系的过程，是在幼儿的内心世界里产生变化的过程。

英国、法国、澳大利亚等国家的幼儿科学教育也值得我们借鉴。综上所述，各国学前儿童科学教育各有特色，但大的趋势却非常相近。其一，从学前儿童科学教育目标的角度分析，基本上都是以科学素质为出发点培养幼儿的完整人格；其二，从学前儿童科学教育内容的角度分析，是以现代生活为背景构建幼儿的探索领域；其三，从学前儿童科学教育方法的角度分析，都是强调以探究为主要方法，重视儿童主体活动在科学学习中的作用。

二、我国的学前儿童科学教育

1. 我国古代的学前儿童科学教育

我国是一个历史悠久的文明古国，我们的祖先很早就开始了认识自然和改造自然的活动。在生产力十分低下的原始社会，人类为了维持生存而艰辛劳作，成人在从事狩猎、捕鱼、耕作劳动时，儿童跟随其后观察、模仿，学习制作工具、获取食物、防御猛兽的生存生活技能，并且通过成人的示范和口授，儿童获得一些对自然界的感性了解，掌握一定的知识经验，这就是人类早期科学教育的起源。人类早期的自然科学教育总是与生产劳动紧密结合的，即成人在劳动中传授有关自然和技能的知识，儿童在跟随成人劳动的过程中接受教育。

我国古代科学技术的发展，在世界科学技术发展史中占有特殊的地位，在很多方面超过了西方，如四大发明“指南针、造纸术、火药、印刷术”、天文历法等。在科技发展的同时，我国古代的自然科学教育也取得了一些成果。墨子的教育思想为“艰苦实践、服从纪律”，他在讲学时很重视生产知识的传授，而且用实验的方法进行教学，这在世界教育史上也是一种首创。特别值得一提的是唐代的科学技术教育，唐代科学教育制度和科技教育所取得的成果，为我国教育史写下了光辉的一章，古代的儿童科学教育也随之有了很大的发展。古代的儿童科学教育还是一些解释粗浅的科学概念、说明用途的纯知识性的科学教育，而且往往和识字教育紧密结合。

2. 我国近代的学前儿童科学教育

1862 年（清同治元年），清政府设立了同文馆，设置了“格致”一科，是我国设置自然科学教育课程的开端。1904 年（清光绪三十年），清政府公布了《奏定学堂章程》（也称“癸卯学制”），其中的《蒙养院章程及家庭教育法章程》第一次将学前教育列入学制系统，是中国幼儿教育制度正式建立之始。

我国幼教专家陈鹤琴先生主张幼稚园之课程可以自然、社会为中心，并在 1929 年的《幼稚园课程暂行标准》中将音乐、故事和儿歌、游戏、社会和自然、工作、静息、餐点纳入幼儿园的课程中。从此，“自然”就作为幼儿科学教育的课程出现在我国学前教育体系中。

1932 年，国民政府颁布了《幼稚园课程标准》，成为我国第一个由国家颁布的幼稚园课程标准，正式规定有关科学教育课程——社会和自然课程，并明确了教育目标和内容。

1935 年，雷震清教授编写了我国第一本供教师使用的幼儿科学教育理论书籍《幼稚园的自然》，全面阐述了向幼儿介绍自然的目的、教学内容、教学原则、方法和设备。

1936 年，当时的教育部公布新修订的课程标准，改“社会和自然”课程为“常识”课程。

1937 年，《幼稚园常识 160 课》出版发行，这是一本专供幼稚园教师参考的常识教材教法书籍。至此，我国有了包括课程标准、课程设置、理论书籍、教材教法在内的比较完整的幼儿科学教育实施体系。

1949 年以后，教育部在 1952 年制定了《幼儿园暂行规程草案》，规定了具体的教学任务。当时的幼儿科学教育主要是学习苏联的做法，比较重视知识、技能的传授，教学方式小学化倾向严重。

1981 年，教育部颁布了《幼儿园教育纲要试行草案》，规定了幼儿园各年龄班常识教育的任务、内容和要求，具体任务如下。

1）丰富幼儿关于自然和社会方面粗浅的知识，扩大幼儿的眼界。

2）培养幼儿对自然、社会的兴趣和求知欲望。

3）发展幼儿的智力。

4）形成对待人们和周围事物的正确态度。

1989 年 6 月，教育部颁布《幼儿园工作规程（试行）》后，我国幼儿园沿用几十年的“常识课”被“科学教育”所取代。幼儿科学教育的目标、内容和方法均与以往的自然常识教育有了很大的不同，各地幼儿园相继开设了幼儿科学教育课程，进行了对幼儿科学教育从理论到实践的全方位、更深入的研究。经多次修订，《幼儿园工作规程》于 2016 年 3 月起施行。

2001 年，教育部颁布了《幼儿园教育指导纲要（试行）》（以下简称《纲要》），“科学”作为五大领域（包括健康、社会、科学、语言、艺术）之一，第一次正式列入幼儿园教育内容，确定了幼儿科学教育的目标和要求。

2012 年 9 月，教育部颁布了《3—6 岁儿童学习与发展指南》（以下简称《指南》），五大领域中的“科学”领域包括“科学探究”和“数学认知”两个子领域，进一步指导幼儿园和家庭实施科学的保育与教育，为“科学”领域描述幼儿的学习与发展，分年龄段提出学习与发展的目标以及教育建议，并且首次将家庭的科学教育纳入幼儿科学教育之中。

总之，我国已建立了学前儿童科学教育的实施体系，随着学前儿童科学教育的进一步实践、研究和改革，我国的学前儿童科学教育体系将会更加科学、完善。

第三节　学前儿童科学教育的有关理论

开展学前儿童科学教育需要心理学、教育学等相关理论为基础，以下分别简要介绍认知发展理论、建构主义学习理论、多元智力理论、生活教育理论和蒙台梭利感官教育理论等。

一、认知发展理论

（一）皮亚杰的认知理论

认知发展理论（theory of cognitive development）是著名发展心理学家皮亚杰（J. Piaget，1896—1980）提出的。所谓认知发展，是指个体自出生后在适应环境的活动中，对事物的认知及面对问题情境时的思维方式与能力表现随年龄增长而改变的历程。

1. 儿童认知发展阶段理论

皮亚杰认为，在个体从出生到成熟的发展过程中，认知结构在与环境的相互作用中不断重构，从而表现出具有不同质的不同阶段。皮亚杰将儿童的认知发展分为感知运动、前运算、具体运算和形式运算四个阶段，并认为不是所有儿童都在同一年龄完成相同阶段的任务，各阶段出现的年龄因各人智慧程度、动机、练习和教育影响以及社会环境的不同而有差异，可提早或推迟，但他们通过各个阶段的顺序是一致的，前一阶段是达到后一阶段的前提，阶段的发展不是间断性地跳跃，而是逐渐、持续地变化。

1）感知运动阶段（0～2 岁），个体靠感官与动作认识世界。

2）前运算阶段（2～7 岁），个体开始运用简单的语言符号从事思考，具有表象思维能力，但缺乏可逆性。

3）具体运算阶段（7～11 岁），出现了逻辑思维和零散的可逆运算，但一般只能对具体事物或形象进行运算。

4）形式运算阶段（11～15 岁），能在头脑中把形式和内容分开，使思维超出所感知的具体事物或形象，进行抽象的逻辑思维和命题运算。

可以看出，学前儿童的认知发展正好处在感知运动阶段和前运算阶段，处在感知运动阶段的儿童尚未掌握语言，主要依靠感知和动作来适应外界环境。前运算阶段儿童的主要行为特征是能使用语言表达概念，但有自我中心倾向，能进行形象思维，能使用符号代表实物，但不合逻辑，不能进行可逆运算，不能全面考虑问题。也就是说，儿童还不具备逻辑思考的能力。

2. 认知结构理论

皮亚杰是一个结构主义者，他认为，学习含有使新材料或新经验结为一体的内部的知识组织机构，即认知结构，他相信每个人必须建立他自己的智力结构。皮亚杰认为，儿童认知和智力结构的起源是物质的活动，通过活动，个体与环境相互作用，主动建构他们自己的智力结构，即通过个体活动与环境的相互作用，逐渐建立起更精确的智力结构，使儿童的智力发展从一个阶段转换到另一个阶段。

儿童是在与周围环境相互作用的过程中，逐步建构关于外部世界的知识，从而使自身认知结构得到发展的。儿童与环境的相互作用涉及两个基本过程：“同化”与“顺应”。同化是指个体把外界刺激所提供的信息整合到自己原有认知结构内的过程；顺应是指个体的认知结构因外部刺激的影响而发生改变的过程。同化是认知结构数量的扩充，而顺应则是认知结构性质的改变。认知个体通过同化与顺应这两种形式来达到与周围环境的平衡：当儿童能用现有图式去同化新信息时，他处于一种平衡的认知状态；而当现有图式不能同化新信息时，平衡即被破坏，而修改或创造新图式（顺应）的过程就是寻找新的平衡的过程。儿童的认知结构就是通过同化与顺应过程逐步建构起来，并在“平衡—不平衡—新的平衡”的循环中不断地丰富、提高和发展。

所谓图式，是指个体对世界的直观理解和思考的方式，也可以把它看作心理活动的框架或组织结构。图式是认知结构的起点和核心，或者说是人类认识事物的基础。因此，图式的形成和变化是认知发展的实质。认知发展受三个过程的影响：同化、顺应和平衡。

（二）维果茨基的认知发展理论

维果茨基（Lev Vygotsky，1896—1934），苏联心理学家、教育家，“文化-历史”理论的创始人。他主要研究儿童心理和教育心理，着重探讨思维与语言、教学与发展的关系问题。

1. “文化-历史”发展理论

维果茨基认为，人的高级心理机能即随意的心理过程，并不是人自身所固有的，而是在和周围人的交往过程中产生与发展起来的，是受人类的文化历史所制约的，其实现的具体机制是通过物质工具（如刀斧、计算机等）以及精神工具（如各种符号、词和语言等）实现的。他特别强调社会文化历史在人的发展过程中的作用，尤其是强调活动和社会交往在人的高级心理机能发展中的突出作用。他认为，高级的心理机能来源于外部动作的内化，这种内化既通过教学来实现，也通过日常生活、游戏和劳动等来实现。另外，内在的智能动作也外化为实际动作，使主观见之于客观，内化和外化的桥梁便是人的活动。

维果茨基提出了“最近发展区”理论，以说明教学与发展的关系。他认为，教学必须考虑儿童已达到的水平并要走在儿童发展的前面。为此，就要确定儿童的两种发展水平：一是现有的发展水平，是指由于一定的已经完成的发展系统的结构而形成的心理机能的发展水平，表现为儿童能够独立地、自如地完成教师提出的智力任务；二是潜在的发展水平，是指在有指导的情况下借助别人的帮助所达到的解决问题的水平，表现为儿童还不能独立完成任务，但在教师的帮助下，在集体活动中，通过模仿能够完成的智力任务。这两者之间的差距，即儿童现有水平与经过他人帮助可以达到的较高水平之间的差距，就是“最近发展区”（zone of proximal development，ZPD）。维果茨基强调，教学不应该指望儿童的昨天，而应指望他的明天。只有走在发展前面的教学，才是好的教学，因为它能使儿童的潜在发展水平不断提高。

2. 科学概念的发展观

维果茨基在其所著的《思维与语言》一书中揭示了学前儿童思维的特点，专门论述了日常概念和科学概念。

（1）学前儿童思维的特点

概念的形成过程：概念含混时期、复合思维时期、概念思维时期。

维果茨基认为，学前儿童尚处于概念思维之前的时期，即复合思维时期。儿童认识事物并不是根据抽象的和逻辑的联系，而是根据“组成复合体的各成分之间具体的和实际的联系”。由复合思维而形成的复合体不属于抽象-逻辑思维层次，而属于具体-实际思维层次。简单地说，概念反映的是事物之间内在的、共同的、本质的联系，而作为复合思维产物的复合体，反映的是直接经验所揭示的广泛的、多样的、实际的却非实质的联系。

（2）日常概念和科学概念

维果茨基将儿童自发产生的概念（或日常生活概念）归因于他们的复合思维的形式。他承认儿童对世界会有很多自发的认识，这些自发概念不同于经由教学过程获得的科学概念，但也绝不是和科学概念毫无联系。维果茨基认为，儿童头脑中所存在的自发概念和经由教学获得的科学概念之间既不是毫不相干，也不是简单对立、甚至对抗的关系，而是互相联系、互相补充、互相依赖的。科学概念不是简单地取代儿童头脑中固有的自发概念，换言之，不是由成年人较强有力的思维排挤儿童思维的过程。维果茨基认为，自发的日常概念和科学概念具有不同的特点。日常概念的弱点是不善于抽象化，不善于自如地运用，而且不正确地使用也十分明显。这些日常概念的弱势正是科学概念的强势，但是它吸取了丰富的生活经验内容，这一点却是科学概念所缺乏的。科学概念的问题在于空洞的词语。它不是从与物品的直接接触开始的，而是从与客体的间接关系开始的。因此“科学概念的发展所走的道路与儿童自发概念发展所走的道路相反”①。

① 维果茨基，1994. 维果茨基教育论著选［M］. 余震球，选译. 北京：人民教育出版社.

（3）科学概念的发展

维果茨基认为皮亚杰的错误在于，他“只是区分自发和非自发的概念，但看不到是什么将它们连接成统一的、儿童智力发展过程中形成的概念体系。他看到的只是脱节，而不是联系”[①]。维果茨基认为：一方面，日常概念的发展取决于科学概念，它是通过科学概念向上生长发展的；另一方面，科学概念也要依赖于日常概念的发展，为其进一步向下延伸发展开拓道路。日常概念只有“自发”发展到一定水平，才能显示出科学概念对它的优势。“科学概念的发展是在认识性和随意性的范围里开始并继续向下延伸进入个人经验和具体性范围的。自发概念的发展则开始于具体性和经验的范围并进一步向概念的高级特性推进：认识性和随意性。这两条对立的发展路线之间的联系无疑显示了自己真正的本质：这就是最近发展区和现实发展水平之间的联系。”“科学概念的发展要求自发概念的水平达到一定高度，这时才能在最近发展区里出现认识性和随意性——科学概念改造了自发概念并且将它们提到高级水平，实现它们的最近发展区。[①]”科学概念是从儿童的自发概念在发展中尚未达到的水平开始自己的生命的，而教学则是促成发展的关键因素。

（三）布鲁纳的学习理论

发现学习论（discovery learning theory）是当代杰出的科学教育家布鲁纳（Jerome Seymour Bruner，1915—2016）创始的学习理论。发现学习是指让学习者自己主动去发现知识的结构、结论和规律的学习过程，是用自己的头脑亲自获得自己尚未知晓的知识的过程，也包括人类尚未知晓的事物。这种学习方法要求学生像科学家那样去思考、探索未知，最终达到对所学知识的理解和掌握。

布鲁纳认为，人是通过认知表征的过程来获得知识、实现学习的。所谓认知表征，是指通过知觉而将外在事物转换为个体内在心理事实的过程。认知生长（或称为智慧生长）的过程就是形成认知表征系统的过程，认知表征系统的发展会随个体年龄而发展，经历三个主要阶段：动作性表征、映象性表征和符号性表征。

1）动作性表征（enactive representation）：是指 3 岁以下的幼儿靠动作来了解周围的世界。动作是他们形成对事物的认知表征以及再现认知表征的中介和手段。

2）映象性表征（iconic representation）：儿童开始形成图像或表象，去表现他们的世界中所发生的事件，并能借助想象力来预见可能再发生的事情。凭借关于事物的心理表象，儿童可以脱离具体的实物进行一定的心理运算。

3）符号性表征（symbolic representation）：儿童能够通过符号再现他们的世界，其中最重要的是语言。这些符号既包括直接的事物，也包括现实世界的映象，还包括抽象的、间接性的和任意性的事物。借助这些符号，儿童个体可以通过抽象思维去推理、解释周围的事物。

布鲁纳认为，学习一门学科包含知识的获得、知识的转化与评价这些几乎同时发生的过程。他还强调学生内在动机的作用，认为发现学习有助于培养学生良好的学习心理品质，并具有以下优点。

① 维果茨基，1994．维果茨基教育论著选［M］．余震球，选译．北京：人民教育出版社．

1）有利于开发学习者的潜能，学习者在亲自参与发现活动中会主动去获得信息，解决问题。

2）有利于外在奖赏向内部动机转移。发现学习是以自我奖赏来强化个体的学习活动，在发现学习中，外在奖赏的强化作用会逐渐减弱，学习者会在积极主动地解决问题的过程中获得自我奖赏。

3）有利于学习者学会探索的最优方法和策略。发现学习是归纳推理的一种类型，即从个别的、特殊的事物中推断出一般原理与规律。归纳方法的掌握，对于学习者今后解决任何问题是十分有用的。

4）有利于信息的保持和检索。布鲁纳通过实验证明，发现学习可以使学习内容按照个人的兴趣和认知结构组织起来，使学习内容易于检索，记忆效果更好。因而，应在学习过程中提倡发现学习。

布鲁纳主张运用发现式教学法进行教学，该教学法主要包括以下四步。

1）根据儿童的好奇心，提出学生感兴趣的问题。

2）围绕问题，提供有助于学生解决问题的材料或事实。

3）协助学生对有关材料与事实进行分析，让学生通过积极思维，提出各种解决问题的可能途径和假设。

4）引导和协助学生审查假设，通过比较，选定正确的或最佳的答案，使问题得以解决。

综上所述不难看出，皮亚杰更关注儿童的自发发展，而维果茨基则更强调教育对儿童发展的促进作用。在维果茨基的理论中，教师在儿童发展的过程中起着不可替代的作用，教师不再只是儿童学习的旁观者和儿童发展的跟随者，而是扮演着更为积极和主导的角色。皮亚杰和维果茨基是当代建构主义理论的奠基人。皮亚杰明确提出了建构主义的发生认识论，即儿童是通过主体和客观世界之间的相互作用建构自己的认识的观点。维果茨基则丰富了皮亚杰的建构论观点，将认识过程从个体的建构扩展到社会的建构，即强调社会文化对儿童发展的影响，以及作为社会文化代表的教师对儿童发展的影响。

二、建构主义学习理论

建构主义（constructivism）是认知心理学派中的一个分支，它说明了人类学习过程的认知规律，即能较好地说明学习如何发生、意义如何建构、概念如何形成，以及理想的学习环境应包含哪些主要因素，等等。

建构主义认为，学习者的知识是在一定情境下，借助他人的帮助，如人与人之间的协作、交流、利用必要的信息等，通过意义的建构而获得的。

1. 学习的含义

学习是获取知识的过程。建构主义认为，知识不是通过教师传授得到，而是学习者在一定的情境即社会文化背景下，借助其他人（包括教师和学习伙伴）的帮助，利用必要的学习资料，通过意义建构的方式而获得。由于学习是在一定的情境即社会文化背景下，借助其他人的帮助即通过人际间的协作活动而实现的意义建构过程，因此建构主义学习理论认为，情境、协作、会话和意义建构是学习环境中的四要素。

1）情境。学习环境中的情境必须有利于学生对所学内容的意义建构。在教学设计中，创设有利于学习者建构意义的情境是最重要的环节或方面。

2）协作。协作应该贯穿于整个学习活动过程中。教师与学生之间，学生与学生之间的协作，对学习资料的收集与分析、假设的提出与验证、学习进程的自我反馈和学习结果的评价以及意义的最终建构都有十分重要的作用。在某种意义上而言，协作是指协商的意思。协商主要有自我协商和相互协商。自我协商是指自己和自己反复商量什么是比较合理的；相互协商是指学习小组内部之间的商榷、讨论和辩论。

3）会话。会话是协作过程中不可缺少的环节。学习小组成员之间必须通过会话商讨如何完成规定的学习任务的计划。此外，协作学习过程也是会话过程，在此过程中，每个学习者的思维成果（智慧）为整个学习群体所共享。因此，会话是达到意义建构的重要手段之一。

4）意义建构。意义建构是教学过程的最终目标。其建构的意义是指事物的性质、规律及事物之间的内在联系。在学习过程中帮助学生建构意义就是要帮助学生对当前学习的内容所反映事物的性质、规律，以及该事物与其他事物之间的内在联系达到较深刻的理解。

2. 关于学习的方法

建构主义提倡在教师指导下的、以学习者为中心的学习。也就是说，建构主义既强调学习者的认知主体作用，又不忽视教师的指导作用，认为教师是意义建构的帮助者、促进者，而不是知识的传授者与灌输者，学生是信息加工的主体、意义的主动建构者，而不是外部刺激的被动接受者和被灌输的对象。

学生想要成为意义的主动建构者，就必须在学习过程中从以下几个方面发挥主体作用。

1）要用探索法、发现法去建构知识的意义。

2）在建构意义过程中，学生要主动去收集并分析有关的信息和资料，对所学习的问题要提出各种假设并努力加以验证。

3）要把当前学习内容所反映的事物尽量和自己已经知道的事物相联系，并对这种联系加以认真地思考。“联系”与“思考”是意义构建的关键。如果能把联系与思考的过程与协作学习中的协商过程（即交流、讨论的过程）结合起来，则学生建构意义的效率会更高、质量会更好。

教师若要成为学生建构意义的帮助者，就必须在教学过程中从以下几个方面中发挥指导作用。

1）激发学生的学习兴趣，帮助学生形成学习动机。

2）通过创设符合教学内容要求的情境和提示新旧知识之间联系的线索，帮助学生建构当前所学知识的意义。

3）为了使意义建构更有效，教师应在可能的条件下组织协作学习（开展讨论与交流），并对协作学习过程进行引导使之朝有利于意义建构的方向发展。引导的方法包括：提出适当的问题以引起学生的思考和讨论；在讨论中设法把问题一步步引向深入以加深学生对所学内容的理解；要启发诱导学生自己去发现规律，自己去纠正和补充错误的或片面的认识。

三、多元智力理论

多元智力理论（multiple intelligences），也称为多元智能理论，是美国哈佛大学教育研究所发展教育学、心理学教授加德纳（Howard Gardner，1943—）在其著作《智力的结构》一书中提出的。他经过多年对心理学、教育学的研究，通过大量的实验数据和观察分析，证明人类思维和认识世界的方式是多元化的，发现人类至少存在九种智力潜能（最初提出的是七种），从而提出了他的多元智能理论。

加德纳认为，个体身上存在相对独立的、与特定的认知领域和知识领域相联系的九种智力。

1）言语-语言智力，是指听、说、读和写的能力，表现为个人能够顺利而高效地利用语言描述事件、表达思想并与人交流的能力。

2）逻辑-数理智力，是指运算和推理的能力，表现为对事物间各种关系（如类比、对比、因果和逻辑等）的敏感及通过数理运算和逻辑推理等进行思维的能力，是一种对理性逻辑思维较显著的智力体现。逻辑-数理智力水平高的人对数字、物理、几何、化学，乃至各种理科高级知识有超常的表现。

3）音乐-节奏智力，是指感受、辨别、记忆、改变和表达音乐的能力，表现为个人对音乐美感的反应，包括对节奏、音准、音色和旋律在内的感知度，以及通过作曲、演奏和歌唱等表达音乐的能力。

4）视觉-空间智力，是指感受、辨别、记忆和改变物体的空间关系并借此表达思想与感情的能力，表现为对线条、形状、结构、色彩和空间关系的敏感度，以及通过平面图形和立体造型将它们表现出来的能力。

5）身体-动感智力，是指运用四肢和躯干的能力，表现为能够较好地控制自己的身体、对事件能够做出恰当的身体反应以及善于利用身体语言表达自己的思想和情感的能力。

6）自知-自省智力，是指认识、洞察和反省自身的能力，表现为能够正确地意识和评价自身的情绪、动机、欲望、个性、意志，并在正确的自我意识和自我评价的基础上形成自尊、自律和自制的能力。

7）交往-交流智力，是指与人相处和交往的能力，表现为观察与体验他人情绪、情感和意图，并据此做出适宜反应的能力。

8）自然观察智力，是指个体认识世界、适应世界的能力，是一种在自然世界里辨别差异的能力。

9）存在智力，是指陈述、思考有关生与死和终极世界的倾向性，即人们的生存方式及其潜在的能力。

加德纳的多元智力理论认为，每个人都在不同程度上拥有上述九种基本智力，但每个人身上的九种相对独立的智力在现实生活中并不是绝对孤立、毫不相干的，而是以不同的方式、不同的程度有机地组合在一起，智力之间的不同组合表现出个体间的智力差异，因此在现实世界中每个人的智力各具特点。个体智力的发展受环境包括社会环境、自然环境和教育条件的极大影响与制约，其发展方向和程度因环境与教育条件不同而表现出差异。尽管各种环境和教育条件下的人们身上都存在九种智能，但不同环境和教育条件下人们智能的发展方向和程度有着明显的区别。教育的起点不在于一个人有多么聪明，而在于怎样变得聪明，在哪些方面变得聪明。承认智力是由同样重要的多种能力而不是由一两种核心能力构成，承认各种智力是多维度地、相对独立地表现出来而不是以整合的方式表现出来，应该是多元智能理论的本质所在。

四、生活教育理论

生活教育理论是我国现代杰出的人民教育家陶行知（1891—1946）先生创立的著名理论体系。其内涵为："从定义上说，生活教育是给生活以教育，用生活来教育，为生活向前向上的需要而教育。从生活与教育的关系上说，是生活决定教育。从效力上说，教育要通过生活才能发生力量而成为真正的教育。"生活教育理论具体包括三方面主张："生活即教育"、"社会即学校"和"教学做合一"。

（一）生活即教育

"生活即教育"是陶行知生活教育理论的核心。陶行知指出："生活教育是生活所原有，生活所自营，生活所必需的教育。教育的根本意义是生活之变化。生活无时不变，即生活无时不含有教育的意义。"

"生活即教育"的主旨包括：生活决定教育，有什么样的生活便有与之相应的教育，教育是供人生需要、为了生活向前、向上的需要的，只有在生活中求得的教育才是真正的教育；实际生活是教育的中心，文字、书本只是教育的工具，不是教育本身，教育要通过生活才能产生力量而成为真正的教育；教育的意义在于生活的变化，因此生活教育的内容是随生活的变化而不断发展的；"生活即教育"是终身教育，是与个人生活共始终的教育。

陶行知认为，真正的生活教育是"以生活为中心的教育"，是"供给人生需要的教育"，是生活所原有的、生活所必需的教育。教育与生活是同一过程，教育蕴含于生活之中，教育必须和生活结合才能发生作用。教育以生活为前提，不与实际生活相结合的教育不是真正的教育。陶行知坚决反对没有"生活做中心"的死教育、死学校、死书本。

需要注意的是，陶行知所说的"教育"不是以学校为整体的狭义教育，而是包括学校教育在内的整个社会生活的广义教育。陶行知所说的"生活"是整个自然界和人类社会生活的总体，是人类一切实践活动的总称。"生活即教育"不是说生活等同于教育，而是说教育与生活经历同一个过程，教育离不开生活，生活离不开教育。

（二）社会即学校

"社会即学校"是陶行知生活教育理论的另一个重要主张。陶行知说："学校即社会，就好像把一只活泼的小鸟从天空里捉来关在笼子里一样。它从一个小的学校去把社会所有的一切都吸收进来，所以容易弄假。社会即学校则不然，它是要把笼中的小鸟放到天空中，使它任意翱翔，是要把学校的一切伸展到大自然里去。”陶行知认为自有人类以来，社会就是学校，如果从大众的立场上看，社会就是大众唯一的学校，生活就是大众唯一的教育。统治阶级、士大夫不承认此观点，是因为有特殊的学校给他们的子弟提供特殊的教育。陶行知反对这种特殊的不平等的教育，提出“社会即学校”，以此来推动大众的普及教育。

陶行知提出“社会即学校”，要求扩大教育的对象、学习的内容，让更多的人受教育。他指出：“我们主张‘社会即学校’是因为在‘学校即社会’的主张下，学校里的东西太少，不如反过来主张‘社会即学校’，教育的材料、教育的方法、教育的工具、教育的环境都可以大大地增加，学生、先生可以多起来。”陶行知提出“社会即学校”的主张和“生活即教育”一样，也在于反对传统教育与生活、学校与社会相脱节，相隔离。

他还说：“到处是生活，即到处是教育；整个的社会是生活的场所，亦即教育之场所。因此，我们又可以说：‘社会即学校’。”陶行知主张学校教育的范围不在书本，而应扩大到大自然、大社会和群众生活中去，向大自然、大社会和群众学习，使学校教育和改造自然、改造社会紧密相连，形成真正的教育。

（三）教学做合一

“教学做合一”是陶行知生活教育理论的教学方法论，是为批判传统单一的教授法，反对教师“教死书、死教书、教书死”和学生“读死书、死读书、读书死”的传统教学模式而提出的教学方法论。陶行知说“教学做合一”，“是生活现象之说明，即教育现象之说明。在生活里，对事说是做，对己之长进说是学，对人之影响说是教。教学做只是一种生活之三个方面，而不是三个各不相谋的过程”。“教的方法根据学的方法，学的方法根据做的方法。事情怎样做便怎样学、怎样学便怎样教。教而不做，不能算是教；学而不做，不能算是学。教与学都以做为中心，在做上教的是先生，在做上学的是学生。”陶行知提出的“教学做合一”是非常具有针对性的。他曾对当时中国教师的教学方法做过调查研究，认为有相当多的教师“只会教授，只会拿一本书要儿童来读它，记它，把那活泼的小孩子做个书架子，字纸篓”。也就是说，教育界普遍存在以教师为中心、以教为中心的现象。陶行知反对以“教”为中心，主张“教学做合一”，这就从教学方法上改变了教、学、做的分离状态，克服了书本知识与生活实践脱节、理论与实际分离的弊端，是教学法上的一大改革。

五、蒙台梭利的感官教育理论

玛丽亚·蒙台梭利（1870—1952）是意大利著名的教育家，是20世纪享誉全球的幼儿教育家，也是世界上第一位杰出的女性学前教育家。她所创立的、独特的幼儿教育法——蒙台梭利教育法，风靡了整个西方世界，深刻地影响世界各国，特别是欧美先进国家的教育水平和社会发展。她以长期的宣传和实践推动了世界学前教育的发展，她的学前教育课程称为蒙台梭利方案。20世纪90年代，蒙台梭利教育法传入中国，在短时间即得到广泛的认可和应用。

（一）蒙台梭利教育理念

蒙台梭利教育法是一种全面提升儿童素质、发展儿童潜能的教育方法。她巧妙地利用儿童自身的成长要求，在不损害儿童的自由与快乐的前提下，实现教育的目的。蒙台梭利认为，儿童存在与生俱来的“内在生命力”，这种生命力是积极的、不断发展的，具有无穷的力量；而教育的任务是激发和促进儿童的“内在潜力”的发展；儿童不是成人进行灌注的容器，也不是可以任意塑造的泥和蜡，教师和父母必须认真研究、观察儿童，了解他们的内心世界，在儿童自由与自发的活动中，帮助儿童获得身心发展。据此，蒙台梭利为学前儿童创造设计出一整套有效引导儿童迅速成长的训练方法。蒙氏教育理论、方法是建立在较少干预儿童主动或自发性的活动的基础上，使孩子们可以自由地探索、发展。因为只有在自由的气氛中，儿童才可能发展自己并受到有益的影响。其主要观点如下。

1）以儿童为中心。反对以成人为本的教育观点，视儿童为与成人有别的独立个体。

2）不教的原则。6 岁以前的幼儿是逐渐建构认知、辨别能力并以形象思维为主的思维方式，不适合说教的教育。蒙氏从日训着手，并配合良好的学习环境、丰富的教具及教学材料，让儿童自发、主动地学习，从而达到自我教育的目的。

3）把握儿童的敏感期。随着幼儿成长，会出现某一段时间只对环境中的某一项事务专心而拒绝接受其他事务的特点，若在此时提供定向的帮助，会收到最佳的学习效果。

4）教师作为环境的一部分存在，扮演协助、引导的角色。教师的工作是观察儿童的内心需要，设计环境，并示范教具的准确操作，再依据儿童的个别差异因材施教，提供适时的引导。这种不教的教育能使师生关系和谐，儿童能够愉快地学习。

5）着重智慧与品格的养成。幼儿教育的本质意义在于帮助幼儿的生命完美成长。因此幼教的目标不只是为小学做准备，更重要的是为他们的一生奠定智慧和品德的基础，培养他们终生学习的好习惯。

6）尊重儿童的成长步调。在蒙氏教育中没有严格的课表及上下课时间，让儿童循着内在需要，自由而专心地工作，若孩子的专心时常被打断，会养成孩子不专注及草率的习性。相反，经常使孩子处于不受打扰反复练习的状态则能培养孩子的耐心和专注力。

7）混龄教学。不同年龄段的孩子会相互模仿、相互学习并养成儿童关爱他人、乐于助人的社会行为，并在智能上相互影响、促进。

8）丰富的教材与教具。教具并非是教师用来教孩子用的，而是儿童工作的材料，旨在诱发儿童由浅入深的自我重复操作，以达到自我教育的目的。

9）摒弃奖惩制度。蒙氏尊重儿童的选择，让儿童有自愿、自发的学习意愿与需求，儿童对奖惩并不在乎。

10）教学成果常以暴发的力量呈现。以循序渐进的教育方式训练儿童，在短时间内不易看到学习成果，儿童却常以暴发的力量突然呈现内在的心智成长。

（二）初级教学法

蒙台梭利教学法的目的是帮助孩子自然地成长。与传统的教育方法不同的是：蒙台梭利教学强调双手工作、自我教育，着重于孩子秩序感、专心度、独立能力和手眼协调能力的培养。蒙台梭利的初级教学法适用于3～6岁的儿童，分为以下四个方面。

（1）体育（筋肉练习）

为了促使幼儿生理的正常发展，使他们的日常生活动作熟练化，蒙台梭利十分重视幼儿的肌肉练习，除了顺其自然，让幼儿通过坐、起、走、穿衣、脱衣、取物、照料动植物等行为得到良好的体育练习外，她还发明了种种器具，如螺旋梯、摇椅等，帮助幼儿训练，还编制了体操乃至于呼吸、唇、舌、牙等方面的特别练习。

（2）感官教育

蒙台梭利认为，感官训练既为儿童将来的实际生活做准备，又是儿童接受知识和发展智力的基础，是蒙台梭利方法中的中心环节。

（3）知识教育

结合感官训练，提早让儿童接受读、写、算、音乐等方面的教育。同时，通过谈话发展儿童的语言能力。

（4）实际生活练习

实际生活练习包括穿衣、个人卫生、室内整理等，使儿童无须别人帮助而能自己处理日常生活中的事项，培养其独立性。

（三）蒙台梭利的教学内容

蒙台梭利认为，孩子的早期教育应该以感官训练为主，因为小孩子是用他的感觉器官感受身边的世界的，通过行走、触摸等行为使自己获得各种能力和技巧。感官训练能够让孩子的感官变得更加敏锐，能够培养孩子的观察力、判断力、专注力和意志力，在孩子的身体功能协调和完善上起着非常重要的作用。

蒙台梭利的教学内容以教具的种类来分，分为五大领域：日常生活教育、感官教育、数学教育、语言教育、自然人文教育。

1）日常生活教育包括照顾自己、维护环境、训练基本动作、培养社交行为等，锻炼孩子肢体动作的协调能力，帮助孩子适应环境，具有独立生活的能力，同时培养孩子的耐心与注意力。

2）感官教育包括视觉、触觉、听觉、味觉、嗅觉教育等，培养孩子敏锐的感觉，锻炼孩子的辨别力和手眼协调的能力，同时培养孩子观察、比较和判断的能力。

3）数学教育包括建立数的概念，认识数字，培养初步的逻辑思维能力、判断能力。

4）语言教育指进行听说训练，培养孩子的听说能力、早期阅读能力，提高孩子的语言能力。

5）自然人文教育包括音乐、美术、自然等教育，引导孩子接触身边的世界，形成对形状和色彩的认知，教导孩子认识事物的方法，培养孩子的好奇心和主动探索的精神。

（四）蒙台梭利的感官教育

感官教育以系统的感观教具为依据，以能个别刺激感觉的感官教具为媒介，从不断训练、强化的过程中获得智能教育不可欠缺的各种概念，从而为发展知觉和思维奠定基础。感官教育是蒙台梭利教育体系的重要部分，是其教育实验的主要内容。

蒙台梭利特别重视感官教育，她认为：

1）感官教育的主要目的是通过训练儿童的观察、比较和判断的能力，使儿童的感受性更加敏捷、准确、精练。

2）学前阶段是儿童感官发展的敏感期，如果在这个时期感官得不到充分发展，长大以后不仅难以弥补，而且还会使其整个身心发展受到影响。

3）感官教育对智力发展具有头等重要性，感官训练与智力培养密切相关。在她看来，智力的培养首先依靠感官，而感官训练就是初步的、基本的智力活动，是智力发展的第一步。

4）人的智力高低与教育有较大关系，通过感官教育可以在早期发现某些影响智力发展的感官缺陷，并及时采取措施使其得到矫治和改善。

1. 感官教育遵循的原则

1）循序渐进原则。蒙台梭利认为应当根据感官发展阶段的特点，把肌肉练习当作感官训练的基础，把对各种感官的发展作为教育的重点，照顾儿童的个别差异，把感官教育同读、写、算的教学结合起来，使之达到由简到繁的过渡。

2）自我教育的原则。提倡儿童根据自己的能力和需要进行学习，使儿童在感官训练中通过自己的兴趣、需要和能力进行自由选择、独立操作、自我校正，努力把握自己和环境。蒙台梭利通过向儿童提供教具，按照由易到难的原则安排教具材料的顺序，使每种教具都能发展儿童的某种特殊感官，通过有针对性的、分步骤的反复练习，增强儿童对物体的特殊性能的感受能力，从而达到发展儿童感官的能力。

2. 感官教育的内容

感官教育的内容包括触觉教育、视觉教育、味觉教育、听觉教育及嗅觉教育。

1）触觉教育。触觉教育在于帮助幼儿辨别物体是光滑还是粗糙，辨别冷热，辨别物体的轻重和大小、厚薄、长短及形状。幼儿主要通过触觉来认识周围世界，所以触觉练习是各种感官训练的主要内容。触觉训练采用限制戴指套的练习和闭目练习等，使用的材料有不同形状和光滑程度的木板，盛在不同形状容器中的、温度不同的水等。

2）视觉教育。视觉教育旨在帮助幼儿提高鉴别度量的视知觉，鉴别形状、颜色、大小、高低、长短不同的几何形体，如使用大小、形状、长度和厚度不同的物体训练视觉。

3）味觉教育。味觉教育注重提高幼儿味觉的灵敏度，如通过让儿童用舌头接触苦的、甜的、酸的等各种溶液的味道训练味觉。

4）听觉教育。听觉训练主要帮助幼儿辨别声音和比较声音的差别，在听音训练过程中，培养幼儿初步的审美能力和鉴赏能力。

5）嗅觉教育。嗅觉教育注重提高幼儿嗅觉的灵敏度。例如，通过让儿童嗅新鲜的紫罗兰和茉莉花的气味来训练其嗅觉。

3. 感官教育的教具和方法

蒙台梭利非常注重感官能力的培养，她发明设计了用于感官训练的教具（也称为蒙氏教具），一共有 18 件。

在使用教具时，蒙台梭利采用了独特的方法。她把感官教育和读、写、算的教学有机联系起来，注意手脑并用，调动各种感官的配合与协调作用，使儿童在没有心理压力的情况下，按自己的发展进度自然地、不知不觉地进入初步的学习读、写、算的阶段。她在感官训练过程中，采取分解的方法，把复杂的整体感官分解为简易的几部分来训练，使儿童利用按顺序排列的刺激物来认识事物，符合儿童的年龄特点和认识规律。

在实践中，我们应该参考和借鉴蒙台梭利感觉教育的理论和方法，充分吸取其中有益的部分，但也要注意教具使用时的机械性训练以及对儿童活动自由性和自发性的过度强调。

思考与实践

1．什么是科学？什么是学前儿童的科学？
2．简述学前儿童科学教育的内涵及特点。
3．结合实例说明学前儿童科学教育的意义。
4．论述国外学前儿童科学教育对我们的启示。
5．简要阐述建构主义学习理论。
6．论述多元智力理论对学前儿童科学教育的启示。
7．查阅相关资料，了解美国《下一代科学教育标准》的内容及对科学教育的导向。
8．调研一所幼儿园的科学教育活动，分析在活动中幼儿的收获和教师的作用。

第二章 学前儿童科学教育的目标与内容

学前儿童科学教育是学前儿童教育的一个重要领域，学前儿童科学教育的目标是学前儿童教育总目标在科学领域的具体体现。要科学地确定学前儿童科学教育目标，就必须依据学前儿童教育的总目标，同时要综合考虑学前儿童的认知特点、当代社会发展需要和学前儿童科学教育活动的特性而确定。学前儿童科学教育的内容是学前儿童科学教育的有效载体，是科学教育活动设计和实施的主要依据。

第一节 学前儿童科学教育的目标

教育目标是人们在进行教育活动之前，在头脑中预先存在的教育活动过程结束时所要取得的效果，是对教育效果的期望和要求。学前儿童科学教育目标是构成科学教育活动的第一要素和前提，是教师制定科学教育的指导思想和制订计划的依据。

学前儿童科学教育的目标是按照一定结构组织起来的完整体系。从课程设计和实施的过程来看（纵向角度），学前儿童科学教育的目标具有层次结构；从科学素养的培养效果来看（横向角度），学前儿童科学教育的目标具有分类结构。学前儿童科学教育目标的内容是对学前儿童科学教育目标的具体阐述。

一、学前儿童科学教育目标的层次结构

学前儿童科学教育目标的层次结构，也称为纵向结构。学前儿童科学教育的目标按其层次，从上到下可以分为四个层次，即学前儿童科学教育的总目标、年龄阶段目标、单元目标和活动目标。学前儿童科学教育目标的层次体现了从概括到具体逐级明确的过程，其中总目标是学前儿童科学教育目标体系中概括层次最高的目标，而活动目标则是最具操作性的层次。

1. 学前儿童科学教育的总目标

学前儿童科学教育的总目标也可以称为学前儿童科学教育的领域目标，是学前阶段儿童科学教育总的任务要求，原则性地指出在学前阶段进行科学教育的范围和方向，是科学教育所期望的最终结果，具有较强的特殊性和相对的独立性。学前儿童科学教育的总目标是学前教育总目标的一个有机组成部分，是实施学前儿童科学教育，开展科学素

养早期培养和促进儿童体、智、德、美全面发展的根本指导和方向，是通过一系列科学教育活动实现的，但不能直接作为科学教育活动的目标使用。

2. 学前儿童科学教育的年龄阶段目标

学前儿童科学教育的年龄阶段目标是根据学前儿童科学教育总目标确立的、按不同年龄儿童的发展水平划分的中短期发展目标，是学前儿童科学教育在不同的年龄阶段所要达到的目标。一般分为3～4岁（小班）、4～5岁（中班）、5～6岁（大班）各年龄班的科学教育目标。年龄阶段目标是根据学前儿童科学教育总目标的要求，为不同阶段的儿童设定符合其年龄发展特点的科学教育目标，既体现了不同年龄之间儿童发展水平的差异性，又体现了不同年龄之间儿童发展的连续性。但它仍不够具体，依然不具备具体指导设计和开展活动的功能。

3. 学前儿童科学教育的单元目标

学前儿童科学教育的单元目标是学前儿童科学教育总目标、年龄阶段目标的具体化及分段性目标。单元目标有以下两种形式。

1）"时间单元"目标：在一段时间内要达到的目标，如周计划、月计划、学期目标等。这种方式在以前用的较多，现已不多见。

2）"主题活动单元"目标：在一组有关联的科学教育活动结束后所要达到的目标。这种方式比较多见，在当前幼儿园用的较多。

4. 学前儿童科学教育的活动目标

学前儿童科学教育的活动目标一般指的是一次具体的科学教育活动所要达到的目标，是根据学前儿童科学教育总目标和年龄阶段目标或单元目标，并结合具体教育活动的内容以及幼儿特点制定的具体的、可操作的目标。

二、学前儿童科学教育目标的分类结构

国际上普遍将科学素养概括为三个组成部分：一是对科学知识达到基本了解的程度；二是对科学研究的过程和方法达到基本了解的程度；三是对科学技术给社会和个人带来的影响达到基本了解的程度。目前各国在评估本国公众科学素养时普遍采用这个标准，只有在上述三个方面都达到要求者才算具备基本科学素养的公众。学前儿童科学素养主要包括科学情感态度的培养、科学方法能力的学习和科学知识经验的获得三个方面。

1. 科学情感态度的教育目标

《心理学大辞典》中认为："情感是人对客观事物是否满足自己的需要而产生的态度体验"，包括道德感和价值感两个方面，具体表现为爱情、幸福、仇恨、厌恶、美感等。态度是个体对特定对象所持有的稳定的心理倾向，这种心理倾向蕴含个体的主观评价以及由此产生的行为倾向，具有社会性、具体性和协调性等特点。情感是人对客观态度体验及相应的行为反应，它既是人的心理活动中动力机制的重要组成部分，也是个性形成的重要方面。在学前儿童科学教育中，科学情感态度的培养是科学教育目标体系的核心内容。

科学情感态度，是和认知过程相区别的、同人的特定需要相联系的，具有一定内在体验和外在表现的感性反映，主要包括对科学活动的看法、对科学活动的意识、思维活动和自觉的心理状态及其在言行中的表现，也是人在探索科学活动时的一种动力。

学前儿童科学情感态度的教育目标，是指对科学活动兴趣爱好的培养，是否关注生活中的科学现象等，特别强调好奇进取、细心、耐心、喜欢创造、思考等态度与情感的培养。

2. 科学方法能力的教育目标

科学的一个重要特征就是它的方法的科学性。科学方法是人类在所有认识和实践活动中所运用的全部正确方法，即人们在认识和改造世界中遵循或运用的、符合科学一般原则的各种途径和手段，包括在理论研究、应用研究、开发推广等科学活动过程中采用的思路、程序、规则、技巧和模式，具有主体性、科学性和保真性的特点，是科学发展的一个重要的内在因素。科学方法一般是指实证的方法，即通过科学观察到的事实和建立在事实基础上的合乎逻辑的推理获取知识的方法。具体地说，科学方法是指收集客观信息、整理加工信息和表达信息、交流信息的方法。实证研究方法包括观察法、谈话法、测验法、个案法、实验法等。

能力是人类的一种心理特征，是完成一项目标或者任务所体现出来的素质，是指顺利完成某一活动所必需的主观条件。

学前儿童科学教育中科学方法能力的教育目标，是指学习探索周围世界和学科学的方法，如观察、分类、测量、思考等，以及发展观察力、思维能力、创造力、动手能力和初步解决问题的能力。

3. 科学知识经验的教育目标

科学知识，是人类在了解自然科学时，希望获得的有关事实的信息和理论的信息，它可以分为科学经验、科学概念和科学理论三个层次。对儿童来说，他们的科学知识有两种层次：科学经验和初级科学概念。学前儿童学习知识主要是指直接掌握人类的认识及其成果。在学校中，教师通过教学对学生传授科学知识，可以缩短学生继承人类认识成果的过程。

科学知识经验的教育目标，包括通过教育使学前儿童获取周围世界的广泛的科学经验，或在感性经验的基础上形成初级的科学概念。

三、学前儿童科学教育目标的内容

（一）学前儿童科学教育的总目标

我国幼儿教育的总目标是“对幼儿实施体、智、德、美等方面全面发展的教育，促进其身心和谐发展”。《纲要》中明确地提出了科学、社会、语言、健康、艺术五大领域，同时提出了相应的领域目标。其中，科学领域的目标有以下方面。

1）对周围的事物、现象感兴趣，有好奇心和求知欲。

2）能运用各种感官，动手动脑，探究问题。

3）能用适当的方式表达、交流探索的过程和结果。

4）能从生活和游戏中感受事物的数量关系并体验到数学的重要和有趣。

5）爱护动植物，关心周围环境，亲近大自然，珍惜自然资源，有初步的环保意识。

将以上目标归类，可从以下三个维度表述。

1）科学情感态度目标：对周围的事物、现象感兴趣，有好奇心和求知欲；爱护动植物，关心周围环境，亲近大自然，珍惜自然资源，有初步的环保意识；体验到数学的重要和有趣。

2）科学方法能力目标：能运用各种感官，动手动脑，探究问题；能用适当的方式表达、交流探索的过程和结果。

3）科学知识经验目标：获取广泛的科学经验，能从生活和游戏中感受事物的数量关系，在感性经验的基础上形成初级科学概念。

（二）学前儿童科学教育的年龄阶段目标

年龄阶段目标是根据学前儿童科学教育的总目标来制定的，既体现了学前儿童不同年龄段之间的差异性，又体现了各个年龄段之间的连续性。学前儿童科学教育的年龄阶段目标实质上是对学前儿童科学教育总目标的进一步分解，从而形成由总目标统领下的目标体系框架。《纲要》并没有明确列出各年龄段的教育目标，但在《指南》中，从科学探究和数学认知两个子领域提出了不同年龄段儿童学习与发展目标，目标分别对3～4岁、4～5岁、5～6岁三个年龄段末期幼儿应该知道什么、能做什么，大致可以达到什么发展水平提出了合理期望，指明了幼儿学习与发展的具体方向。

1. 科学探究

儿童的“科学探究”是儿童对自然界中事物和现象进行探索并形成解释的过程。科学探究有助于儿童更好地认识和解释客观世界。探究既是幼儿科学学习的目标，也是幼儿科学学习的方法。

（1）目标1：亲近自然，喜欢探究（见表2-1）

表2-1　亲近自然，喜欢探究

3～4岁	4～5岁	5～6岁
1. 喜欢接触大自然，对周围的很多事物和现象感兴趣 2. 经常问各种问题，或好奇地摆弄物品	1. 喜欢接触新事物，经常问一些与新事物有关的问题 2. 常常动手动脑探索物体和材料，并乐在其中	1. 对自己感兴趣的问题总是刨根问底 2. 能经常动手动脑寻找问题的答案 3. 探索中有所发现时感到兴奋和满足

这一核心目标体现了对幼儿好奇心和探究兴趣的高度重视，可以用“好奇”“好问”和“好探究”三个关键词来概括。好奇心和兴趣是幼儿科学探究中的首要目标和前提性目标，幼儿的科学学习不能以牺牲兴趣为代价来求取能力的发展和知识的掌握。自然的、身边的、熟悉的、生活中的事物是幼儿最感兴趣的。

（2）目标 2：具有初步的探究能力（见表 2-2）

表 2-2 具有初步的探究能力

3～4 岁	4～5 岁	5～6 岁
1. 对感兴趣的事物能仔细观察，发现其明显特征 2. 能用多种感官或动作去探索物体，关注动作所产生的结果	1. 能对事物或现象进行观察比较，发现其相同与不同 2. 能根据观察结果提出问题，并大胆猜测答案 3. 能通过简单的调查收集信息 4. 能用图画或其他符号进行记录	1. 能通过观察、比较与分析，发现并描述不同种类物体的特征或某个事物前后的变化 2. 能用一定的方法验证自己的猜测 3. 在成人的帮助下能制订简单的调查计划并执行 4. 能用数字、图画、图表或其他符号记录 5. 探究中能与他人合作与交流

具有初步的探究能力是幼儿科学探究的关键性目标，包括经历探究过程和获得探究能力两个层面。从探究过程来看，包括提出问题、观察探索、思考猜测、调查验证、收集信息、得出结论、合作交流等基本环节。从探究方法来看，观察比较、实验验证、调查测量是最基本的方法。幼儿运用不同的探究方法，在经历发现问题、分析问题和解决问题的过程中获得探究能力，幼儿的探究能力是其在探究解决问题的过程中综合运用各种方法的能力的综合表现。

（3）目标 3：在探究中认识周围事物和现象（见表 2-3）

表 2-3 在探究中认识周围事物和现象

3～4 岁	4～5 岁	5～6 岁
1. 认识常见的动植物，能注意并发现周围的动植物是多种多样的 2. 能感知和发现物体和材料的软硬、光滑和粗糙等特性 3. 能感知和体验天气对自己生活和活动的影响 4. 初步了解和体会动植物和人们生活的关系	1. 能感知和发现动植物的生长变化及其基本条件 2. 能感知和发现常见材料的溶解、传热等性质或用途 3. 能感知和发现简单物理现象，如物体形态或位置变化等。 4. 能感知和发现不同季节的特点，体验季节对动植物和人的影响 5. 初步感知常用科技产品与自己生活的关系，知道科技产品有利也有弊	1. 能察觉到动植物的外形特征、习性与生存环境的适应关系 2. 能发现常见物体的结构与功能之间的关系 3. 能探索并发现常见的物理现象产生的条件或影响因素，如影子、沉浮等 4. 感知并了解季节变化的周期性，知道变化的顺序 5. 初步了解人们的生活与自然环境的密切关系，知道尊重和珍惜生命，保护环境

表 2-3 中的事物和现象包括六个方面的主要内容：常见的动植物、常见物体、常见物理现象、天气与季节变化、科技产品和环境及其与人们生活的关系。这些是探究的载体。幼儿对周围事物和现象的认识都是在幼儿感知、体验、探究和发现的过程中获得的，是幼儿探究的必然结果。

2. 数学认知

数学认知是儿童基于对环境中事物和现象的认识进一步形成的对其逻辑关系的理解，数学认知有助于儿童发现客观世界的规律性和有序性。发现问题、分析问题、解决问题既是幼儿数学学习的重点，也是幼儿数学学习的基本途径。

（1）目标 1：初步感知生活中数学的有用和有趣（见表 2-4）

表 2-4 初步感知生活中数学的有用和有趣

3～4 岁	4～5 岁	5～6 岁
1. 感知和发现周围物体的形状是多种多样的，对不同的形状感兴趣 2. 体验和发现生活中很多地方都用到数	1. 在指导下，感知和体会有些事物可以用形状来描述 2. 在指导下，感知和体会有些事物可以用数来描述，对环境中各种数字的含义有进一步探究的兴趣	1. 能发现事物简单的排列规律，并尝试创造新的排列规律 2. 能发现生活中许多问题都可以用数学的方法来解决，体验解决问题的乐趣

这一前提性和方向性目标体现了对数学的态度以及对数学学习过程性能力方面的期望。既强调了数学与日常生活之间的联系，又强调了解决问题能力启蒙的重要性，也强调了感性经验和兴趣在数学学习中的重要性。充分考虑了幼儿数学认知的特点和具有终身意义与价值的目标追求，幼儿的数学学习要突出“在做中学”、“在生活中学”和“在玩中学”的特点。

（2）目标 2：感知和理解数、量及数量关系（见表 2-5）

表 2-5 感知和理解数、量及数量关系

3～4 岁	4～5 岁	5～6 岁
1. 能感知和区分物体的大小、多少、高矮长短等量方面的特点，并能用相应的词表示 2. 能通过一一对应的方法比较两组物体的多少 3. 能手口一致地点数 5 个以内的物体，并能说出总数，能按数取物 4. 能用数词描述事物或动作，如我有 4 本图书	1. 能感知和区分物体的粗细、厚薄、轻重等量方面的特点，并能用相应的词语描述 2. 能通过数数比较两组物体的多少 3. 能通过实际操作理解数与数之间的关系，如 5 比 4 多 1；2 和 3 合在一起是 5 4. 会用数词描述事物的排列顺序和位置	1. 初步理解量的相对性 2. 借助实际情境和操作（如合并或拿取）理解“加”和“减”的实际意义 3. 能通过实物操作或其他方法进行 10 以内的加减运算 4. 能用简单的记录表、统计图等表示简单的数量关系

感知和理解数、量及数量关系包括内容目标和过程性能力目标两个方面。内容目标涉及一些重要的数学知识技能和能力，包括量的比较、集合比较、序数、加减运算。过程性能力目标涉及数学学习的过程性能力，包括数的表达交流、数的表征。其中，数的学习是儿童数学认知能力发展中的难点。

（3）目标 3：感知形状与空间关系（见表 2-6）

表 2-6 感知形状与空间关系

3～4 岁	4～5 岁	5～6 岁
1. 能注意物体较明显的形状特征，并能用自己的语言描述 2. 能感知物体基本的空间位置与方位，理解上下、前后、里外等方位词	1. 能感知物体的形体结构特征，画出或拼搭出该物体的造型 2. 能感知和发现常见几何图形的基本特征，并能进行分类 3. 能使用上下、前后、里外、中间、旁边等方位词描述物体的位置和运动方向	1. 能用常见的几何形体有创意地拼搭和画出物体的造型 2. 能按语言指示或根据简单示意图正确取放物品 3. 能辨别自己的左右

形状和空间是几何数学的初级形态，既涉及对几何形状名称、特征、类别和简单的组合关系的理解，又涉及对空间概念、方位、运动方向和空间表征的理解。儿童空间感的发展不仅有助于他们理解自己所处的空间世界，还有利于他们学习数学的其他内容。

（三）学前儿童科学教育的单元目标

1. 以时间为单元的学前儿童科学教育目标

在幼儿园中，以时间为单元的科学教育目标一般有学期科学教育目标、月科学教育目标、周科学教育目标等。

案例 2-1

幼儿园小班 10 月科学教育目标[①]

1）愿意接触大自然。
2）有好奇心，喜欢模仿、摆弄自己感兴趣的自然界的事物。
3）认识易于接触的动物“兔子”，了解其主要外形特征及生活习性。
4）认识易于接触的植物“一串红”，了解其主要外形特征。
5）了解自己身体的主要部位“脸”，学习如何保护脸。
6）观察秋天的景色，初步体验大自然的美。
7）初步学习运用感官认识物体。

案例 2-2

幼儿园大班 4 月科学教育目标

1）继续发展热爱大自然的积极情感，探索中有所发现时感到兴奋和满足。
2）有初步的环境保护意识。
3）了解人的生存与环境的关系，学习基本的自我调节、保护健康的方法。
4）了解人类的科学技术是不断发展的。
5）能根据事物的不同特征，按自己的标准分类。

2. 以主题活动为单元的学前儿童科学教育目标

将幼儿三年的科学教育内容编排成若干个单元，围绕重点设计多种活动内容和形式，这些单元之间纵向自成体系（同样的主题，程度不同），横向相互联系（不同主题有可能内容交叉）。在幼儿园中，科学教育活动的主题是多种多样的，有的是以季节为主线建构主题，有的则以自然科学现象为主线建构主题，也有的以人的活动为主线建构主题。

① 施燕，2014．学前儿童科学教育与活动指导［M］．3 版．上海：华东师范大学出版社．

案例 2-3

主题活动“有趣的气味”的单元科学教育目标（小班）

1）感知不同的气味，学会用鼻子闻物体的气味，发展感知能力。

2）关心周围事物，对感知活动有兴趣。

3）学习用语言表达所得到的信息。

4）懂得鼻子的重要性，要爱护自己的鼻子。

案例 2-4

主题活动“水”的科学教育目标（中班）

1）有观察水和探究水的兴趣。

2）在玩水的系列操作活动中，运用多种感官感知水的特性（无色、无味、透明、流动等）。

3）明白水对动植物和人的重要意义。

4）能及时观察和发现操作过程中所产生的有趣现象，并能努力探究原因。

（四）学前儿童科学教育的活动目标

学前儿童科学教育的活动目标是指某一具体科学教育活动所要达到的教育效果，是单元目标的具体化，是一种最具有操作性的目标。因此，要想贯彻落实学前儿童科学教育目标，就要把其变为学前儿童科学教育的具体活动目标。学前儿童科学教育活动目标的制订必须体现各层次目标的一致性、三个维度的全面性、具体的针对性、最近的发展性、表述的统一规范性。

案例 2-5

“声音从哪里来”科学教育活动目标（大班）

1）通过实验，感知物体振动和声音的关系。

2）能区分声音的高低、频率、强弱和音色，了解其与发声体的关系。

3）讨论交流对声音的发现和感受。

案例 2-6

“可爱的蚕豆荚”科学教育活动目标（小班）

1）有主动感知物体——蚕豆荚的兴趣。

2）能发现蚕豆荚的基本特征。

3）能根据物体大小进行简单分类。

四、学前儿童科学教育目标的表述

（一）教育目标表述的形式

幼儿园教育活动目标的表述形式多种多样，如果从教育活动的主体来看，主要有两种方式，分别是表述教师的行为和表述幼儿的行为。表述教师的行为是指从教师的行为出发，说明教师在教育活动中应做什么，如“为幼儿提供……”“示范……的操作方法”。表述幼儿的行为是指从幼儿的角度表述幼儿的行为变化，但由于对于儿童的学习有不同取向的目标，所以具体表述儿童学习的变化又可分为行为目标和表现性目标两种形式。

1. 行为目标

行为目标的早期倡导者博比特（F. Bobbitt）认为，科学的时代要求准确性和具体性，由此而言，课程目标必须具体化、标准化，具有某种程度的客观性，并试图为确定课程目标提供一套操作程序。这样的课程目标是基于心理学家们认为学习是通过一系列细小的步骤按顺序逐渐达到的理论。行为目标是指可观察和可测量的行为陈述的目标，行为目标的陈述具备以下三个要素。

1）具体目标。用行为动词描述学生通过教学形成的可观察、可测量的具体行为，例如，“写出”“列出”“解答”等，旨在说明“做什么”。

2）产生条件。规定学生行为产生的条件，如“根据参考书”“按课文内容”“不用笔算”等，旨在说明“在什么条件下做”。

3）行为标准。提出符合行为要求的行为标准，如“无语法或拼写错误”“90%正确”“10 分钟内完成”，旨在说明“有多好”。

儿童行为目标是以儿童具体的、可被观察的行为变化的结果来设计目标，指向的是通过教育活动儿童所发生的行为变化，目标设计中关注的是可观察到的行为结果。例如，“能区分小雨、大雨、暴雨并比较它们的异同点”就比“让儿童感受雨，激发儿童对雨的兴趣”更具可观察性、可把握性和可操作性。

2. 表现性目标

表现性目标是美国课程理论家艾斯纳（E.W. Eisner）提出的叙写课程目标的一种主张。它不是事先规定儿童在完成某一学习活动后应该获得的行为，而是指向每一个儿童在与环境交互作用中所具有的个性化的表现。对教师来说，儿童的这种个性化的表现无法准确预知，但对儿童来说，对其个性的充分发展和展示是有益的。例如，“参观动物园，讨论在那里看到的最有趣的几件事”，就是表现性目标，而“能够说出动物园动物的种类”就是行为目标。表现性目标鼓励幼儿在活动中表现出在某种程度上与他人不同的创造力，而不关注事先规定的幼儿行为变化结果。需要说明的是，不同取向的目标只是从某一特定的角度把握教育活动的目标，都有其存在的价值，它们之间相互补充和联系。

对学前儿童科学教育活动目标的表述一般采用“行为目标”的方式，即用儿童外在行动的形式来表述教育目标。

（二）教育活动目标表述的要求

1．具有可操作性，避免过于笼统、概括和抽象

学前儿童科学教育的目标体系呈现为金字塔式的层次结构，从上到下越来越具体，从下到上越来越概括。作为最底层的科学教育活动目标，其特点就是具体、明确，具有可操作性，能具体指导、调控教师的教学过程。例如，中班科学活动“地球上有什么？”的部分目标为：①根据地球仪上的不同颜色，指出高山、河流、平地、海洋、沙漠。②培养幼儿的观察力。分析可见，目标②的表述比较笼统，不如目标①的表述具体、明确，因此不具备活动的指导意义。

2．要清晰、准确、可检测，不能用活动的过程或方法取代

行为目标陈述三要素的核心是行为的表述，在教学实践中，不能用活动的过程或方法手段代替行为的结果，混淆二者之间的区别。例如，①在观察、游戏的过程中，幼儿把对汽车的兴趣转化成了解汽车的好奇心。②通过观察、游戏，幼儿能用比较的方法，根据大小、颜色、用途等标准对汽车进行分类。比较二者可见，目标②的表述符合要求。

3．从统一的角度表述目标

在表述活动目标时，既可以从教师教的角度来确定活动目标，表述教师期望通过教育活动帮助幼儿获得的学习效果，也可以幼儿的学为出发点，指出幼儿在学习以后应该知道的和能够做到的表现。目前，多数人主张从幼儿的角度表述，以促使教师的注意力向儿童转移，克服以往教育中教师过多注意自己“教”的行为，而忽视幼儿的“学”和“学的效果”的倾向。无论采取哪种表述方式，目标表述的行为主体必须前后统一，避免出现“主体不统一”的现象。例如，中班科学活动“水果拼盘”的部分目标为：①鼓励幼儿自己动手动脑，学会制作小拼盘和用自己的方法记录水果拼盘；② 欣赏水果拼盘的艺术美，体验做水果拼盘的愉悦情绪，感受与同伴分享的快乐。其中的主要问题在于，目标①从教师角度表述，目标②从幼儿角度表述，显然是不恰当的[①]。

第二节　学前儿童科学教育的内容范围

学前儿童科学教育的内容是实现学前儿童科学教育目标的有效载体，是将目标转化为学前儿童发展的重要中间环节，也是科学教育活动设计与具体实施的主要依据。根据《纲要》、《指南》及当前教育专家和一线教师的教学实践经验，学前儿童科学教育的内容主要概括为：关爱、探究身边的有生命物质，探索无生命物质与其环境和人们生活的关系；关注、感受、探究身边的自然科学现象；感受现代科学技术对人们生活的作用；科学与数学有机结合，建构儿童初步的数概念，并学习简单的数学方法解决日常生活中的问题。

---

① 王晓芬，钱慧，2011．小议幼儿园教育活动目标的制定［J］．教育导刊，(3)．

一、《纲要》中的科学教育内容与要求

1）引导幼儿对身边常见事物和现象的特点、变化规律产生兴趣和探究的欲望。

2）为幼儿的探究活动创造宽松的环境，让每个幼儿都有机会参与尝试，支持、鼓励他们大胆提出问题，发表不同意见，学会尊重别人的观点和经验。

3）提供丰富的可操作的材料，为每个幼儿都能运用多种感官、多种方式进行探索提供活动的条件。

4）通过引导幼儿积极参加小组讨论、探索等方式，培养幼儿合作学习的意识和能力，学习用多种方式表现、交流、分享探索的过程和结果。

5）引导幼儿对周围环境中的数、量、形、时间和空间等现象产生兴趣，建构初步的数概念，并学习用简单的数学方法解决生活和游戏中某些简单的问题。

6）从生活或媒体中幼儿熟悉的科技成果入手，引导幼儿感受科学技术对生活的影响，培养他们对科学的兴趣和对科学家的崇敬。

7）在幼儿生活经验的基础上，帮助幼儿了解自然、环境与人类生活的关系。从身边的小事入手，培养初步的环保意识和行为。

二、《指南》中的科学教育内容范围

根据《指南》的主要精神，刘占兰博士（中国教育科学研究院研究员）、周欣博士（华东师范大学教授）将学前儿童科学教育的具体内容概括为七个方面，分别是常见的动植物、常见物体、常见物理现象、天气与季节变化、科技产品与人们生活的关系、环境与人们生活的关系、数学认知[①]。

（一）常见的动植物

认识常见的动植物及其特征是幼儿认识生命体特征的重要经验。关键经验包括动植物的多样性、动植物生存和生长变化的基本条件、动植物对环境的适应性、动植物的生长周期与繁殖等。

我国幅员辽阔，地域特点明显，各地可选择具有代表性的动植物作为幼儿探究和认识的对象。其主要内容如下。

1）能说出常见动植物的名称，通过参观考察、种植和饲养活动，观察、发现其典型的外部特征，知道其主要用途，观察、了解动物的生活习性。重点关注和思考动植物的外部特征、习性与生活环境对动植物生存的意义。例如，蒲公英种子的形状有助于其传播等。

2）感知动植物的多样性和独特性。引导幼儿发现动植物是多种多样的，知道不同的动物或植物各有其特点，如植物的叶子、根 、花、果实是不同的；动物的大小、高矮、凶悍或温顺等。

3）观察和发现动植物的生长、变化规律。能用图画、符号、表格、文字、照片等多种适当的方式进行记录，交流、分享观察中的有趣现象、新发现等。

---

① 李季湄，冯晓霞，2013.《3—6 岁儿童学习与发展指南》解读［M］. 北京：人民教育出版社.

4）探索和发现动植物与人类的关系。引导幼儿认识人类、动物、植物之间是紧密相连、互相依存的。了解人类在生活中是怎样利用动植物的，又是怎样保护动物、植物的（动物是人类的好朋友，要保护动物；植物是人类赖以生存的物质基础等），不保护所造成的后果，如生态环境遭到破坏，出现泥石流、沙尘暴给人们带来的危害等。

5）探索和初步发现动植物与自然环境的关系。引导幼儿了解和发现动植物的生长与环境的关系、动植物的多样性与环境的关系、动植物和季节变化的关系、动植物之间的关系。

通过种植植物、饲养动物等活动，引导幼儿探索和发现动物、植物的生存与生长离不开空气、阳光、水和土壤；不同的动物、植物生长环境是不同的，有的生长在陆地上，有的生长在水里，有的生长在暖和的地方，有的生长在寒冷的地方等；动物、植物随着季节的变化而改变，如有的植物春天播种、秋天收获，有的动物有冬眠现象；动物与动物之间是“朋友”或“天敌”的关系（如鳄鱼与牙签鸟是“好朋友”，狼是羊的天敌等），动物与植物之间是友好的关系（如牛—草—粪便—草的生长—牛）。

（二）常见物体

常见物体包括自然物与人造物两大类，最常见的材料包括沙石、泥土、水、纸、木和各种金属物体[①]。对物体的认识主要从特性、性质与用途、结构与功能之间的关系三个方面进行。特性主要指物体和材料的颜色、硬度、光滑度、纹理和质地等，性质主要指物体和材料的溶解、传热等。不同地方可根据地域特点和资源优势灵活选择具有代表性的物体。

1. 自然物体

自然物体是指大自然中天然存在的物体，是自然界中的无生命物质，主要指水、空气、沙、石、土等。

（1）水

人们的生活离不开水，对幼儿亦然。幼儿喜欢玩水、喜欢探索水，对水有着深厚的感情。幼儿对水的认识主要包括：探索、感受水是无色、无味、透明的；体验、探索水是流动的（水向低处流）；探索、感受水有浮力（在水中，有的物体浮起来，有的沉下去）；水的三种形态（液态、固态、气态）及其变化；了解自然界中的江、河、湖、海等；知道水对人类、动植物生存的重要性以及水对生命的重要意义；了解节约用水的意义，在生活中从自我做起，不浪费水；了解水污染的破坏性，知道水源需要保护。

（2）沙、石、土

沙、石、土是幼儿在生活中经常接触的物质，幼儿要了解它们之间的关系，知道沙、土是由岩石变化而来的，地球上覆盖着大量的沙、石、土。在沙、石上不适合生长植物，肥沃的土壤是植物生长的宝地。通过实验和游戏等活动，教育幼儿探索和发现沙、石、土的特性，知道其各自的主要用途。教育幼儿要知道珍惜土地，合理利用、保护自然资源。

---

① 李季湄，冯晓霞，2013.《3—6岁儿童学习与发展指南》解读［M］. 北京：人民教育出版社.

（3）空气

空气是我们每天都呼吸的“生命气体”，幼儿要体验、探索空气是无色无味、透明的；了解、知道空气是看不见、摸不到的，我们的周围到处都有空气，空气存在于所有空间；探索、发现空气的流动；知道人类的生存、动植物的生长都离不开空气，空气是地球上生命体生存的必要条件；知道植物的生长与空气的关系（如植物的生长可以净化空气，使空气更加清新等）；知道人类生活与空气的关系。

（4）日、月、星

我们生活在地球上，地球存在于宇宙中，除了地球外，宇宙中还有太阳、月亮、星星等，但它们都离我们很遥远。幼儿要体验、探究、感受太阳的形状、颜色、光和热，知道阳光对人类、动植物的重要性，了解月球是地球的唯一一颗天然卫星，知道月球的特征和明月的本质，观察月相变化的规律并用简单的方式记录；通过观看录像、视频等知道人类乘宇宙飞船能到达太空，能登上月球；观察夜空中的星星，知道星星有很多，因离我们很远，只能看到不停闪烁的光点等。

2. 人造物体

在幼儿生活、学习的环境中，存在大量的人造物体（如学习用具、游乐场所、各种建筑等），可以引导幼儿观察它们的主要外形特征，讨论、推测和证实它们的主要用途等。

（三）常见物理现象

常见物理现象包括物体和材料的形态或位置及其变化条件，如斜面与物体的运动；沉浮、磁力、光和影子等常见物理现象及其产生的条件或影响因素等[①]。

（1）力

力是由物体之间的相互运动所产生的，其表现形式多种多样，且无时无刻不存在于人们的日常生活之中。幼儿探索、发现、体验、感受各种各样的力，获得初步的感性经验，主要包括以下内容。

1）知道力和运动是生活中最常见的现象，通过实验、操作，感受力的大小，发现力的方向，探索力和运动之间的关系及不同大小、方向的力和运动的关系。例如，圆木棒、皮球等物体滚动时都走直线吗？风车转动方向及速度快慢的原因，等等。

2）探索感受事物各种力的现象，知道力有多种，如地球吸引力、摩擦力、推力、拉力、浮力、重力、弹力、电力、风力等，感受力的作用。

3）探索、感受、体验力的平衡（可通过玩跷跷板、滑板或天平等来进行）。

4）探索省力的方法，如使用杠杆滑轮、倾斜面等。

5）讨论常见的各种机械设备，发现其各自的作用（如挖掘机、大吊车等）。

6）了解人类对各种自然力（如水力、风力）的利用。

（2）光

光是大自然普遍存在的现象，而且与人们的生活紧密相连，幼儿探索和发现光的现

---

① 李季湄，冯晓霞，2013.《3—6岁儿童学习与发展指南》解读［M］. 北京：人民教育出版社.

象是非常有必要的。

1）探索和发现光源。知道光有来自自然的，如阳光、闪电等，也有来自人类制造的，如各种类型的灯光、火光等，要了解自然光和人造光的不同。

2）探索、体验、发现光和影子的关系。

3）通过日常物品（如啤酒瓶底）、玩具（如万花筒）和各种光学仪器（如平面镜、三棱镜等），探索和发现光的反射及折射的现象。探索多种颜色的形成，了解颜色是光反射的结果。

4）知道光在人类各种活动中的重要性，了解光和人类生活的密切关系。

（3）声

人类生活在一个充满声音的世界中，声音是幼儿认识、了解世界的重要信息来源，幼儿需要感受、探索声音的内容包括以下方面。

1）注意倾听、观察和感受各种各样的声音，如风声、人声、机器声等。

2）探索声音的产生，知道不同的物体会发出不同的声音。

3）知道声音有乐音和噪声之分并能够辨别，体验乐音带来的美的感受，探索噪声的危害。

4）通过实验或游戏，探索声音的传播。

（4）热

结合幼儿的日常生活经验，让其来探索有关冷热的内容，主要有以下方面。

1）知道任何物体都有温度，有的物体温度高，有的物体温度低。

2）不同温度的物体之间会发生传热现象，而有的传热快，有的传热慢。

3）探索并发现物体的冷热变化现象，探索使物体变热、变冷的方法。

4）知道天气有冷有热。讨论生活中有关热的问题，夏天怎样散热？冬天怎样取暖？了解几种常见的取暖或散热的产品。

5）学习用自己的感觉器官（用眼睛看、用手试摸等）来判断物体的冷热，学习使用温度计。

（5）电

当今社会，电在人们日常生活中的应用比以往任何时候都要广泛和深入。幼儿的生活、学习基本离不开电，因此有必要了解、学习有关电的内容。

1）初步了解各种电的来源：静电是摩擦产生的，日常生活中的电是发电厂通过电线输送来的，干电池是在超市、商场购买的。

2）通过游戏和实验，探索摩擦起电现象。

3）通过探索各种家用电器、电动玩具等的功能，初步了解电在日常生活中的重要作用。

4）初步了解安全用电的常识，避免发生事故。

（6）磁

对幼儿来说，磁是比较抽象的，因此幼儿对于磁的认识主要是通过磁铁及有关磁铁制品来实现的，包括以下方面。

1）观察不同大小、形状的磁铁，知道磁铁能够吸铁制品。

2）探索、发现磁铁与磁铁之间的吸引和排斥的现象。

3）探索不同磁铁的磁力，知道其磁力的大小是不同的。

4）了解磁的用途，探索、发现磁铁在日常生活中的应用。

（四）天气与季节变化

幼儿了解天气与季节的特点、变化的重点在于感知、体验和发现其与动植物和人们生活的关系。主要内容包括：感知、体验和认识常见的天气特点及其对人们生活、动植物生长变化的影响；感知、体验和发现不同季节的特点和周期性变化，以及这些特点和变化对动植物和人的影响①。

1）了解并知道气候和季节现象是人类、动植物生存的重要环境因素，它们的变化有规律可循。

2）知道一年有四个季节，每个季节的名称、顺序，了解不同季节的特点。

3）了解季节和气候变化对人类生活、动植物生长的影响，主动适应外界环境的变化并学会保护身体。

4）观察晴天、多云、阴天、雨天等天气，并学会记录。能用温度计测量气温，用湿度计测量湿度，预测空气质量。

5）观察各种天气现象：风、云、雾、雨、闪、雪、霜、雷、雹、霾等。

风：可通过实验探索发现风的产生，知道风有大小、冷暖等之分并和日常生活相结合来感受不同情境下的风。知道风在日常生活中的重要作用（风力发电等），台风、沙尘暴、飓风等给人们带来的危害等。

云：观察云在天空中的多变性，观察云在不同天气时的表现与变化，云有厚薄之分。

雨：知道雨的种类，有大雨、小雨、急雨、暴雨、雷雨等；观察比较雨的不同，知道雨在不同的季节对于植物生长的意义，如春季适时的雨有利于播种，秋季的雨过多不利于秋收等，知道夏季常见的天气现象有雷雨、冰雹、彩虹等。

冰、雪、霜：知道冰、雪、霜是冬天常出现的天气现象，通过实验或游戏来观察体验冰、雪、霜。了解冰、雪、霜在日常生活中的现象及作用，如哈尔滨的冰灯、冰雕，松花江的树挂，观察窗户上霜的现象及变化等。

霾：知道霾是一种有害的天气现象，了解空气质量和 $PM_{2.5}$ 的概念，知道有霾天气要加强防护（如关窗户、戴口罩）等。

（五）科技产品与人们生活的关系

幼儿生活在一个充满现代科学技术的时代，科技产品已经在人们的生活、工作、学习中被广泛使用，必须让幼儿感知和了解常用科技产品与自己生活的关系，知道科技产品有利也有弊，如感知和了解各种家用电器、交通工具、通信工具等给人们的生活带来的便利及造成的不利影响①。

① 李季湄，冯晓霞，2013.《3—6 岁儿童学习与发展指南》解读［M］. 北京：人民教育出版社.

（1）幼儿生活中常见的科技产品

认识常见的家用电器，如电视机、电冰箱、洗衣机、电饭煲、空调等，了解它们的用途，学会安全使用的方法，感受、体验这些家用电器在人们生活中的重要作用。

了解现代通信工具，感受电话、手机、电脑、传真机、网络（含无线网络）等给人们生活带来的便利，讨论其主要用途和影响。

认识各种交通工具，如自行车、摩托车、汽车、火车、飞机、轮船等，了解它们在人们生活中的重要作用，讨论其利弊。

认识各种现代道路，如高速公路、立交桥、隧道、高速铁路（简称高铁）、地铁等，了解它们在交通运输中的作用。

认识现代农用工具，如拖拉机、脱粒机、播种机、抽水机等，了解它们在现代农业中的主要用途和发挥的作用。

探索各种科技小玩具，学会正确使用的方法，能进行拆卸、组装等。

（2）了解科学技术的发展，熟悉著名的科学家

了解科学技术是不断进步、不断发展的，科学技术对人类社会经济、文化、生活方式产生了极大的影响。例如了解网络购物、人工智能等，体会科学技术对人们生活方式的改变和影响，科技发展提高了人们的生活质量。又如，讨论科技发展给生态环境带来的巨大危害（食品安全、温室效应等）。

熟悉一些著名的科学家，通过他们的故事了解科学家对科技发展做出的巨大贡献，激发幼儿对科学家的敬佩和崇拜之情。

（六）环境与人们生活的关系

人与自然有着天然的联系，相依相伴，密不可分。幼儿从小感受、体验和发现这种依存关系，有助于其建立良好的环境意识和养成良好的行为习惯，主要包括以下内容。

1）了解人体，包括人体结构及其功能、人的生理活动和心理活动、人的生命过程、保护身体及身体健康。

2）观察、知道人的外部结构，了解人体的基本结构：头、颈、躯干、四肢以及皮肤、骨骼、肌肉、血液等，感受、体验各自的功能。观察、了解人的感觉器官：眼睛、耳朵、鼻子、舌头、皮肤，知道并体验各自的功能。观察并初步了解人的差异性：性别差异（男、女）、不同种族的人在外观上的差异（皮肤、毛发、眼睛等）、年龄差异等。

3）了解并感受人体的生理活动：消化、呼吸、血液循环、排泄等；感受、体验脑具有记忆、想象、思考等功能；初步了解人的情绪、情感，学习怎样表达或控制自己的情绪。体验不同自然环境对人们心情造成的影响，感知、体会和了解人们的生活与自然环境的密切关系，良好的自然环境对人们生活的好处，人类活动对自然环境造成的不良影响和破坏。

4）初步了解人的出生、生长发育、衰老是一个自然的生命发展过程。感知、体会和了解人类对动植物的依存关系与动植物对人类的贡献。懂得尊重和珍惜生命，保护自然环境。做力所能及的活动保护环境，爱护生命。

5）知道在任何时候、任何条件下，都应该注意安全，远离危险，保护自己的身体

不受侵害、损伤；从小珍爱生命，知道锻炼身体的重要性；养成良好的生活、卫生习惯，以预防疾病，健康成长。

（七）数学认知

儿童早期数学认知能力的发展包含儿童对数、计算、空间/几何、测量和模式的认知能力[①]。《指南》中数学认知子领域的内容侧重于数和形，以初步感知生活中数学的有用和有趣为基础，学前儿童数学认知的内容如下。

1）掌握常用物体分类的方法。

2）探索“1”和“许多”及其关系。

3）通过对实物操作、比较、游戏等方法学习十位或百位以内的数；先学习基数，再学习序数、倒数等，探索数与数之间的关系。

4）通过对实物的操作、比较，学习数的组成，学会认读、书写、加减运算；初步理解总数与部分的关系；探索数的守恒，以进一步理解数和对数的抽象。

5）能用各种方法（包括自然测量）进行量的比较，初步理解量的相对性和量的守恒。

6）能采用口头或书面形式（图画、符号等）进行表达交流。

7）认识常见的平面图形和立体图形，知道其名称、明显的外形特征及其简单的关系。

8）在空间方位上，能分清上下、左右、前后、里外、远近等，知道空间的运动方向（如向前、向后、向左、向右等）；在时间上，能区分早晨、中午、晚上，白天、黑夜，昨天、今天、明天，知道星期、日、月、年及其关系。认识时钟，能判定整点、半点[②]。

第三节 学前儿童科学教育内容的选编

一、学前儿童科学教育内容的选编原则

学前儿童科学教育的内容非常广泛。对科学教育内容进行选择与编排，是一个涉及如何从内容范围中进行选择，即什么是适宜的科学教育的内容，以及如何将内容进行编排的问题。在内容选编时，要遵循科学性、启蒙性、系统性、整体性、时代性、民族性、地方性、季节性等原则。

1）科学性原则。科学性原则是指选择的内容必须符合科学原理，应从自然界的整体出发，根据客观规律，正确解释学前儿童周围生活中的有关的自然现象、自然物和科技产品。

2）启蒙性原则。启蒙性原则是指选编的内容必须符合学前儿童的知识经验和认知发展水平，使学前儿童在教师的帮助下，通过一定的努力能够达到教育目标。

3）系统性原则。系统性原则是指选编的科学教育内容要按照由近及远、由简到繁、由具体到抽象、由已知到未知的认知规律编排。

① 李季湄，冯晓霞，2013.《3—6 岁儿童学习与发展指南》解读［M］. 北京：人民教育出版社.

② 夏力，2014. 学前儿童科学教育活动指导［M］. 3 版. 上海：复旦大学出版社.

4）整体性原则：整体性原则是指在选编科学教育内容时，应考虑科学教育各方面的内容。

5）时代性原则。时代性原则是指要根据时代发展、科学技术的进步，来选编科学教育内容，使选编的内容跟上时代与科学技术的发展，面向现代化。

6）民族性原则。民族性原则是指在选编科学教育的内容时，要注重弘扬民族传统文化，在幼儿的心灵中播下民族自尊心、自信心和自豪感的种子，从而激励幼儿学习科学。

7）地方性原则。地方性原则是指应联系当地的自然环境和文化背景来选编科学教育的内容，简单地说就是“因地制宜”。

8）季节性原则。季节性原则是指应联系季节变化来选编科学教育的内容。遵循季节性的原则来选编科学教育的内容，既能丰富、加深学前儿童对季节的整体理解，又能帮助学前儿童理解事物变化与季节之间的关系。简单地讲就是“因时制宜”。

二、学前儿童科学教育内容选编的要求

根据上述原则，在选编科学教育内容时，还应该充分考虑以下几点要求。

（一）科学性和启蒙性是幼儿科学教育内容选择的首要要求

幼儿科学教育的内容应符合科学的原理，尊重客观规律，能正确反映客观事物，不违背科学事实。像生活中的脑筋急转弯（为什么先看到闪电后听到雷声？是因为眼睛在耳朵的前面）、笑话之类，是不适合作为幼儿科学教育的内容的。

同时科学性又应和启蒙性相结合，即提供给幼儿学习的科学内容应是一种粗浅的科学知识，以此激发幼儿的好奇心和科学探索的欲望，激励幼儿的科学学习，而不能超越幼儿的发展水平和理解能力。

1）科学启蒙就是要选择幼儿日常生活中熟悉的内容，引导其发现日常生活中的科学内容。

2）科学启蒙就是要选择幼儿可以理解的内容，将难于理解的科学知识寓于简单、明显的现象之中，让幼儿通过具体的经验获得对科学知识的粗浅理解，如光与影子的关系。

3）科学启蒙就是要选择幼儿可以直接探索的内容（操作性：看、听、摸、闻等），让幼儿通过自己直接的探索活动，在力所能及的范围内学科学。

（二）系统性与整体性是幼儿科学教育内容选择的重要要求

系统性体现在纵向上和横向上。纵向上主要是指在选择内容时要从小、中、大各年龄班整体上来考虑，所选内容要随着年龄的增长其容量与深度也随之增加。例如，各年龄班都可选择“认识图形”，但内容的侧重点不同，小班主要感知圆形、正方形、三角形三种形状特征，中班进一步认识长方形、半圆形、椭圆形、梯形，大班认识立方体、球体、圆柱体，知道它们与平面图形的主要区别。横向上主要是指事物与事物之间的逻辑关系。

整体性是指在选编幼儿科学教育内容时，要考虑与其他教育内容如语言、社会、健康等相互配合，相互渗透，综合进行。这就要求：①教师要尽量挖掘幼儿身边的科学内容。例如，吃的食物是从哪里来的？吃的是植物的哪一部分？生熟有什么不同？②尽量

选择幼儿自己发现的内容。例如，从幼儿熟悉的小动物、植物、气象现象延伸至宇宙飞船等；在介绍灯具时可以让幼儿了解历史上不同的灯具，介绍现代通信工具时，可向幼儿介绍古代的通信工具，如烽火台、信鸽等；也可以请幼儿猜测未来还会有哪些通信工具出现。

（三）时代性和民族性是幼儿科学教育内容选择的先进要求

所谓时代性和民族性要求，是指幼儿科学教育的内容既应体现现代科学技术的发展，以适应时代的变化，又应体现传统文化的特色，以发扬光大民族的优秀文化。幼儿科学教育的内容应该具有时代的气息，体现现代科学的发展及其在社会生活中的应用，以便让幼儿深切体会到科学技术对人类生活的影响。另外，科学教育的内容也应具有民族性，要将时代性和民族性完美地结合起来。

1）结合幼儿的生活向幼儿介绍现代的先进科学技术，宇宙飞船、天文望远镜、网络、智能手机、无人机等，特别是我国在现代科学技术上的巨大成就。

2）向幼儿介绍科学技术的发展，让幼儿在古今的对比中体会现代科学技术的先进和古代劳动人民的智慧，如地动仪、指南针 、都江堰、赵州桥等。

3）引导幼儿认识我国富有民族特色的物产或当地有名的物产，如丝绸、茶叶、瓷器、红枣、黑米等。

（四）地方性和季节性是幼儿科学教育内容选择的特色要求

幼儿科学教育的内容选择应结合当地的自然条件和季节特点，因地制宜、因时制宜。地方性和季节性的要求既是幼儿认识事物的特点所决定的，也是自然科学知识的特点所决定的。

1）在选择教育内容时，不能照搬照抄现成的材料，而要注重从当地的自然和社会资源中挖掘与选择有价值的教育内容，如地方课程或园本课程，皮影、信天游、大棚蔬菜等 。

2）结合当地、季节特点选择内容，要会灵活地替换教育内容，即用当地幼儿熟悉的事物代替离幼儿较远或难以收集的材料，通过有效的处理达到相应的教育效果。例如，认识果树，南方幼儿可以认识枇杷树、香蕉树等，而北方幼儿可以认识苹果树、桃树等。尽管具体的教育内容不同，但都可以达到同样的效果。

3）应根据当地季节变化特点，恰当编排教育内容，不要固守统一的计划。例如，认识小草发芽、雷雨天气、玉米丰收、冰雪等可安排在它们出现的季节，即春、夏、秋、冬。

三、学前儿童科学教育内容选编的具体方法

按照上述的原则和要求，学前儿童科学教育内容经过缜密的选择之后，还应加以合理与适当地组织，才能使学前儿童科学教育活动获得预期的、最好的效果。具体的组织方法有论理的组织法和心理的组织法两种。

1）论理的组织法是根据知识的内在逻辑联系而组织课程内容的一种方法。它以成

人的立场为立场，以教师的观点为观点，注重教材内容的内在逻辑及系统性，由简到繁、由易到难，计划性较强，一般有统一的教材和教学要求。把内容分为片段，每段互相连贯，做出有规律的排列，分期教学。其优点是使幼儿获得系统知识及训练理论的思考，缺点是易忽视幼儿的能力、兴趣和需要，易使幼儿感到乏味，不适合幼儿的学习。

2）心理的组织法是根据幼儿的经验、能力、兴趣和需要组织课程内容的一种方法。它以幼儿为本位，以幼儿的观点为观点，以幼儿的经验为教材出发点，注重幼儿的兴趣并逐步扩大其范围，不必顾及内容本身系统的完整。其易调动幼儿学习的积极性和主动性，学习起来相对容易，但较难形成系统的经验，加之幼儿的兴趣难以预先确定，教师把握不准。

学前儿童科学教育主要以活动形式为主，通过实际操作、亲身体验，感知、模仿、探究，“玩中学”“做中学”“生活中学”，因此心理组织法更适合选编学前儿童科学教育的内容。在我国，目前幼儿园选编学前儿童科学教育的内容常用的方法有三种：一是以季节为主线选编内容；二是采用单元式选编内容；三是以科学教育范围为依据选编内容。

（一）以季节为主线选编内容

所谓的以季节为主线选编科学教育内容的方法，是指以认识春、夏、秋、冬季节为主线，将科学教育中与之相关的内容集中编排，即以四季为中心，安排选编的主要内容大致分为季节、常见动物、常见植物、自然现象、人们的生活及生活卫生等。

目前以季节为主线来选编科学教育内容的方式，往往表现为主题活动的方式（见表 2-7）[①]。

表 2-7　以季节为主线选编内容

季节	植物	动物	小实验
秋	收获、菊花、落叶	昆虫、鱼	空气、风
冬	树木花草过冬、水仙花	动物过冬、家畜、家禽	冰和雪
春	春暖花开、种植	青蛙和燕子、野兽	种子发芽、声音
夏	美丽的花	动物分类	太阳、云雨

（二）采用单元式选编内容

采用单元式选编内容，是指以类为单元组合教材，以加强科学教育活动内容纵横联系的方法。具体做法是：将幼儿园三学年或四学年的科学教育的内容编排成若干个单元，每个单元从内容到形式都注重体现知识的系统性与学前儿童发展的连续性。每个单元又突出一个重点，围绕重点设计多种活动内容和活动形式，这个重点就是“主题”，它就是单元活动的核心，既表明学前儿童将要参与的系列活动，又表明他们从中要获得的关键经验。单元之间纵向成体系，横向互联系，纵向之间有知识内容和原有与之相关的知识、经验的联系，横向是事物与事物之间的联系与不同类别的知识之间的联系。每个单元的科学教育过程都是循环往复、螺旋上升的发展过程，如单元“电”

① 李维金，2012．学前儿童科学教育［M］．北京：科学出版社．

的教育内容（见图2-1）。

- 电
  - 预定性科学教育活动
    - 灯的发展
    - 没有火的炉子
    - 电器分类
  - 选择性科学教育活动
    - 娃娃头发竖起来
    - 玩塑料球绳
    - 阅读《幼儿百科》中有关电的部分

图2-1　单元“电”的教育内容

（三）以科学教育范围为依据选编内容

学前儿童科学教育内容广泛而丰富，涉及多个方面，对于某些很重要的内容，以季节为主线或采用单元式的选编方法明显不足，难以涵盖全面，因此可依据前文所述的科学教育的内容范围选择有价值的、符合本班儿童特点的内容，然后根据选定的内容，进行相应的编排。这种方法弥补了前两种方法的不足，利用这种方法能够较容易地将科学教育的内容归类，此方法也容易掌握，在幼儿园很受欢迎。具体操作时先设定好七个大的模块范围，再往每个模块中填进若干课题，各个课题可以是单元活动也可以是单个活动。

案例2-7

小班第二学期科学教育内容

<table>
<tr><th>范围</th><th>课题</th><th>范围</th><th>课题</th></tr>
<tr><td>常见的动植物</td><td>漂亮的蝴蝶
美丽的樱花
可爱的蚕宝宝
好吃的樱桃</td><td>环境与人们生活的关系</td><td>鼻子的秘密
神奇的空气</td></tr>
<tr><td>常见物体</td><td>小小的沙粒
奇妙的水</td><td rowspan="4">数学认知</td><td rowspan="4">看灯（找不同）
放大镜（找相同）
贴一贴（分类游戏）
过马路（空间）
长短比较
小动物排队（排序）
对应比较
娃娃家（区分“1”和许多）</td></tr>
<tr><td>常见物理现象</td><td>太阳光和影子
吹泡泡</td></tr>
<tr><td>天气与季节变化</td><td>夜晚的天空
找春天
多变的云</td></tr>
<tr><td>科技产品与人们生活的关系</td><td>中国餐具——筷子
三种特殊的车</td></tr>
</table>

四、学前儿童科学教育内容的编排程序

要想使选编的学前儿童科学教育内容能够成为可以实施的、具体的科学教育活动，还需要按照一定的流程和格式进行编排，编排程序一般包括以下几个步骤。

1．选择课题

教师根据学前儿童科学教育的选编原则和要求，挑选适合本班幼儿的科学教育课题。

2．排列顺序

由于学前儿童科学教育的内容与自然有着密切的关系，所以通常应配合季节的变化，同时结合不同年龄班幼儿的特点来进行编排，使之成为一个有机的体系。

3．编写教学计划

教学计划常见的有学期计划、月计划和周计划。通常，教师的教学计划是要向家长公布的。

案例 2-8

中班上学期科学计划①

随着收获的秋季到来，我们又迎来了新的学期。新学期，对家长来说蕴含着新的希望，对教师来说，面临着新的挑战。本学期我会更加严格要求自己，认真总结上学期的工作，吸取经验，反省不足。

一、指导思想

认真贯彻《纲要》精神，加强对《纲要》中各领域的学习和研究，不断更新教育观念，为幼儿创设良好的师幼互动环境，树立“一切为了孩子，为了孩子一切”的教育思想，依据各领域目标合理地制订教育教学计划，让幼儿在不同水平上得到提高。

二、情况分析

经过一年的学习和生活，孩子们在原有基础上都有了不同程度的进步。我们注重每个幼儿生活能力的培养，如系鞋带、扣扣子、拉拉链、整理床铺、掖衣服等。对幼儿生活能力的培养在加强幼儿自我服务的同时使其能简单地为他人服务，逐渐形成较好的班级发展特点，主要有以下几个方面的优缺点。

（一）优势表现

1）个性发展较好。我班幼儿大多性格较开朗、活泼、合群，能主动与人交往，也愿意用各种方式表达自己的情感。

2）好奇心强，乐于表现。在科学活动中，孩子们常常兴趣浓厚、发言踊跃。

3）活跃、好动，喜爱参与体育活动。我班幼儿精力充沛，喜欢参加赛跑、攀登等户外游戏，大部分幼儿身体动作较协调灵活。幼儿总体体质水平有较大幅度提高。

4）班级常规进一步完善。进入中班，我班幼儿的规则意识进一步增强，大部分幼儿能较好地听取老师的意见，控制自己的行为，遵守班级常规。

（二）弱势因素分析

我班有部分幼儿，他们在集体活动中注意力保持时间短、自我控制能力弱的问题较为突出，需要教师针对他们的实际情况给予引导和教育。

① http://www.xuezizhai.com/fanwen/13290.html.

三、教学目标及具体措施

（一）教学目标

1）幼儿对科学实验课程感兴趣，有好奇心和求知欲。

2）幼儿能够运用各种感官，动手动脑，探究问题。

3）幼儿可以用适当的方式表达、交流探索的过程和结果。

4）关心周围环境，亲近大自然，珍惜自然资源，有初步的环保意识。

（二）具体措施

本学期我们使用的是"爱思考幼儿科学实验"的课程。每期课程设计 16 个项目，每一节课都配备了完整的操作材料，材料操作方便。每个包装盒内有 16 袋材料，袋子里除了材料外，还配套有学习价值说明，科学小知识，操作图纸等说明资料。每周上一节课，每节课 40 分钟。

（三）课程安排

1）磁铁磁力——磁铁风车。

2）水的力量——水车。

3）重心——不倒翁。

4）大气压——压水机。

5）表面张力——纸面滚水珠走迷宫游戏。

6）弹性和惯性——旋转的杯子。

7）大气压——吸管运水。

8）光的折射——放大镜和水滴放大镜。

9）空气的浮力——降落伞。

10）回力——航模飞机。

11）磁铁磁性——磁铁车。

12）离心力和惯性——魔术杯子。

13）磁铁磁性——指南针和水中指南盘。

14）杠杆——机械手臂。

15）电学——电风扇。

16）颜色变化——彩盘转转转。

4. 设计具体的科学教育活动方案

科学教育的活动方案要按照一定的格式进行编写，可参考以下格式与案例。

活动的题目

幼儿年龄班

活动目标

活动准备

活动过程与指导

活动的评析

活动的延伸

案例 2-9

小班科学活动方案：泡泡从哪里来[①]

一、设计思路

前几天，我班的 AA 为小朋友带来了一罐泡泡水，当他吹出五颜六色的泡泡时，孩子们顿时沸腾起来了：他们有的拍泡泡，有的吹泡泡，有的追泡泡……第二天，更多的小朋友带来了泡泡水，他们和泡泡玩得很开心，“泡泡”成了孩子们谈论的热点。

我想，既然幼儿如此喜欢新奇、好玩、会变的泡泡，何不借泡泡开展一次主题活动呢？

二、探索问题的产生

孩子的泡泡水很快就用完了，要想继续玩泡泡游戏，孩子必须拥有更多的泡泡水。用什么材料来制泡泡水呢？泡泡水如何制作？自制泡泡水便成了孩子们要解决的第一个难题，趣味探索的主题就这样自然而然地产生了。

孩子们玩泡泡的兴趣正浓，所以他们一定会想办法解决泡泡水的问题。泡泡水里蕴含一些科学问题，围绕自制泡泡水可以开展一次很好的科学探索活动。于是，我预设了下面的活动，想调动孩子的积极性，让他们充分运用已有的经验积极尝试，在亲自动手的过程中展开探索，体验成功的快乐。

三、活动目标

1）能结合已有的生活经验和各种材料，大胆尝试制作泡泡水。

2）愿意在同伴面前交流自己的发现。

3）能够在制作泡泡的过程中，体验探索的乐趣。

四、活动准备

幼儿自带的洗手液、洗发水、沐浴露、洗衣粉、吸管、带小孔的瓶子、一次性杯子等。

五、活动过程

1. 交流材料，回忆经验

从孩子们对吹泡泡特别感兴趣引入话题，询问小朋友还找到了哪些会变泡泡的东西，并请他们跟好朋友互相交流一下自己带来的材料。

2. 分类介绍，丰富经验

1）请小朋友向大家介绍各自带来的材料，说说他是怎么知道这种材料可以制泡泡水的。

2）由于小朋友带的材料可能有重复，无须一一介绍，当介绍到某种较普遍的材料时（如沐浴露），可以问问还有谁也带了这种材料，带的是什么牌子的，等等。

3. 运用经验，积极探索

1）在探索活动正式开始前，教师对材料做简单介绍。

① http://new.060s.com/article/2010/09/23/214828.htm.

师：今天我们就用自己带来的材料做泡泡好吗？戚老师也准备了一些材料，有杯子、盖子上带小孔的水瓶、吸管、泡泡圈，材料篮里也有各种不同的材料，你们也可以选择。

2）在孩子探索过程中，教师要注意的问题。

① 观察孩子们使用材料的情况；

② 根据孩子们的探索情况及时给予指导和帮助；

③ 在注意安全的前提下，引导幼儿用多种感官感知泡泡，并鼓励孩子表达自己的探索结果；

④ 发现幼儿不同的操作方法时，及时让其他幼儿分享这些信息。

4. 交流分享，体验快乐

1）当有的幼儿制作出泡泡时，教师可以引导幼儿和同伴、老师分享自己的快乐和经验。

2）和孩子们一起玩吹泡泡的游戏。

六、活动评析

“泡泡从哪里来”的主题源于教师对幼儿游戏经验的关注，并在许多幼儿对此感兴趣的基础上，及时转换成一个预设活动。教师依据小班幼儿对周围事物充满好奇和探索的欲望，但其认知活动明显受情绪支配以及对事物之间的内在关系难以理解的年龄特点，将活动目标设计为引起幼儿参与的兴趣，以及与同伴和老师的初步交流。

活动设计分四个环节，四个环节的逻辑程序考虑到了小班幼儿学习的心智特点。从引发幼儿回忆各自不同的游戏经验出发，唤起幼儿大脑皮层原有“暂时联系”通道的觉醒，激发每个幼儿参与探索活动的积极性。第二环节的分类介绍是建立在幼儿零碎、泛化的对泡泡从哪里来的感知经验基础上的概括与提升。但是对处于直觉行动思维向具体形象思维过渡的小班幼儿来说，仅限于此还远远不够，所以，教学过程安排了尝试操作的环节，为幼儿提供尝试—发现—体验的机会，让他们在失败—修正—成功的过程中，满足自主操作、试验的需要，满足表现的愿望和相互认同的心理需要，体验成功的快乐。

案例 2-10

自制泡泡水①

一、适合班级

中、大班

二、活动准备

洗衣粉、餐洗净、肥皂片、小勺子、杯子。

① http://new.060s.com/article/2014/11/05/921920.htm.

三、活动过程

请幼儿任意选择一种材料放入杯子里搅拌做成泡泡水，吹泡泡玩。

四、教师指导建议

1）提示幼儿用各种材料做泡泡水，看看哪一种材料溶解的速度快，哪一种材料容易吹出泡泡来，以及材料和水以多大的比例结合吹出的泡泡才又大又多。

2）带幼儿到户外吹泡泡，引导幼儿观察泡泡表面的色彩变化。

3）提醒幼儿不要把泡泡水吸进嘴里。

五、拓展与替代

1）在幼儿自制泡泡水时，可以提供盐、糖等不能吹出泡泡的材料，引导幼儿对比实验。

2）让幼儿在洗手、洗脸、刷牙时注意观察是否有泡泡生成。

小知识

泡泡是由于水的表面张力而形成的。通常水分子间的相互吸引力比水分子与空气之间的吸引力强，这些水分子就像被黏在一起一样，但如果水分子之间过度黏合在一起，泡泡就不易形成了。洗衣粉“打破”了水的这种表面张力，它把表面张力降低到只有通常状况下的1/3，而这正是吹泡泡所需的最佳张力。

泡泡水的调配会影响吹泡泡的效果。一般地，以2份餐洗净加6份水调出的泡泡水即可使用。甘油是一种吸湿液体，它与水结合会形成一种较弱的化学黏合，减缓水的蒸发速度。因此，为了使泡泡不那么快消失，可以在泡泡水里放入一些甘油。在通常情况下，吹泡泡溶液最佳配方为：2份餐洗净、6份水和1～4份甘油。

透过泡泡我们能够看到七彩光，这是因为光线穿过肥皂泡的薄膜时发生折射的缘故。

六、活动反思

幼儿科学教育活动是幼儿认识周围世界，获得知识、经验的重要途径。对幼儿进行现代科学技术的教育，培养幼儿的现代意识，是幼儿教育的重要目标。

思考与实践

1．简述科学教育目标的层次和分类结构。

2．简述学前儿童科学教育活动目标时应注意哪些方面。

3．为幼儿园中班某次科学教育活动设计活动目标（至少含有三条）并分组展开互评。

4．选编学前儿童科学教育内容的原则有哪些？有哪些要求？

5．简述选编学前儿童科学教育内容的具体方法及其优点。

6．结合学前儿童科学教育内容的编排程序，设计一个科学教育活动方案。

第三章 学前儿童科学教育的方法

学前儿童科学教育的方法是指教师和儿童在进行科学探索活动中，为实现教育目标而采取的具体方法和手段。掌握并采用正确的方法，是实现科学教育目标的一个重要环节。学前儿童科学教育的方法包括两层含义：一是指儿童在科学活动中所采用的学习方法（怎么学），二是指教师在组织儿童科学活动时，指导儿童学科学的方法（怎么教）。两者相辅相成、相互统一，在缜密地筛选科学教育内容后，还要选择合理与适当的方法进行组织，这样才能使科学教育活动获得良好的效果。

学前儿童科学教育的方法主要包括观察、实验、种植与饲养、分类、测量、信息交流、科学游戏等。确定某种方法作为科学活动的主要方法应考虑三个因素：科学教育活动的目标和内容、幼儿园的客观环境条件、不同年龄儿童的认知能力和动手能力。

第一节 观　察

一、观察概述

（一）观察的概念

观察是一种有目的的知觉活动，也是一种最基本的科学方法。观察是一切科学活动的基础，也可以这么说："没有观察，就没有科学。"

学前儿童的观察方法一般是指教师有目的、有计划地组织和启发学前儿童运用眼、鼻、手、口、耳等多种器官，帮助学前儿童对发现的有趣事物与现象形成具体印象，并在此基础上逐步形成概念的方法；也指学前儿童对发现的有趣事物与现象，自发地进行观察。

（二）观察类科学教育活动

观察类科学教育活动是指以观察为主要认知手段，让学前儿童探索客观事物、现象的特征，发展儿童的科学认知，培养科学情感，形成科学态度，训练科学方法的一种科学启蒙教育活动[①]。

---

① 夏力，2014．学前儿童科学教育活动指导［M］．3版．上海：复旦大学出版社．

观察是学前儿童科学教育中最基本、最重要的方法，它可以使幼儿在直接接触事物的过程中，运用多种感官直接、生动、具体地认识事物，了解事物的特性，提高幼儿感官的综合活动能力，培养其运用感官探索周围环境的习惯，并为发展幼儿的抽象思维能力、形成概念提供丰富的感性经验。

观察能促进学前儿童注意力、记忆力、想象力、思维能力和语言能力等多种能力的发展。

（三）观察的方式

观察的方式一般分为两种：直接观察和间接观察。

1. 直接观察

直接观察是指借助于各种感官（眼、耳、舌、鼻、身）对物体进行的观察，以获得具体形象，并在此基础上形成概念。比如，教师为了让中班孩子认识种类繁多的植物，在班上布置了小小的绿植角，让儿童在看看、摸摸、闻闻的欣赏活动中完成观察认知任务，并将观察到的结果以不同形式记录下来（见图 3-1）。

图 3-1　幼儿观察植物生长情况记录表

这种观察方法由于不存在中间环节，可避免仪器等中介造成的误差，但存在一定的局限性。由于感觉器官的生理极限，观察能力会受到限制。例如，人眼只能在 25cm 的距离之内明辨 0.1mm 左右的细小物体；人耳只能听到 20～20 000Hz 音频之内的物体振动……成人尚且如此，年幼的儿童直接观察更会因为其能力而受到限制。

2. 间接观察

间接观察是指利用各种仪器、仪表等科学观察手段间接对物体进行的观察。它扩大了人的观察能力，在精度、速度、范围等方面比直接观察优越。

例如，利用显微镜让儿童观察水中的草履虫活动轨迹；利用天文望远镜观察夜空中平时肉眼看不到的星球以及月球上的沟壑。但是科学仪器等观察工具并不是万无一失、绝对精确的，它们也会产生误差，从而影响观察的效果和精确度。

二、观察的类型

根据不同的分类标准，可把观察分为不同的类型：从观察对象的性质分类，可分为物体观察和现象观察；从观察的时间分，可分为间或性观察和长期系统性观察；从观察的对象分，可以分为个别物体的观察和多个物体的比较性观察；从观察的空间分，可以分为室内观察和室外观察等。在幼儿科学教育中，观察可以分为个别物体观察、比较性观察、长期系统性观察三种类型。以上分类之间有相互渗透和交叉的现象，如长期系统性观察，可在室内观察小蝌蚪生长变化，又可以在室外实地观察柳树、杏树发芽、长叶、开花的变化过程。

1. 个别物体观察

个别物体观察是指幼儿对某一特定的自然物、自然现象或科技产品进行观察，有目的地运用多种感官与周围某一事物或现象直接接触，了解它的外形、特征、属性和习性。一般来说，要求幼儿通过个别物体观察，获得有关个别物体的信息，如观察水果、菊花、小兔等事物，观察云或雾等个别天气现象等。

在对个别物体（或现象）进行观察的过程中，通过对物体的观察，可以帮助幼儿获得有关物体的以下信息。

1）物体的外形特征：如物体的形状、颜色、大小，物体发出的不同声音，散发的不同味道，物体的软和硬、粗糙和光滑、轻和重，以及弹性、黏滞度、光滑度、湿度等不同特性。

2）物体的外部结构和功能：例如，通过观察雨伞的结构和功能，了解雨伞如何将雨水引导到四周，使伞下的人不被雨水淋湿；再如，通过观察汽车前后的转向灯，获知它的功能是提示人们汽车要转方向了，从而丰富交通安全方面的知识经验。

3）了解生物体的生活习性和生长特点：通过观察金鱼如何游泳、小狗如何吃食、蜻蜓如何扇动翅膀等，对常见的动植物生长过程和特点有所了解。

4）物体（或现象）存在与周围环境的关系。例如，通过观察蚂蚁的活动，儿童可以进一步了解蚂蚁的居住洞穴和生活环境等；再如，通过寻找蜗牛的活动，获知蜗牛在雨后出现，并通过观察蜗牛周围菜叶残缺，得知蜗牛有没有嘴、吃什么等。

个别观察在整个学前儿童期均可进行，是最基本的观察技能，是其他各种观察的基础（见图 3-2）。

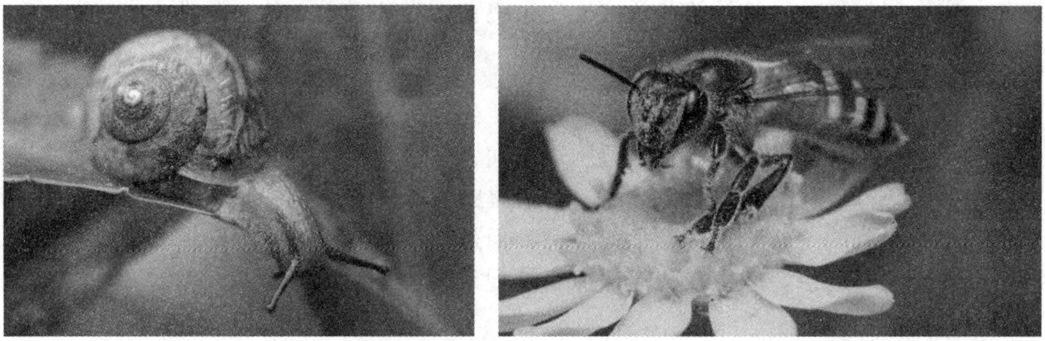

图 3-2　在自然界中进行个别观察

2. 比较性观察

比较性观察是指学前儿童同时观察两种或两种以上的自然物（或自然现象）、科技产品并进行比较，以找出它们之间的不同点与相同点。比较是人的思维过程中的一个重要环节，可使幼儿在观察中更正确地认识自然物，并进行分析和比较，为概括分类奠定基础。这种方法能帮助儿童较快地发现事物的特征，有利于儿童的分类能力发展和概念的形成。例如，自行车与摩托车的比较观察（大小之别、驱动方式之别、快慢之别等）；鸡和鸭的比较观察（外形、行动方式、生活习性等）等。

比较性观察最主要的两种形式是同中求异和异中求同。同中求异是指比较两个相近的物体，寻找它们的不同之处，如比较两个外形十分相似的双胞胎；异中求同是指比较两个不大相似的事物，找出它们的相同之处，如比较空调与冰箱、铅笔与油笔等。下面举一例子具体说明。

在观察空调与冰箱的活动中，教师一般都会先引导幼儿比较二者的相异之处，如它们的外形、工作方式、功能等，这些相异之处非常明显，都是可以直接观察到的，是较为简单的比较。接着教师会引导幼儿观察空调和冰箱的相同之处，如都能释放冷空气，都是通过降低温度来为人们服务，正确找出冰箱和空调的相同之处，这一过程难度较大，但若启发得当，大班的孩子依然可以把观察得来的资料进行分析、归纳，总结出两者的相同点，如都能制冷、都是家用电器等。

异中求同对学前儿童而言难度较大，教师应加强引导，以帮助幼儿懂得，不仅要从事物的外形特征而且要从事物的本质去看问题。

与个别观察相比，比较性观察可以帮助孩子更为精确、细致、完整地认识事物或现象。

1）有利于幼儿发现物体的不同点和相似处，提高其生活技能。例如，中班科学教育活动“不同的绳子”，活动前让幼儿每人带 5 种不同材料的绳子。通过联系实际，可以引导幼儿认识不同材料的绳子，从而进一步引导幼儿总结出在什么样的场合运用什么样的绳子，进而提高其生活技能。

2）为幼儿分析判断能力的发展奠定基础。比较性观察可帮助幼儿学会从两种物体的相应部分和整体性进行比较观察。例如，幼儿普遍分不清在湖里游的到底是鸭还是鹅，教师可通过引导他们观察比较鸭和鹅的相似与不同之处（见图 3-3），从而帮助幼儿正确识别鸭和鹅，以促进其分析判断能力的发展。

图 3-3 用比较观察法比较鸭和鹅的区别

3）有利于帮助幼儿把握事物的特征，形成概念。例如，通过寻找鸭与鹅的相似之处、猪与羊的共同特点，来区分家禽和家畜等。

比较性观察需要具有一定的思维能力，虽然 3 岁左右的幼儿就可以开展该类观察活动，但在幼儿园的中、大班进行效果更好。各年龄段儿童进行比较性观察时要有所不同，如中班只比较物体明显的不同点，而大班应学会比较物体的不同点和相同点，并进行分类。

目前，幼儿园最常用的观察形式是个别观察和比较性观察。二者虽然有其本身的特点和要求，但它们之间又相互联系不能绝对分开。个别观察是比较性观察的基础，个别观察活动中为了明确观察物的特征，有的环节也要与相关物体加以比较，比较性观察活动中必然有对个别物体或现象的观察。

3. 间或性观察和长期系统性观察

（1）间或性观察

间或性观察是指间隔一定的时间，带领学前儿童对某个物体或现象进行的观察。每次观察都是在原来观察的基础上进一步观察，以加深对观察对象的认识，同时，每次的观察也是对单个物体的观察。例如认识兔子，第一次观察兔子的主要特征和生活习性，第二次在原有认识的基础上，观察比较隐蔽的特征（红眼睛、三瓣嘴、后腿长前腿短等），第三次则侧重于兔子生活环境的观察。每次观察是相互联系、逐渐递进的。

间或性观察在幼儿园小、中、大班均可应用，现实应用时大班应用较多些。

（2）长期系统性观察

长期系统性观察是指学前儿童在较长的时间内，持续地对某一物体或现象进行系统的观察，对其质和量两方面的发展变化过程有较完整的认识。它的特点是观察的时间长，对学前儿童观察的持久性要求高。长期系统性观察对学前儿童的知识经验、认知水平要求较高，所以一般在中班才开始采用这种观察方法，并且主要在大班进行。例如，观察春蚕孵化—成长—结茧—羽化—产卵的过程；观察青蛙的生长过程（卵—蝌蚪—青蛙）；豆芽的生长过程（豆子—出苗—发芽）（见图 3-4）。长期系统性观察有益于培养幼儿观察的持久性、兴趣性，以及培养幼儿对观察对象的感情。

4. 室内观察与室外观察

（1）室内观察

室内观察是指在室内开展的各种观察活动，一些需要在比较安静的环境中进行的观察，适宜在室内进行，如观察花类、鱼类、种子等。

（2）室外观察

室外观察是指在实地进行的观察，一般与散步、参观、旅游活动相结合，如参观城市建筑、参观菜地和捡树叶等活动（见图 3-5）。

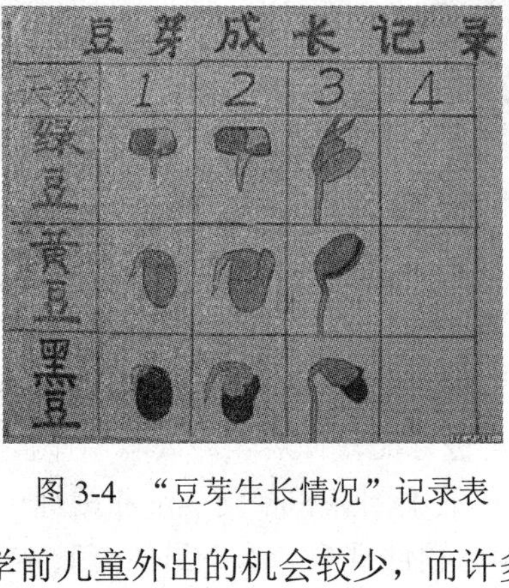

图 3-4 “豆芽生长情况”记录表

图 3-5 幼儿进行室外观察活动

学前儿童外出的机会较少，而许多自然事物很难在室内观察，因此教师应多让学前儿童进行室外观察，才能够使儿童尽可能多地接触自然、热爱大自然、保护大自然，才能与大自然融为一体，在不知不觉中获知相关的感性经验，从而健康、全面地发展。

三、观察类科学教育活动的指导要点

教师在组织开展观察类科学教育活动时，除了要考虑学前儿童年龄特点之外，还应注意尽可能进行现场观察、调动学前儿童各种感官参与观察、引导学前儿童多角度观察事物、指导学前儿童学习观察方法。

（一）尽可能提供实物、实景

实物、实景是指真实的事物和景象。提供实物、实景是保证学前儿童观察活动成功的前提，可以使学前儿童的观察得到最真实的效果。

调查显示，学前儿童的思维特点是从直觉行动思维发展到具体形象思维，到五六岁时才开始产生抽象逻辑思维的萌芽，整个学龄前期儿童的思维是以具体形象为主。如果仅仅提供图片或模型让幼儿观察，会使幼儿的感性经验不真实、模糊，甚至出现错误，所以教师应尽可能为幼儿的观察活动提供实物、实景。

例如观察“冬去春来”这个自然现象，教师可以带幼儿去公园、郊外等大自然中去，让儿童感受湖面结的冰已经消融，已经有鸭、天鹅在湖里游泳；让儿童观察迎春花已经开放、柳树已经吐出了新嫩芽。通过这些自然现象，幼儿可以观察万物复苏、四季更替的现象，从而激发其热爱大自然的美好情感。

（二）引导幼儿多角度地细致观察事物，从而激发儿童的观察兴趣

在指导幼儿进行观察时，一般可以先对观察对象有个大致的认识，使幼儿先能了解观察对象的全貌，再着重观察它的主要方面甚至某些次要的但是值得注意的细节，最后还要注意观察各个部分和各种现象之间的联系，使幼儿对所观察的事物有一个比较完整、清晰的认识。

例如去郊游时，可以引导幼儿先从远处观察山脉的形状，也许有些山从远处看像一座笔架、一只靴子，走近一点山脉的形状也许跟着发生变化，看起来像其他的物体。这些观察过程中的变化可以激发幼儿的想象力。

在观察时，对事物有了总体认识后，教师可以循序渐进地逐步提出具体、明确、简洁并且富有启发性的，能突出观察对象显著特征的问题。例如，带领儿童到动物园观察猴子，幼儿肯定首先发现猴子好动、聪慧，教师可以引导提出“母猴子在小猴子身上找什么呢”“猴子的屁股是什么颜色的”等问题，幼儿带着这些问题去准确、详细地观察比较，就会抓住猴子的典型特征，孩子们会边看边说“真滑稽，母猴子在小猴子身上抓虱子，还把虱子吃进嘴里”“猴子屁股是红色的”，因此留下深刻的印象，激发了观察的兴趣。

（三）调动学前儿童的多种感官参与观察

众所周知，客观事物具有多方面特征，它们有着颜色、气味、味道、大小、形状、冷热、声音、手感等多方面的差异。观察活动中要求多种感官协同活动（见图 3-6），既

图 3-6 鼓励幼儿“多感官”观察

要用眼睛看，也要用其他感官去感知事物。在观察活动中，只要条件允许，就应该让幼儿的各种感官都参与观察活动：看一看、听一听、闻一闻、摸一摸等，使大脑接受的信息来自视觉、听觉、嗅觉、触觉等多种途径，在大脑皮层建立多通道联系，从而使幼儿从物体的不同角度对其属性有一个比较完整的认识，既学习了观察的方法，同时也发展了幼儿的感知能力和观察能力。例如“认识香蕉”，可以用眼睛看香蕉的颜色，用手摸摸香蕉的形状，用鼻子闻闻气味，用舌头尝尝味道。

像这样通过多种感官了解事物与现象是认知的第一步。在自然界中，各种动物的形状，动作与叫声，“滑溜溜、冰冰凉、黏糊糊、软绵绵”等感觉，酸、甜、苦、辣、咸等味道，玉兰花、玫瑰、大蒜、醋等气味，这些都是要靠幼儿自己的感觉才能得到的。而丰富的感觉经验是需要与自然事物和现象做多方面的接触才能得到的，是一些仪器所不能替代的，因此感官仍然是我们最重要的观察工具。教师指导幼儿运用感官进行观察时，要有的放矢地进行，否则会出现“视而不见、听而不闻”的现象。

（四）指导幼儿学习观察方法

观察活动的有效开展应运用基本的观察方法。在幼儿阶段，观察方法主要指顺序观察法、比较观察法和典型特征观察法。教师在指导幼儿观察事物的同时，应根据观察对象的特点，有目的、有计划地指导幼儿学习观察方法。

1. 顺序观察法

顺序观察法是指根据观察对象外部结构特点，有顺序地进行观察。使幼儿对观察对象有整体的、较全面的认识。在观察过程中，因为幼儿思维的特点，在观察过程中可能经常出现遗漏、凌乱的现象，影响观察的效果。比如观察家禽时，看到小鸡的外形和活动状况，就把院子里有两只脚、有翅膀、体型差不多的家禽都认为是鸡，而没有仔细探究鸡的喙和爪子等特有形状。

运用顺序观察法有序地进行观察，如按照从上到下或从下到上、从左到右或从右到左、从整体到局部或从局部到整体、从明显特征到不明显特征、从外到里等顺序有层次地细心观察，能使幼儿的观察全面细致。长期有顺序地进行观察，能使幼儿形成一定的认知结构，可提高观察的精确度，也能够使幼儿获得的印象有条理，便于记忆储存。例如，观察植物可遵从花—叶—茎—根的顺序，观察动物可遵从头—身—尾—四肢的顺序，等等。

2. 比较观察法

比较观察法是指同时观察两种或两种以上的事物，对相似事物中的不同因素，对不同事物中的相同因素进行对照和辨别的一种方法。例如，将篮球和足球加以比较观察，使学前儿童认识到虽然篮球和足球都是圆的，但它们的大小和花纹是不同的，这样不仅有利于提高学前儿童对事物认识的精确性，发展学前儿童的观察能力，还有利于发展学前儿童的思维能力。应当注意的是，用比较的方法进行观察，既可用于比较性观察，也可用于个别事物的观察和长期系统性观察等各种类型的观察。例如，儿童往往把飞蛾误认为是小蝴蝶，教师就应该引导幼儿观察注意蛾子不飞的时候，它的翅膀平铺在背面，而蝴蝶不飞时，它的翅膀常常合并起来竖立在背上；飞蛾的一对触角像小羽毛，而蝴蝶的触角非羽毛状，顶端还有一个小鼓包，很像小棒槌。最明显不同的是它们的腹部，飞蛾的腹部又肥又大，而蝴蝶的腹部又细又长（见图3-7）……总之，通过对比观察，可以使两种昆虫的个别特性更为突出地展现在孩子们面前，自然会给学前儿童留下深刻而又清晰的印象。

图3-7 用比较观察法比较飞蛾和蝴蝶的区别

3. 典型特征观察法

典型特征观察法是从物体明显的特征入手，然后再引导幼儿对事物的全部特征进行观察的一种方法。有些物体具备一些鲜明的外形特征，这些明显的典型特征在幼儿的观察过程中首先作用于他们的感官，例如，长颈鹿的长脖子、大象的大耳朵等。因此，在观察过程中，可以首先引导幼儿从这些典型的特征开始观察，然后展开全面的观察，以提高辨认物体的能力。

例如，利用“长颈鹿”的挂图，从动物名称入手，提问幼儿“这是什么动物”“为什么叫它长颈鹿”，接着再组织幼儿仔细观察长颈鹿的头和身体的明显特征，观察长颈鹿脖子上的褐色鬃毛，观察长颈鹿身上皮毛的特点，让幼儿准确感知长颈鹿的外形特征。

（五）将启发性提问运用在观察当中以激发儿童的思考

学前儿童的观察往往是对周围环境的好奇或偶然的兴趣引起的，如何把儿童无意、自发地感知转化为有目的的观察，有赖于教师在活动中适时地、积极地提问和参与，通过启发性问题指引学前儿童观察的方向，掌握观察的深度，引导学前儿童全面、系统、有序地观察。运用提问帮助学前儿童不仅要观察事物的整体，还要观察其主要的细节，更要处理好观察整体与局部的关系，以保证观察的全面性。用提问引发观察的教育手段可贯穿观察活动的全过程，但同时要给学前儿童留下自由观察的空间，以免造成学前儿童被动学习的局面。

启发性的问题能在观察活动中开启幼儿的心智，问题答案隐含着事物的局部与整体之间关系的道理。教师所提的问题，对幼儿的观察探究活动要能起到指导或引导作用，给幼儿指出大致方向或从哪个方面着手去探究，一个启发性的提问对幼儿来说实际上就是一个提示。例如，在小班“观察蚕宝宝”活动中，教师提出的问题：“蚕宝宝可爱吗，蚕宝宝有哪些颜色？”这一提问能帮助幼儿打开思路，激发幼儿标识蚕宝宝不同体色的欲望。在此基础上，幼儿回答后教师可逐步加大问题的难度，例如：“蚕宝宝是怎么走路的？”“蚕宝宝是怎么吃桑叶的？把鼻子凑在桑叶上闻一闻，桑叶有什么味道？”这样逐步引导幼儿进一步观察。

在观察活动中，教师应给孩子充分的操作机会，注意其探索活动的独到之处，尊重儿童或科学合理的或不符合常规的每一个发现，并鼓励儿童运用语言大胆讲述自己的观察发现，将观察的结果生动形象地表达、交流。

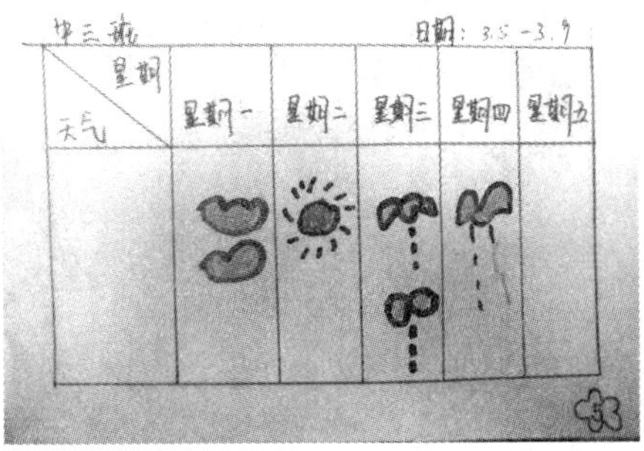

图 3-8　幼儿园一周天气记录表

（六）指导儿童学习各种方法记录观察结果

让儿童将观察结果记录下来是儿童观察活动的形式之一，也是一种表达的方式。通过观察记录，再次引发儿童回忆观察物的印象，使这些印象更加清晰，达到复习巩固的目的，还能引起儿童再次观察的兴趣和主动性、积极性。

观察结果的记录形式是多种多样的，可以是绘画、表格、卡片式等，如图 3-8 所示。

案例 3-1

有趣的蚕宝宝

西安石油大学幼儿园大四班　庞婷

一、设计思路

幼儿园来了一批小客人——“蚕宝宝”，围绕蚕宝宝，孩子们展开了观察与养殖的系列活动。为了让孩子们更好地掌握观察的方法，在观察当中用提问激发儿童的思考，并让儿童在观察过程中用不同的方法记录观察结果。

二、活动目标

1）通过养殖蚕宝宝，了解蚕的生活习性。

2）知道运用观察的手段了解世界，培养幼儿自主思维。

3）掌握用不同的方式记录观察结果的方法。

三、适用年龄

3～6 岁。

四、观察对象

蚕宝宝。

五、活动准备

废旧纸盒、桑叶。

六、活动过程

1）消除大部分孩子第一次见到蚕宝宝时的畏惧心理，鼓励孩子摸一摸，试一试，捉一捉。

2）带领幼儿采摘桑叶、认识桑叶和清洗桑叶，让幼儿仔细分辨桑叶的特点，并且每天选出一些嫩桑叶来喂食蚕宝宝。

3）以问题引导的形式让幼儿仔细观察蚕宝宝从幼虫到结茧的全过程，提出诸如“蚕宝宝是怎么爬行的？”“蚕宝宝吃桑叶时为什么不会掉下去？”“蚕宝宝结的茧是什么形状的？”“有哪些颜色？”等问题。

4）在养殖蚕宝宝的过程中，鼓励幼儿以图画或者表格的形式将不同阶段的蚕宝宝的形态特点记录下来。

七、活动分析

这个案例可以引发幼儿极大的好奇心，在幼儿持续关注中，对蚕宝宝的观察会逐步细致。在幼儿每次观察中一定伴随许多充满童趣的语言和疑惑，有的疑惑由老师做出解释，还有的疑惑可以鼓励幼儿与家长一起找资料解决，在培养了细致的观察科学素养外还提高了实际动手能力。

第二节 小 实 验

让学前儿童做小实验，估计有人质疑，觉得这么小的年龄就让他们接触小实验，是不是为时过早了。实际上，学前儿童的科学小实验非常简便易行，一般都是带有游戏性质的。

一、小实验概述

（一）小实验概念

学前儿童的小实验是指在人为控制的条件下，教师或学前儿童按照预想的目的或设计，利用一些材料、仪器或设备，通过简单的演示或操作，对周围常见的科学现象加以验证的一种活动，它强调的是幼儿动手操作、自主探索的过程。

例如在干燥的季节里，用塑料梳子梳头发时，头发就全部立了起来，教师可利用科学小实验向学前儿童解释这一物理现象。

在实验之前，教师先准备两个气球、一件毛衣、两根细线。实验时，教师将两个气球吹起来，用细线扎住口，然后将两个气球使劲地在毛衣上摩擦，接着用手牵着细线让两个气球下垂，当两个气球下垂后，幼儿会观察到两个气球互相排斥，怎么也靠近不了。教师就可以告诉幼儿原因：通过摩擦，两个气球都带上了毛衣上的电荷，由于同性相斥，所以两个气球互相排斥。进而引申到用塑料梳子梳头时，因为塑料梳子与头发接触后，使头发戴上了同样的电荷，同性相斥，头发就竖了起来，而木梳子与头发摩擦接触后不易带电，所以用木梳子梳头比较好（见图 3-9）。

图 3-9 摩擦起电小实验

这个科学小实验的意义在于让学前儿童在教师所提供的实验环境中进行自主的探究活动。每个孩子拿气球摩擦后，将两个气球靠近就发现了惊奇的现象，这一发现更激起了学前儿童的好奇心，于是又开始尝试拿塑料梳子梳头发，以获取更多的发现。这就是学前儿童的科学探究过程。

在科学探究的过程中，学前儿童获取了丰富的科学经验，他们不是被动地接受知识，而是通过自己的操作和尝试，知道摩擦起电、同性相斥这些知识，这些知识比教师直接告诉他们更加生动、直观、丰富，也更加有意义。

（二）小实验的特点

通过上例可以看出，学前儿童科学教育中的实验与研究自然科学的实验不同，有以下特点。

1）趣味性。科学小实验面向的对象是学前儿童，基于儿童专注力和理解力的局限性，最好将实验与游戏相结合，让幼儿在有趣的活动中进行科学的探索。

2）易操作性。学前儿童科学小实验一般不用专门的实验设备和特定的实验室，宜采取“就地取材”的原则，将实验和日常生活紧密联系，合理安排实验活动时间段，能较快地观察实验的变化和结果。

二、小实验的类型

根据学前儿童年龄的不同及实验内容上的差异，一般将实验分为教师演示实验和幼儿操作实验两种。根据实验的不同目的，实验又可分为探索性实验和验证性实验。

（一）教师演示实验和幼儿操作实验

尽管学前儿童科学小实验难度都不高、操作也很简单，但三四岁之前儿童的生活经验、知识经验和能力决定了操作实验仍有一定的困难，因此还是以教师演示实验为主，操作实验一般在幼儿园的中、大班运用。

1. 教师演示实验

教师演示实验是指由教师操作实验的全过程，幼儿观察实验过程、现象、变化和结果的一种形式。主要用于实验难度较大，幼儿操作困难，或者因为所需仪器设备条件不足等情况的实验。例如，需要用到火、化学药品的实验，安全系数要求太高，一般需要教师做演示实验。

根据实验内容的不同，演示实验的运用也有所不同，比较多见的是先由教师进行演示实验，让幼儿观察实验，并提出需要幼儿思考的问题，然后再由幼儿实验操作。

案例 3-2

会飞的灯笼

一、设计思路

为了培养孩子们的动手能力和主动参与意识，从孩子们喜欢的“孔明灯”入手，鼓励他们积极动手动脑做一些简单的小实验。

二、活动目标

1）通过操作认识生活中的常见小工具，了解孔明灯的制作过程。

2）了解孔明灯的飞行原理。

三、适用年龄

3～5 岁。

四、活动准备

一小截蜡烛、细线、一个瓶盖、一个大塑料袋、火柴、一把锥子。

五、活动过程

1. 问题引入

你见过会飞的灯笼吗？其实，在古时候就已经有了这种灯笼了，称为“孔明灯”，相传是由三国时代的诸葛亮为了求救发明的，于是后世就称这种灯笼为“孔明灯”。孔明灯既没有翅膀，也没有发动机，你知道它是怎么飞到天上去的吗？

1）用锥子在瓶盖两边各扎两个洞，把细线从洞里穿过去，系好。

2）把蜡烛粘在瓶盖的中间。

3）用细线把粘着蜡烛的瓶盖系在大塑料袋上，线的长度不能让下面的蜡烛烧坏上面的塑料袋。

4）简易的孔明灯就做好了，找一个空旷的地方，把瓶盖里的蜡烛点燃，观察会发生什么现象。

5）点燃瓶盖里的蜡烛后，你就能看到孔明灯冉冉地升了起来。

2. 原理

孔明灯是利用热空气比冷空气轻的原理飞上天的，当粘在下面的蜡烛燃烧时，上面塑料袋中的空气因温度升高、密度减小而上升，从而排出袋子中原有的空气，使自身重力变小，灯就“飞”起来了。

六、活动分析

在这个实验里，教师可先演示给学前儿童看，然后激发孩子自己探究的兴趣。一般情况，可以让学前儿童独立完成实验的准备、制作部分，如制作孔明灯，后面点蜡烛等步骤再由教师完成。

通过这个案例可以看出，当学前儿童由于年龄小而无法独立进行探究，或者实验材料的操作方式不易被学前儿童理解时，可采用此法。

2. 幼儿操作实验

幼儿操作实验是指学前儿童亲自动手操作并参与全过程的实验，主要用于操作比较简单、容易、带有游戏性质的实验，如磁铁吸铁、种子发芽等实验。这种实验由于是幼儿自己动手操作，在操作过程中，幼儿可以充分摆弄材料、仪器，充分观察实验过程中的现象和变化，还可以反复操作，多次尝试，以满足幼儿的好奇心，所以他们实验的积极性很高。

图 3-10 “不会掉的纸”实验

例如在“不会掉的纸”实验中（见图 3-10），教师只需提供实验材料，提出操作中应注意的事项，便可以让学前儿童进行自由的、充分的探索活动：拿一个空玻璃杯，取一张硬纸片把杯口盖严，手按住纸片把杯子倒置，放开手后，硬纸片立即下落。若在杯内盛满水后再用硬纸片把杯口盖严，手按住纸片将杯子倒置，放开手后，纸片不下落，水也不流出。由于学前儿童在操作实验中兴趣很高，体验较深，获得的知识也就更为牢固。因此，在条件许可下，教师应尽可能让学前儿童有实验操作的机会。

案例 3-3

纸 上 彩 虹

一、设计思路

为了培养幼儿亲自动手操作的能力，设计了“纸上彩虹”实验，鼓励他们积极动手动脑亲自操作。

二、活动目标

1）通过操作观察彩虹的特征。

2）知道用哪些方法可以让彩虹出现。

三、活动准备

镜子（一面）、白纸（一张）、盆（一个，装水）、手电筒（一只）。

四、活动过程

1. 问题引入

雨过天晴，天空中常常会出现美丽的彩虹。你知道它是怎么形成的吗？你想不想近距离地观察彩虹呢？我们可以用手电筒和水制造出美丽的彩虹，这样，我们就不用等到雨后天晴才能看到美丽的彩虹了。

1）往水盆中注入适量的水，然后把镜子斜靠在水盆的一边。

2）打开手电筒，照射镜子浸在水中的那一部分。

3）把白纸放在镜子的前上方，让光刚好可以反射在白纸上，你就会发现，纸面上出现了一道彩虹，有红、橙、黄、绿、蓝、靛、紫七种颜色。

2. 原理

手电筒发出的光看上去是白色的，其实是由红、橙、黄、绿、蓝、靛、紫七种不同颜色、不同波长的光组成的，光照在镜子上，被镜子反射而原路返回，在穿过水层时发生折射。七种不同的光在折射后，形成不同的角度，在不同的位置穿过水面并射到白纸上，从而形成了美丽的彩虹。

（二）探索性实验和验证性实验

1. 探索性实验

探索性实验是指根据一定的目的，创造一定的条件，探索前所未知的自然现象或物质性质的实验。

2. 验证性实验

验证性实验是指对研究对象有了一定的了解，并形成了一定认识或提出了某种假说，为验证这种认识或假说是否正确而进行的一种实验。

从幼儿年龄特点、知识水平来看，学前儿童科学教育过程中，大多数实验都属于验证性实验。

三、学前儿童科学小实验的意义

1. 发挥儿童的主动性和积极性，培养儿童探索科学的兴趣

由于儿童亲自参与实验，亲身探索科学的奥秘，这就顺应了儿童好奇、好问、好动等心理特点；操作实验能满足他们的需要，引起他们的兴趣，激发其学科学的内部动力，并且在实验过程中得到愉快的情绪体验。这些是仅仅靠教师的操作演示来引导儿童观察所难以获得的。例如“东西南北”实验：教师先指导幼儿认识指南针，观察转动转盘时，指南针的针头指向的方向就是南方，指针的另一头指向的方向就是北方。接着教师先将数个宝物（玩具）藏在教室的北方（或南方），请幼儿试试看能不能运用指南针找出正确的方向，能不能循着方向找到宝藏，幼儿对此产生了极大的兴趣，并积极主动、兴奋地利用指南针寻找宝物。

2. 有利于学前儿童学习科学方法，理解科学现象

其实探究过程本身就是运用科学方法获取知识的过程。即使在成人眼里非常简单的探究过程，都会有科学方法的存在。例如在以上提到的“东西南北”案例中，学前儿童通过认识指南针得到了自己的科学结论——指南针指针指向的方向就是南方，在此基础上，学前儿童顺理成章地会提出问题：那么北方在哪里？东方呢？西方呢？这些过程更能激发起幼儿的思考。

在实验过程中，儿童亲身经历了探索科学的全过程，综合运用各种感官，从各个角度接触材料，在自身与物体的相互作用中，观察发现实验中科学现象的产生与变化，获取了第一手感性材料，从而进一步理解科学现象，并进行初步的比较、概括，形成简单

的科学概念，并在大脑中留下较深的痕迹，保持较长时间的记忆。

3. 有利于学前儿童智力和能力等方面的综合训练

儿童在亲自操作过程中，既学习了简单的操作技能，又培养了动手能力；在儿童科学研究的过程中，易于发现问题，进一步探索和设法解决问题，弥补了自然条件下观察的不足，学会了细致的观察力，发展了观察分析能力；实验能让学前儿童体验到科学探究的本质，通过真正的“做科学”，学前儿童学习发现问题、提出问题、解决问题，有益于儿童的学习能力、思考能力和思维能力的提高。

案例 3-4

干香菇变变变

一、设计思路

通过幼儿亲自动手实验，观察香菇遇水后的变化，培养幼儿探索科学的兴趣。

二、活动目标

1）观察生活中常见的香菇遇水后的变化。

2）思考把香菇晒干的意图是什么。

三、适用年龄

3～5 岁。

四、活动准备

新鲜的香菇和干香菇、盛满水的容器。

五、活动过程

1）看一看、摸一摸、闻一闻、说一说，鲜香菇和干香菇像什么？摸起来的感觉有什么不一样？闻起来的味道有什么不一样？

2）想一想，干香菇泡水后会有什么变化？将干香菇放进水里泡一泡。

3）过 15 分钟后，看看干香菇有什么变化？比没泡水时大吗？像不像新鲜的香菇？

4）将泡过的香菇拿出来捏一捏，和没泡水前的感觉有什么不一样？是不是有水流出来？再松开手看看它的形状、颜色和大小有没有改变？

结论：在我们常吃的食物中，有许多食物要经过日晒或烘干的处理方式来延长保存的期限，吃之前再泡水，使其还原。

思考：通过实验可知干香菇是将新鲜的香菇干燥后做成的，这样香菇保存的时间更长。除了香香的香菇，你知道还有哪些食物也是用这样的方法保存的吗？

四、实验类科学教育活动的指导要点

教师在组织开展实验类科学教育活动时，首先应考虑不同年龄段幼儿的生理、心理和智力发展水平，选择合适的内容，材料应易于组织，实验应易于操作，现象应易于观察，这样才能够有效实现活动目标。

（一）学前儿童操作实验的指导要点

为了使学前儿童的操作实验达到预期的效果，完成情感、技能、知识等方面的目标，教师应注意做到以下几点。

1. 为幼儿创设宽松、和谐的活动氛围

现在，常听人说“表扬孩子是个技术活”，越来越多的家长认识到鼓励孩子的重要性。教师对幼儿行为的认同、赞扬、包容和尊重，能使幼儿获得极大的满足和自信，促进其参加活动兴趣的增强和积极性、主动性的提高。因此，在进行科学小实验中，教师应该尽可能地营造鼓励幼儿独立思考，亲自动手操作、主动表达的活动氛围，使他们在活动中愉快地体验活动，保持浓厚的探索兴趣，积极、自主地进行探索。在实验过程中，教师应沉着、冷静，善于处理幼儿在实验过程和结果中面临的各种情况。引导幼儿在实验活动中发现小组的优势，让幼儿意识到集体的力量大于个人，分工协作经常能事半功倍。

2. 为学前儿童的操作实验提供必要的用具和材料

由于学前儿童操作实验的用具和材料一般比较简单，为方便幼儿的使用，应多采用生活中常见的废旧材料或是简单的物质材料。根据实验内容为幼儿准备相应数量的用具和材料，人手一份或每组一份，以保证每个幼儿都参加到活动中来。

幼儿操作的材料如果按性质划分，可分为主体材料、辅助材料和主要工具三类；按作用划分，则可分为两部分，即构成问题或任务的材料、解决问题和完成任务的材料。

实验的材料要具有结构性和典型性，如实验“水能溶解哪些物体”，要注意引导幼儿关注操作材料的特性、变化和材料间的相互关系，并能够获得这些方面的体验与经验。

1）通过实验帮助学前儿童了解材料的特性。材料的特性是指材料的物理特性（轻重、软硬、粗糙光滑、冷热、颜色等)、化学特性（溶解、燃烧等）和功能特性（主要用途)。

通过设计水溶解物体的实验，幼儿可以了解材料的物理特性（轻重、颜色、形状等)，利用简单的燃烧实验，如燃烧浸泡过酒精的手绢，可以让幼儿观察燃烧后发生的变化，从而了解材料的功能性。

2）通过实验帮助学前儿童了解材料的变化。材料的变化是指材料在某种条件下所发生的物理变化和化学变化（弯曲、熔化、断裂、溶解等)，如实验“面团的发酵”“糖水的制作”等。

3）通过实验帮助学前儿童了解材料的相互关系。材料的相互关系是指不同材料间相互作用所表现出来的特点（沉浮、磁力、摩擦起电等)，如实验“用笔来复印”“透明的纸”“画中的白点（盐与颜料的关系)”等。

3. 指导学前儿童使用工具和材料并学习操作技能

由于学前儿童的操作实验一般都简单有趣，所以应尽可能让学前儿童自己动手操作全过程。但在实验的某些环节中，或某些材料的使用上，学前儿童也会遇到各种不同的困难；又因为学前儿童的能力及个体发展水平的不同，即使再简单的实验，也会有一些孩子难以完成，因而需要教师根据实验内容的难度和个人情况，给予不同程度的指导，同时注意教导幼儿控制手的力量和平衡地摆放物品，训练幼儿熟练地使用各种容器，实验过程中注意引导幼儿观察操作的方法、步骤。

4. 指导方式应多采用“猜想-验证式”

一般活动的设计思路有“演示-操作式”和“自由-引导式”，而“猜想-验证式”是当前学前儿童实践中出现的一种新的设计思路。这种思路是先让幼儿自己猜想可能的结果，然后再进行实际的探究活动，获得实际的发现结果，来验证原先的猜想是否正确。这种思路依赖于幼儿的知识经验和思维发展水平。猜想需要幼儿独立的自主思考，也需要有一定的依据。因此，提供给幼儿探究活动的内容一定是儿童能够理解的，或是能够用已有的经验去解释的。

“猜想-验证式”可以教会学前儿童科学探究的基本过程和方法，从而形成科学价值观。这种设计思路让学前儿童亲历科学知识的获取过程，不仅能让他们体验到科学发现的过程，更渗透了一种科学价值观——“在问题面前，人人都有平等的猜想的权利；在事实面前，每个人都将平等地接受检验。”

采用这种方式有助于学前儿童形成实事求是的科学态度。儿童在猜想验证的过程中，通过亲自实验来检验自己的猜想，才能真正意识到假想和事实之间的差别，进而形成尊重事实的科学态度。

例如，在验证性实验“什么东西在水中能溶解”时，先拿出实验材料（盐、糖和胡椒粉），让幼儿首先思考在常温的水中哪些物质能够“消失”在水中，再通过实验验证幼儿的猜想，进而提出对不“听话”的材料采取哪些方式可以帮助其溶解，从而帮助幼儿理解将常温的水变成热水或者在物体溶解过程中加以搅拌都可以加速物体溶解的道理。

案例3-5

盐的用处多

东营市海河幼儿园 王海红

一、设计思路

为了培养幼儿对科学实验的兴趣和主动参与意识，从幼儿常见的盐入手，鼓励他们自己动手验证，获得各种各样的生活经验。

二、活动目标

让幼儿学习通过感官来探索事物，探索盐的用途，知道盐会溶解在水里，培养对科学实验的兴趣。

三、活动准备

盐、塑料碟、塑料杯、汤匙、苹果、与盐有关的图书。

四、活动过程

1）出示一碟盐，让幼儿观察，并猜一猜这是什么东西。

2）请幼儿轮流品尝盐的味道，说说它的名称和外形特征；鼓励幼儿闻闻盐的味道，用手摸摸盐的质感。

3）告诉幼儿还可以用盐进行小魔术，把少许盐放进一杯水里，然后搅动，请幼儿说说盐到哪里去了。

4）给每位幼儿发两杯水，请他们自由选取不同分量的盐放进杯子，自由探索。

5）拿出两碟苹果片，把盐倒进其中的一碟苹果上，过一会儿观察两碟苹果的区别。

6）请幼儿说说在日常生活中盐的用途，引导幼儿在书中寻找答案。

5. 给予学前儿童充分的实验时间

充分的时间能保证幼儿反复进行实验活动，因此不能机械地限制时间。例如在做“种子的发芽生长过程”的实验时，就可以将实验时间放宽至一个月左右。

6. 交代实验规则并保证学前儿童安全

在幼儿做科学实验时，“实验规则”在实验的不同阶段扮演不同的角色：实验开始前要交代清楚有关的规则和实验注意事项，实验过程中应及时指导幼儿遵守规则。

有的活动不适宜幼儿操作，则可以由教师演示操作，幼儿观察（如某些化学燃烧类实验）。教师在设计实验时，尽量选择安全性能高的材料，如果非要使用剪刀、木块、针、铁钉等工具，在使用过程中，教师就要对学前儿童进行安全使用方法的指导。

例如，在小班幼儿活动“踩影子、藏影子”实验中，实验活动设计，如场地选择、内容设计等要符合小班幼儿特点，注意活动中幼儿的心理感受和心理安全，特别是在黑暗处进行游戏时，不能吓着幼儿。在户外观察影子时，需要提示和要求幼儿不用眼睛直接看太阳。

再如，在小班科学实验活动“瓶盖配对”中，教师要注意收集瓶子时将瓶子及时清洗干净，收集各种塑料瓶进行活动比收集玻璃瓶会更安全，教师要注意检查瓶子有无破损，保证瓶子的完好安全，注意瓶盖的边缘有无利齿和破损，以防划伤幼儿。

7. 适当运用谈话，精心设计提问，鼓励幼儿用语言及不同方法记录实验结果

实验过程中教师应运用恰当的语言引导儿童理解科学实验所揭示的关系，鼓励儿童用语言表达和交流实验过程、方法、结果，并尝试用各种方法记录实验结果。

1）教师鼓励性语言是什么样的？一般可提出如下问题：①告诉老师，你是怎么做的？发现了什么？看到哪些现象？哪些地方变化了？你做得很认真，你观察得很仔细，你发现了与众不同的变化，你很有自己的想法……②你能画出来吗？你能用动作表示出来吗？你还能有什么方式记下来……③你做得真棒，你还能用别的方法做吗？

2）如何使提问有效？在儿童操作实验的过程中，教师适时地给予提示和提问是组织和指导好实验活动的重要环节。例如：①这样做会有什么现象发生？②为什么会发生这一现象？③你在操作过程中发现了什么？④你是怎么知道的？⑤怎样才能说明我们的解释是正确的？

3）教师提问时需要注意避免的问题。教师要注意不能用过多的语言去解释科学道理和概念，而要让儿童自己去探索发现。对幼儿的语言提示、引导都必须和儿童在操作中获得的信息与过程一致。任何脱离儿童亲身观察、操作的说明和解释都是不可取的，特别要防止孩子养成人云亦云、机械背诵等缺乏独立操作、缺乏独立思考的不良思维习惯。

4）用各种方法记录实验结果。每次实验之后，可以让学前儿童做科学记录。在游戏性的操作实验活动中，教师可以让学前儿童用自己的办法把猜想和实验的结果都记录下来，避免遗忘。学前儿童可以用文字、数字、标记乃至图画等方式，来表达他们的想法和发现。这本身也是一项重要的科学技能。

（二）教师演示实验的指导要点

教师在进行演示实验时，必须注意做到以下几点。

1. 开展实验前做预备性实验

进行演示实验前，教师要预先做一遍实验，一是便于妥善安排实验过程中各环节的时间；二是预先检验实验仪器和材料在实验过程中可能出现的状况，避免活动发生意外而影响效果。

2. 演示实验中密切配合讲解与提问

教师在演示过程中可以精心设计一系列问题，让幼儿在观察和思考的基础上回答问题，理解知识。在讲解知识点时要简洁明了，富有启发性，确保每一个幼儿在观看实验的过程中，同样始终处于积极的参与、探索和求知之中，并确保实验过程中教师能与儿童互动。

3. 保证幼儿看清演示过程

在演示实验过程中，教师的动作要熟练，操作速度要尽量放慢。要注意妥善安排好幼儿的座位，充分考虑仪器的大小、安放的位置，以及教师出示材料时所处的位置等，以便于幼儿观察，保证让每个孩子都能看清楚教师演示的步骤，特别是便于幼儿观察操作过程中物体所发生的变化及其特性。

案例 3-6

吸水的纸（中班）

一、设计思路

为了培养幼儿对科学实验的兴趣和主动参与意识，通过教师演示纸吸水的生活现象，鼓励幼儿主动思考，获得各种各样的生活经验。

二、活动目标

1）认识生活中常见的各种类型的纸。

2）通过教师演示实验，学会观察，发现不同实验现象的原理。

三、活动准备

皱纹纸、瓦楞纸、报纸、彩色卡纸、蜡光纸、亮光纸、宣纸、纸张吸水性统计表、笔、托盘等。

四、活动过程

1. 活动背景

教室里布置了一片小花园，花园的花朵是用不同材质的纸做成的。

2. 基本环节

1）教师示范不同材质纸的吸水性小实验，让幼儿观察。

教师将皱纹纸做的花朵放在水面上，花朵展开了。实验后，教师将湿的皱纹纸放入托盘中并做出小结：这朵用皱纹纸做的小花，喝了很多很多的水，肚子都撑饱了，说明皱纹纸吸水。

教师取来一朵用亮光纸做成的彩色纸花放入水里，这时的小花儿漂在了水面上，教师将纸花拿出，抖一抖，让幼儿观察和触摸感受花朵是否湿了。教师小结：这朵小花想喝水，可是它怎么喝都喝不进去，说明亮光纸不吸水。

重复上述步骤，让幼儿观察各种材质的纸吸水后的状态。

2）介绍“纸张吸水性统计表”，让幼儿把实验结果以打“√”的方式记录在统计表中，教师进行指导。

第三节　种植与饲养

一、种植与饲养概述

（一）种植与饲养的含义

学前儿童科学教育中的种植是指学前儿童在园地、自然角种植花卉、蔬菜和农作物等的活动。饲养是指学前儿童在饲养角里喂养和照管习性温顺的动物的活动。

种植与饲养既是学前儿童科学教育的方法，同时也是幼儿喜爱的活动。幼儿对周围环境中最喜爱的东西莫过于动物和植物了，在对动植物的观察中，有意识地让幼儿亲自操作，种植一些蔬菜、花草，饲养一些小鱼、小鸟，这样幼儿不仅观察了动植物的外形特征，也了解了它们的生长过程。通过种植和饲养进行科学学习，伴随动植物的生长，也激发了幼儿热爱科学、热爱自然的兴趣与情感。

（二）种植与饲养的类型

1. 常见植物的栽培管理

常见植物的栽培管理主要包括播种、管理、收获等，如选种、浸种、移栽、浇水、松土、除草、追肥、收获、留种等工作。

（1）水养植物

水养植物是指那些不需土壤、能够用水养在室内的植物。一般用透明的容器（花瓶、塑料瓶等）装水，把植物根茎或种子放入水里，待生根后，可以看到根。水养植物主要有以下品种。

1）种子：绿豆、红豆、花生、芝麻、西瓜子、南瓜子、玉米等。

2）蔬菜：芹菜、萝卜、土豆、大蒜、洋葱、红薯等。

3）花卉：富贵竹、吊兰、绿萝、常春藤、文竹等。

4）树枝：柳树、松树、水杉等。

（2）盆栽植物

盆栽植物是指在花盆里放置湿润的、有养料的泥土，然后下种或扦插来培植的植物。

（3）无土栽培

无土栽培是指不用土壤，用人工配制的培养液，供给植物矿物营养的需要。无土栽培是一种不用天然土壤而采用含有植物生长发育必需元素的营养液来提供营养，使植物正常完成整个生命周期的栽培技术，可以让幼儿观察植物在培养液里的生长过程（见图 3-11）。

图 3-11　无土栽培

（4）大棚蔬菜种植技术

大棚蔬菜种植技术是一种比较常见的技术，它具有较好的保温性能，因为在任何时间都可吃到反季节的蔬菜而深受人们喜爱。在一般情况下，大棚蔬菜都采用竹与钢为主的结构骨架，然后在上面覆盖一层或多层保温塑料薄膜，这样一个简易结构就制造出了一个完整的温室空间。塑料薄膜可以有效防止蔬菜生长过程中产生的二氧化碳流失，以达到大棚内需要的保温效果。

在有条件的幼儿园里，也可以搭建简易的大棚，用塑料薄膜搭建的“小小温室”，在天气比较冷的时候，让幼儿在温室内外种植相同的植物，比较不同的效果。

2. 常见动物的饲养管理

常见动物的饲养管理主要包括：帮助收集饲料、喂养、管理，学习简单的饲养技能，并观察小动物的外形特征、动作和生活习性，培养爱护小动物的感情。

（1）家禽

家禽身体比较小，也比较温顺，深受幼儿的喜爱，而且养起来也比较容易，不易死亡。常见的家禽有鸡、鸭、鹅等。

（2）家畜

家畜各有不同，在幼儿园里比较适合饲养小兔、猫等。虽然小兔相对比较难以饲养，对饲料的要求也比较高，但是因其可爱而受幼儿的青睐。

（3）鸟类

鸟是幼儿园经常饲养的一种动物，由于小鸟的叫声清脆好听，形象可爱，幼儿也十分喜爱饲养。适合在幼儿园里饲养的鸟有鹦鹉、鸽子等。

（4）昆虫

昆虫也是幼儿十分喜欢的动物之一，像蝈蝈、知了、蚕、蟋蟀等都是适合在幼儿园里饲养的昆虫。

（5）水生动物

水中饲养的鱼、乌龟、虾、蝌蚪等都是幼儿喜欢观察的对象，这些在水中生活的动物比较容易饲养，有的甚至可以一段时间不进食，也不会死亡。

二、种植与饲养的运用

1. 应选择合适内容进行种植与饲养

（1）种植内容的选择

适合幼儿园种植的植物品种很多，选择时主要应视各地区的特点及各幼儿园的实际情况而定。一般以经常食用的蔬菜和一年生草本花卉为主。蔬菜宜选择生长周期短、管理方便、幼儿熟悉的品种；花卉应选择无毒、无刺、无刺激性气味、花朵艳丽或芳香的种类（见图 3-12）。

图 3-12　幼儿园植物角

开展种植活动还需要考虑各年龄班级幼儿的特点。小班幼儿年龄小，需要在教师的帮助下才能进行，应该选择种子较大、生长快的植物，并且种类不宜太多（两三种即可），如大豆、大蒜、向日葵等。中班幼儿还不能完全独立管理所种植物，所以种植的品种仍应选择容易栽培的品种，但种类可比小班丰富，如辣椒、茄子、青菜、萝卜等。大班幼儿已具备较强的活动能力，种植品种可全面些，如有叶菜类、瓜果类、根茎类，除蔬菜外，还可种些粮食作物或经济作物，如玉米、小麦、花生、棉花等。

（2）饲养内容的选择

幼儿园因受到场地、人员、经济条件等多种因素的限制，所以在选择饲养动物的种类时，应根据各幼儿园的实际情况，并考虑幼儿的兴趣以及教学的需要。一般选择本地区常见的动物种类，选择那些外形美观、动作灵巧、叫声悦耳、性情温顺而又易于管理的小动物。

自然角设置在活动室内，一般地方较小，而且大多数物品摆放在桌面上，所以最好饲养一些小型的、适合室内饲养的小动物，如蜗牛、蚂蚁、蝴蝶、金鱼、鲤鱼、鲫鱼、泥鳅、黄鳝、河蚌、田螺、螯虾、乌龟、蝌蚪、蚯蚓、小白鼠等（见图3-13），可根据季节选择几种小动物饲养，过一段时间再换另外一些种类。

图3-13　幼儿园饲养角

幼儿园的饲养角大多建在室外，可选择一些适合室外饲养的小动物，如兔子、鸡、鸭、鸽子、画眉、刺猬、山羊、松鼠等。

2. 应结合学前儿童的认识活动进行种植与饲养

在幼儿喂养和管理小动物的过程中，教师应及时指导他们观察：看看小动物长得什么样子，身体表面覆盖着什么，用手摸摸它们身上的羽毛或皮毛，观察它们喜欢吃什么食物。例如，通过对蝌蚪的观察，了解它们是怎样变成青蛙的；观察金鱼是怎样在水中游泳的；观察蚕是怎样吃桑叶的，蚕吃不吃其他植物的叶子，等等。经常带幼儿去饲养角观察，看看小鸡长大了没有，母鸡有没有生蛋，看看它吃什么食物，小鸭、小鸡有什么区别。有时也可以让小朋友将自己家中的小动物带到幼儿园来，让大家观察。带幼儿去动物园观察，熟悉更多的动物，使幼儿了解身边有许许多多的动物，它们有不同的形态，生活在不同的环境中，吃各种各样的食物，用不同的方式运动，并进一步了解动物之间，动物和人类之间的关系等。

教师指导幼儿观察动物时必须考虑幼儿的年龄特点，从他们的兴趣出发，并结合饲养活动，启发他们的思维，以达到科学教育的目的。

3. 应鼓励学前儿童的自主探究

在种植与饲养活动中，教师切记不能包办代理，应指导幼儿学习操作技能，克服一定的困难，鼓励他们不怕脏和苦，坚持以幼儿为主体的种植、饲养。这样才能使整个过程成为幼儿亲身体验的、由浅入深地了解事物、充分发挥想象力和创造力的实验过程。

例如，饲养照料小动物是长期进行的持续活动，也是一项持久、细致的工作，在活动过程中，幼儿是主体，主要工作应由中、大班幼儿担任，教师必须及时给予指导，教会他们一些基本技能，教师千万不能包办代替，如果只是让幼儿看看，就会使孩子渐渐失去兴趣。小班幼儿年龄小，操作能力较差，大部分饲养管理工作由教师承担，所以小班饲养的动物应少些，而且管理要方便。有些活动可由教师带领幼儿一起做，如给金鱼喂食等。小班的饲养活动以观察成人和大、中班幼儿操作为主。中班幼儿可在自然角饲养较为丰富的植物种类，管理方法不能太复杂。教师应带领幼儿进行活动，并在活动中教会他们一些简单的技能，逐步过渡到让幼儿独立完成管理小动物的工作。大班幼儿在小班、中班的基础上，已积累了一定的经验，掌握了一些技能，所以管理工作可以主要让幼儿承担，如让幼儿轮流担任管理小动物的工作等。

4. 应鼓励学前儿童爱护动植物、关爱生命的情感和行为

在种植与饲养活动中，幼儿是通过与动植物的亲密接触而获得对对象的了解的，这个过程本身，就是生命教育的过程。学前儿童科学教育要培养幼儿热爱植物、热爱自然的种子，使其养成关爱生命的情感。

案例 3-7

饲养家兔

一、设计思路

为了让幼儿了解饲养动物的过程，通过长时间的饲养家兔，培养幼儿热爱自然，关爱生命的情感。

二、活动目标

1）了解家兔的生活习性。

2）通过分工合作饲养家兔，培养动手能力和责任心。

三、活动准备

饲养前的准备工作主要由教师完成，大班幼儿可参加部分活动。首先要选择冬暖夏凉而又僻静的地方建造兔笼，周围要干燥、通风和清洁。兔笼（幼儿园场地较大的话可建兔舍）由老师带领大班孩子一起建造，收集一些木料或竹片，在木工师傅的帮助下制作，笼门最好用铅丝做，笼底用竹条钉成或用水泥砌成斜面，便于冲洗粪便。

四、活动过程

大班幼儿可轮流值班给兔子喂食，定期打扫兔笼，喂食时要掌握兔子的食性，以青粗料为主，精料为辅，即主要喂食青草、树叶、蔬菜、萝卜、马铃薯等；喂饲要定时定量，每天喂 3～4 次，还要注意给兔子喂水，特别是盛夏季节，更显得重要，高温季节要保持兔笼通风、周围可洒水降温。大班幼儿可在每周内将兔子放出兔笼活动 1～2 次，因为运动可促进家兔的新陈代谢。中班和小班幼儿主要是喂兔子，小班幼儿可从自己家中带来菜叶、萝卜等蔬菜或瓜果，在老师的带领下喂兔子，并观察它如何吃食。中班幼儿在老师的带领下拔草或割草喂给兔子吃，有时也可和大班幼儿一起放兔子出来运动，跟大班幼儿一起打扫兔笼的卫生，使他们通过喂养兔子而认识兔子。另外要教育幼儿，不要经常骚扰小动物，要保持安静的环境。

案例 3-8

种植（小班）

一、设计思路

为了让幼儿了解种植植物的过程，培养幼儿观察自然的能力和热爱自然的情感。

二、活动目标

1）了解大豆、大蒜的种植办法和成长周期。

2）通过分工合作种植植物，培养动手能力和责任心。

三、活动准备

4 月，教师将地整好，和幼儿一起选粒大饱满的种子。

四、活动过程

1）种大豆。大豆为一年生草本植物，株高 50～150 厘米，种子为黄色、绿色、黑色，含丰富的蛋白质和脂肪，各地均可栽种，东北最多。

4 月，用条播或点播的方法播下大豆种子，上面的土不要覆盖得太厚。带领幼儿经常浇水，保持湿润。发芽后及时除草、松土，因豆科植物的根部有根瘤，具有固氮作用，所以不须施肥。带领幼儿观察生长过程，让他们发现什么时候开花结果。6 月，可采收鲜嫩豆粒做蔬菜煮给小朋友吃。7～8 月收种子，教师告诉幼儿，种子可食用或榨油，还可制成各种豆制品。

2）种大蒜。秋天（9～10 月）让幼儿在园地里种植大蒜，或每个幼儿用容器种一棵大蒜，最好是每人种一棵。可选用废旧塑料冰淇淋盒或其他小型的容器，教师将每个盒底剪一个洞，然后带领幼儿将土装进盒里，教师可帮助装好，不要太满，然后发给每个小朋友一瓣蒜头。在教师的帮助下种下蒜头，放在窗台或自然角有阳光的地方，每天浇水。教师应提醒幼儿阴天、雨天不要浇水，而且平时水不必浇得过多，否则会引起烂根。由于泥土较少，营养不够，过一段时间，蒜叶就发黄了。这一种植活动很适合小班，因为大家都可以参加，培养了孩子爱劳动的好习惯。

第四节 分　类

分类是观察过程的延伸和应用。幼儿若要对客观事物进行分类，首先需要对事物进行观察，知道事物的共同点是分类的基础，在观察过程中幼儿对事物应进行分析、抽象、概括，形成概念，以进行分类。分类既是幼儿学习科学的一种方法，也是幼儿需要发展的一项技能。

一、分类概述

（一）分类的含义

分类也指“归类”，是指根据事物的异同，把事物聚合成类的过程，即把一组物体按照特定的标准加以区分，抽取事物的共同特征进行概括的过程。学前儿童科学教育中的分类是指学前儿童把具有某一个或几个共同特征的物体聚集在一起，是学前儿童学习科学的一种方法。

（二）幼儿学习分类的作用

由于学前儿童年龄小，受思维的局限，他们分类水平较低，一般只能对简单、具体、形象的物体进行分类。而且，儿童只有在具体的操作活动中，经过多次、反复尝试的过程，才能学会初步的分类技能。虽然他们还无法进行抽象概念上的分类，但分类活动对学前儿童的全面发展具有深刻的意义。

1. 观察了解物体的特性

自然界的分类是根据万事万物的自然属性和特征进行的，有着严格的规律。幼儿在与自然界的接触中，很自然地想把事物进行分组和聚类，可进一步加深和巩固儿童对各种生物生活习性的认识（见图 3-14）。

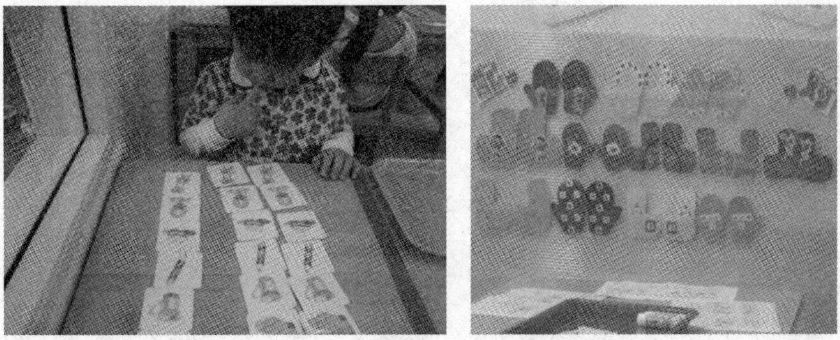

图 3-14　幼儿在幼儿园进行分类活动

2. 帮助学前儿童对事物进行抽象与概括

幼儿用分类的方法整理自己所观察到的东西，在这个过程中，幼儿可以了解多种物体的特性，对周围事物进行抽象和概括。这个过程有助于幼儿探索事物之间的联系和关系，使认识活动简化、类化。

3. 促进学前儿童思维能力的发展

学前儿童进行分类时，要经过观察、比较、分析和综合等过程。分类首先是根据一定的要求，对物体逐一进行观察比较。例如在一堆玩具中，按照颜色的差异进行分类，幼儿必须在这一堆玩具中看看有哪些颜色，哪些是红色，哪些是绿色，这一过程就是对物体分析的过程。在分析的基础上再把各类颜色归并在一起，这就是综合的过程。观察、比较、分析、综合等都是思维的基本过程，所以分类能促进学前儿童思维能力的发展。

（三）学前儿童常用分类的类型

1. 挑选分类

挑选分类是指从许多物体中将具有某一种（或几种）共同特征的物体挑选出来，成为一类。这是一种简单的分类活动。例如，在许多玩具中把红色的玩具挑选出来；从许多幼儿中挑选出“穿红衣服的男孩”；从各种蔬菜、水果、花卉中挑选出水果来。

2. 二元分类

二元分类又称“是与否”分类，是指从许多物体中，选出具备某一些属性的物品，排除其他物品，即将许多物体按某一标准分为“是”与“不是”两种。例如，对“苹果、梨、香蕉、黄瓜、甜椒”进行二元分类：苹果、梨、香蕉是水果，黄瓜、甜椒不是水果。香蕉和梨是黄色的，苹果、黄瓜、甜椒都不是黄色的。

3. 多元分类

多元分类是指将物品按一些共同的标准分成两类或几类。例如在一堆动物的图片中，让幼儿找出哪些是家禽，哪些是家畜，哪些是野兽。

案例 3-9

按形状分类（小班）

一、设计思路

为了让幼儿观察、了解物体的特性，帮助幼儿对物体特征进行抽象，学会简单的分类，设计了本活动。

二、活动目标

1）认识圆形、方形、三角形，知道各形状的简单特征。

2）能按物体的形状进行分类。

三、活动准备

1）动画课件、录音机、欢快的音乐。方形、圆形、三角形卡片各一张。

2）三种形状的实物挂牌（与幼儿人数相同），在地板上画三个形状的图形。

3）彩泥、泥工板、三种形状的操作模具若干。

四、活动过程

认识圆形、方形、三角形，知道其简单特征。

师：小朋友们，形状王国里来了几位朋友，大家想认识他们吗？

（课件：圆形、方形、三角形分别做自我介绍。）

1）大家好，我是圆形，我的身体呀胖乎乎的，一个棱角也没有。你们瞧，我的眼睛、嘴巴也都是圆形的呢。

2）嗨，我是方形，我的身体有四条边和四个角。非常高兴能和大家做朋友。

3）小朋友们好，我是三角形，我呀有三条边，三个角，大家愿意和我做朋友吗？

师：刚才三个形状朋友介绍了自己，现在，你们认识它们了吗？能说出它们长什么样吗？（请幼儿分别讲述三种形状的特征。）

师：大家认识了圆形和方形，还有一个朋友在旁边不高兴了，它是谁呀？（三角形。）你们能说出它长什么样吗？

师：那我们再来看看刚才它是怎么介绍自己的。哪位小朋友认识三角形了，能说出它长什么样的？

师：我们再一起来认识一下这三个朋友，好吗？（师生共同小结。）

二、分类科学教育活动的指导

学前儿童科学教育活动中，可以进行分类的内容有很多，例如，①动物类：家禽、家畜、野兽、鸟类、昆虫、鱼类等；②植物类：树木、花卉、蔬菜、水果、谷类等；③人造产品：家用电器、玩具等；④非生物：沙、石、水、土等。

还有很多内容都可以结合认识活动，让幼儿进行分类。在指导幼儿运用分类方法时，可主要从以下几方面着手进行。

1. 指导儿童在充分感知物体的基础上进行分类

充分感知是对物体进行比较，找出它们之间的相互关系，并根据其共同特点与特性进行分类的必要前提。教师提出分类的要求后，要启发幼儿仔细区分开分类对象，以便正确地分类。这样就为学前儿童进行分类提供了多种信息，为学前儿童从各个角度确定分类标准打下基础。

2. 帮助学前儿童学习不同的分类活动类型

整个学前儿童阶段的科学分类教育，主要是指导学前儿童学习二元分类法，即要求学前儿童在感知水平上把物体分成两类。具体还要根据学前儿童的不同年龄段，选择学习不同的分类类型：小班采用挑选分类类型，小班末期可开始学习二元分类类型。中、大班学前儿童以学习运用二元分类为主，在教师有计划的指导下，还可借三元分类以更系统地认识客观物体。

3. 指导学前儿童学习根据不同的标准进行分类

每一种分类，必须根据同一个标准，否则就会出现分类重叠和分类过程的逻辑错误。学前儿童分类不同于成人，他们往往根据自己的想法进行，分类依据也在不断改变。但只要各类别物体彼此不重复和交叉，该分类依据就可成立。教师可以帮助学前儿童学习根据不同的标准进行分类（见图 3-15）。

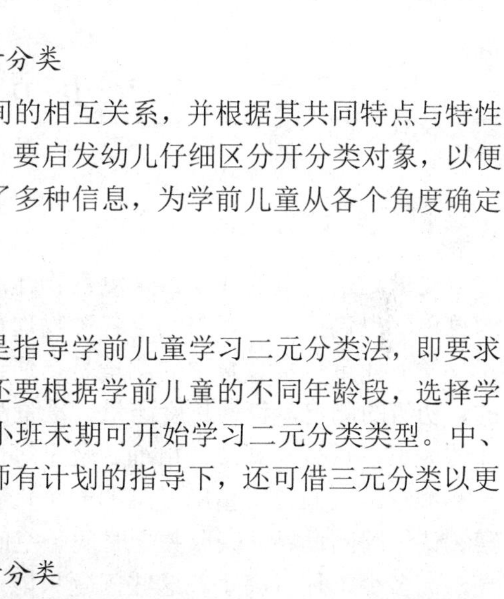

图 3-15 幼儿园分类活动照片

1）根据物体的外部特征进行分类：如颜色、形状。

2）根据物体量的差异进行分类：如长短、大小、粗细、厚薄、宽窄、轻重。

3）根据物体的功能（用途）进行分类：如将物体分为玩具、学习用品、家具。

4）根据物体的材料进行分类：如将物品分为木头的、塑料的、铁的。

5）根据物体之间的联系进行分类：如把兔子和萝卜分为一类，把鱼和水分为一类。

6）根据物体的物理属性进行分类：如把有弹性的物体分为一类。

4. 帮助学前儿童明确分类标准，并鼓励他们自己确定分类标准

学前儿童对事物类别关系的认知还不成熟，分类能力仍在发展中，表现为能按基本类

别标准分类，能按实物的功能分类，但对高级、复杂一些的分类标准理解起来比较困难，导致出现因为不能准确理解类别的含义而错误分类的情况。因此，在运用分类的方法进行学习时，应帮助幼儿明确分类的标准，特别是在较小年龄阶段时，可以用“请你按照……来分类”这样的语言帮助幼儿明确分类标准。在幼儿已有了一定的知识基础，并已学习了分类方法之后，可以鼓励幼儿自己确定分类标准。例如，面对着一大堆不同颜色、不同材料的球时，问幼儿“想一想，这些球可以怎么分呢”，使幼儿逐渐能自己确定分类标准。

第五节 测　量

一、测量的含义

测量是指用量具或仪器来测定物体的尺寸、角度、几何形状或表面相互位置的过程的总称，也包括用仪表来测定各种物理量的过程。

学前儿童科学教育中的测量是指通过观察或运用简单的测量工具，对事物进行简单的、初级的测定，包括长度测量、重量测量、体积测量等。具体地说，测量包括测量物体的大小、长短、高矮、粗细、轻重等内容。

测量是人们获得精确信息的一个重要手段，通过测量，可以帮助幼儿更准确地去观察、认识周围世界，获取关于时间、空间等方面的具体经验。例如，两个小朋友谁比较高，高多少？你多高了？这些问题只能通过测量才能回答。

这种将事物的属性以及关系数量化，是科学思维的重要组成部分。数量化思维也是幼儿思维发展的一个重要方面。以测量为工具，将能促进幼儿这方面思维的发展。

二、测量的类型

（一）观察测量

观察测量是指用感官（如眼睛、手等）的观察来测量物体。例如，通过目测来测量物体的大小、粗细、长短等；通过手来感受估计水的温度；用手掂量物体的轻重等。

这种直观感知的测量一般用于特征明显的物体，对于一些特征不明显的物体，如两盆温度差异不太大的水，仅仅用观察测量法，学前儿童就很难将它们区别开。

（二）非正式量具测量（自然测量）

在生活中，由于没有正式量具，有时量物体的长短时，经常使用手掌去丈量，将手掌打开，看物体包含了几个手掌的长度，这样估算出物体的长短，这种方法就是非正式量具测量。非正式量具测量也称自然测量，指不采用通用、标准的量具，而是运用一些自然物，如木棍、积木、绳子、手指、手臂、步长等作为量具，对物体进行直接测量的方法。在幼儿阶段，由于幼儿年龄小，对掌握标准的计量单位有困难，所以较多地用非正式量具进行测量（见图 3-16）。非正式量具测量可以使幼儿在避免测量单位带来困难的前提下，掌握测量的基本知识。

图 3-16　“有趣的测量”实验

（三）正式量具测量

正式量具测量是指用通用的标准量具对物体进行测量。适合幼儿使用的测量工具有尺子、量筒、拉力计、秒表、电子秤等。通过正式测量量具的使用和操作，可以使幼儿懂得这些量具的作用，初步了解一些专业性较强的知识。

案例 3-10

自然测量知多少[①]

一、设计思路

随着年龄的增长，孩子们总是喜欢把自己的东西和别人做比较，如我的个子比你高，我的手比你大，我搭建的玩具火车比你的长……为了尊重孩子们的兴趣和好奇心，可以引导孩子在实际生活中来比较。那么，用什么比较？怎样比较？本次活动可以加深孩子们对物体量的认识及对不同量测量工具的了解；使孩子们学习自然测量，培养他们的动手操作能力及对数学活动的兴趣。

二、活动目标

1）掌握自然测量长度的基本方法，知道应对齐端点、首尾相连、记载次数等。

2）进一步感知量具的长短与测量结果有关，量具越长，测量的次数越少，量具越短，测量的次数越多。

3）较细心地进行测量，乐意参加测量活动。

三、活动重点、难点

掌握自然测量长度的基本方法；培养孩子们对数学活动的兴趣。

四、活动准备

1）长长的蔬菜实物若干；各种小型测量工具若干，如筷子、棉签等。

2）记录表、记录笔。

五、活动过程

（一）激发幼儿兴趣，故事导入活动情境

老师神秘地说：“蔬菜王国的国王这几天的心情很不好，这是为什么呢？原来

① 小精灵儿童网站 http://new.060s.com/article/2016/06/03/2160023.htm.

它很想知道自己王国里那些长长的蔬菜究竟有多长？可是它又不知道该怎么做？所以打电话来请我们帮忙。”

（二）测量方法谁知道

1）师：这些长长的蔬菜到底有多长，我们怎样才能知道呢？（量一量。）

每组小朋友中间有两种蔬菜、一种测量工具，请小朋友用你们自己的方法，先量一种蔬菜，量好以后，把结果记录在表格里。然后和对面的朋友交换蔬菜，量一量，量好后也把结果记录在表格里。

2）幼儿自由操作，老师观察。

3）交流测量结果。

请两个小朋友交流：你们是用什么工具测量的？你们的蔬菜量出来有多长？

教师引导幼儿从结果不同的小组发现问题并讨论：为什么两个人用同样的工具量一样的蔬菜，可是量出来是不一样长的呢？引出测量方法的问题。

师：原来是因为测量方法的问题，那怎样的测量方法才是正确的呢？

请幼儿来演示自己刚才是怎样测量的，并从中讨论出正确的测量方法。

第一，引导幼儿把测量工具的一端对齐蔬菜的一个端点。

第二，移动测量工具的时候要首尾相连。移动测量工具有三种方式：一个接一个连续摆放测量工具的方式；交替摆放两件测量工具的方式；连续移动测量工具的方式。

第三，记录测量结果。

4）小结。正确的测量方法是这样的：测量工具要对齐被测物体的一个端点，在移动测量工具的时候要首尾相连，记住测量的次数并把它记录下来。

（三）探究测量工具与测量结果的关系

1）师：刚才我们只用了一种工具来测量蔬菜，现在请每组的两个小朋友选择一种蔬菜，用两种工具来测量。一定要用刚才我们学到的正确的测量方法来测量，把测量的结果记录在表格中。

2）幼儿尝试测量，老师指导测量困难的幼儿。

3）幼儿交流测量结果，进一步引导幼儿发现测量工具的长短与测量结果的关系。

师：为什么同一种蔬菜两次量的结果不一样呢？

4）幼儿交流讨论。

5）小结：测量工具的长短与测量结果有关，测量工具越长，测量的次数越少，测量工具越短，测量的次数越多。

（四）结束活动

师：蔬菜国王很高兴，感谢我们帮它解决了困难。看见我们都这么能干，它想聘请我们当它们王国的“测量工程师”，你们愿意吗？（愿意。）走吧！我们去蔬菜王国上任吧！

六、教学反思

孩子们在想一想、看一看、做一做中结束了本次活动，加深了对物体量的认识及对不同量测量工具的了解；虽然参与性很高，但对农村幼儿园的孩子来说，本次活动的难度较大，尤其是在记录活动环节。因为平时的教学活动中对这方面没有细心指导，忽略了这方面能力的培养，所以孩子们记录起来很困难。

三、测量活动的指导

学前儿童科学教育中的测量应包括以下几方面的内容：测量物体的长度、高低、粗细、厚薄、宽窄；测量物体的轻重；测量物体的温度等。

1. 教师应该注重培养学前儿童的测量意识

1）要让学前儿童知道测量的意义，如为什么要测量自己的身高？因为测量身高可以知道自己的身体发育状况。孩子知道为什么要去测量时，才不会在测量中毫无方向。

2）要让学前儿童知道测量的方法、乐趣、得到的收获。比如，测量小朋友的脚步长度应该如何操作，孩子要开动脑筋，在探索中得到探究的乐趣和成功的喜悦，还有动手操作能力的提高等。

2. 教师要帮助孩子运用非正式的量具测量

年龄越小的孩子，越应该尝试非正式量具的使用（见图 3-17）。量具有正式量具和非正式量具之分，非正式量具是指没有精确刻度的量具（如木棍、绳子等），而正式量具则指一些较为精准的仪器（如量尺、烧杯等）。使用非正式量具有助于孩子对生活的观察，提高生活的经验，同时也符合孩子智力发展的特点。教师在测量活动中，要开发孩子的潜能，鼓励他们开动脑筋运用一切可以运用的工具去测量，如自己的手臂长度等。

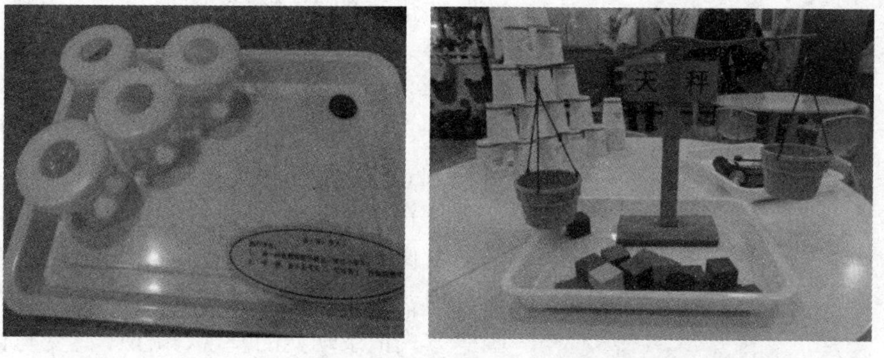

图 3-17　教师自制的测量教具

3. 用正式量具测量时，量具要准确

对年龄大一些的孩子来说，若要使用正式量具（如卷尺、格尺等），教师要协助学前儿童记录精确的刻度，选择的工具刻度要精准。

第六节 信息交流

一、信息交流的含义

信息交流是指学前儿童将所获得的有关周围环境的信息，以语言或非语言的形式来进行表达和交换。语言的方式包括描述和讨论，而非语言方式既指图像记录，也指手势、动作和表情。

学前儿童通过信息交流，使感知周围世界的第一印象在脑中形成的表象，又通过语言或其他形式表达出来，这样不仅使学前儿童对事物的理解更清晰，也有助于学前儿童语言的发展，既促进了他们之间的交往，也使学前儿童与成人之间得到沟通。

二、信息交流的类型

1. 语言的方式

信息交流中语言的方式包括描述和讨论。描述是指幼儿用语言向他人讲述自己在科学探究中的发现、疑问等，讨论是指幼儿之间或者幼儿与成人之间通过语言，交流自己在科学探究中的发现。

幼儿通过语言的方式可以向他人表达自己的发现、想法和疑问等，还可以交流自己使用了什么方法进行科学探究以及从中感受到的情绪体验等。例如，一个幼儿经过观察告诉另一个幼儿："我把两个气球摩擦一下，这两个气球就能粘在一起了……""我用这种办法也可以，你这个是怎么弄的呀？"等等。

2. 非语言的方式

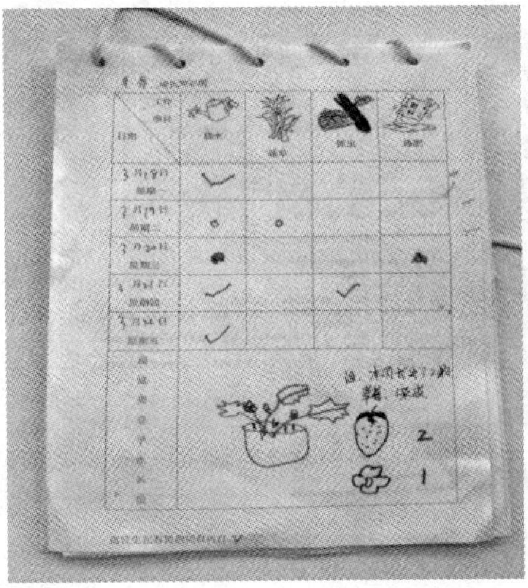

图 3-18　草莓生长情况的图像记录

非语言的方式包括图像记录、手势、动作、表情等。幼儿由于受年龄特点所限制，还不能用文字记录来表现他们的探究和发现，所以图像记录、手势、动作、表情就成了他们主要的交流方式。

（1）图像记录

图像记录是指对自然事物和现象进行观察后，用各种不同方式，如剪贴、数字、表格、绘画等方式记录幼儿的发现、认识、感受与体验（见图 3-18）。

图像记录包括对探究内容的记录，如动植物生长记录、气象记录、参观旅行记录表等。

图像记录既是幼儿观察活动的一个方面及

表达的形式，也是对幼儿进行科学教育的一种手段和方法。它不仅可以培养幼儿观察周围环境的兴趣，使幼儿获得清晰的、深刻的印象，提高幼儿观察的积极性、主动性和能力，而且可以为教师总结幼儿科学教育经验、开展幼儿科学教育研究提供依据和材料。

（2）手势、动作、表情

手势、动作、表情也是信息交流的非语言方式。当幼儿在科学探索中遇到一些难以用语言表达的物体或现象，或情绪特别高或者惊异等情况，常常用手势、动作、表情来进行交流。例如，一名幼儿用夸张的手势说："咱们幼儿园植物角里结出了那～么～大（夸张的手势）的南瓜。"对学前儿童来说，当无法用语言或一时找不到合适的词汇来表达、交流时，允许用这些方式来进行交流是非常重要的。

三、影响幼儿在科学探究活动中信息交流的因素

科学探究活动是一个动态生成的过程。幼儿在信息交流的过程中容易受各种因素的干扰，会出现许多教师意想不到的情况。

1. 来自材料的因素

在探究过程中使用的材料是多种多样的，不是所有幼儿都使用一模一样的材料，这些材料会在材质上、数量上产生差异，由于材料的差异性而影响幼儿的探究结果，幼儿在表达与相互交流中产生分歧，从而导致结果出现差异。

2. 来自教师的因素

（1）教师知识储备欠缺

幼儿在信息交流中会出现一些意想不到的问题，如果教师在备课的过程中缺乏相关的知识储备，会导致探究结果出现意外。例如，在做"蜘蛛网"一课的实验时，有幼儿提出蜘蛛是不是昆虫，昆虫有什么样的特征的问题，如果教师不知道蜘蛛与昆虫的区别，就会给幼儿造成蜘蛛是昆虫的误解，导致幼儿在错误的心理认知的情况下相互交流。

（2）教师课前准备不充分

如果教师在材料选择、实验预演上准备不足，就会造成幼儿探究活动无法进行。例如，在做"救生员"一课的实验时，教师需要准确掌握橡皮泥包裹小铁球的厚度，才能用磁铁把小铁球吸出来，如果太厚了磁铁是不能吸动小铁球的，那么实验就失败了，这样所导致的问题是：幼儿表达不清为什么被包裹住的小铁球不能被磁铁吸引，且在相互交流中也无法分清缘由。

（3）教师的课程组织形式不完善

一方面，在幼儿互相交流的过程中，教师由于自己有一定的知识储备，就急于告诉幼儿答案或结果，导致幼儿没有经过交流讨论的过程就知晓了答案，缺乏探究性；另一方面，教师在遇到自己不了解的知识时，就逃避幼儿的问题，蒙混过关，导致幼儿错误的认知。

3. 来自学前儿童本身的因素

（1）幼儿思维水平的因素

幼儿的年龄小，思维水平有一定的限制，不可能完全理解一些原理性的问题。例如，在“颜色变变变”的实验中，幼儿只需要了解几种试剂放在一起会使水的颜色发生变化即可，至于所发生的化学反应的原理，幼儿是无法理解的。

（2）幼儿的生理因素

幼儿由于自身的年龄特点，自我约束能力差，存在个体差异，当探究活动不能引起每一个幼儿的兴趣时，就会出现一些意外的情况。另外，幼儿的语言表达能力有限，他们对信息的表达大多是不明确的、片段的，属于多变的前语言信息，因此，当幼儿表达得模糊而教师又无法理解时，就会影响探究效果。

四、信息交流活动的指导

1. 语言方面的指导

1）在科学探究活动中，应关注三类语言方面的发展：接受性语言、表达性语言、语义性语言。

接受性语言是指听到的可以理解的词语，表达性语言是指用于交流词语的语言，语义性语言是指不仅了解词的意义，而且能恰当地使用这个词。

2）首先教师要给予幼儿充分的描述、讨论的机会，及时鼓励幼儿用语言表达所获信息。其次，教师要指导幼儿学习用简单明确的语言表达、描述有关科学的发现，使幼儿在理解词义的基础上正确地运用词语，培养幼儿的口语表达能力，使之学会正确的发音。

2. 图像记录方式的指导

（1）要在幼儿获得大量感性经验的基础上进行

教师要让幼儿在观察周围环境时，用各种不同方式记录他们的探究过程、发现、感受和体验。这是幼儿得出探究的结论、分享和交流的基础，这样才能使幼儿信息交流的内容真实和丰富。

图 3-19 图像记录花生发芽

（2）图像记录的形式可多样

从记录内容的连续性来看，可做连续性的观察记录，如“种子发芽”（见图 3-19），也可做单独的、个别性的观察记录，如“秋天的树林”。图像的记录方式还可用表格、数字、符号、形象、曲线等记录学前儿童的发现和认识。学前儿童做记录后，应让儿童自己说明记录的内容，教师也可以在其记录上做简短的说明，使记录更加明白易懂，并具有保存价值。教师要为儿童提供图像记录的条件，如纸张、画笔等，给予他们一定的机会和时间进行记录。因为图像记录需要学前儿童具备一定的绘画方面的技能，因此，适宜在中、大班进行。

第七节 科学游戏

一、科学游戏的概念

科学游戏是指运用自然物质材料和有关的图片、玩具等物品，进行带有游戏性质的操作活动，是对学前儿童进行科学教育的一种有效方法。其中自然材料包括水、石、沙、土、竹、木头、树叶、贝壳、果实等。

科学游戏或寓科学内容于游戏之中，或将自然材料作为玩具，使幼儿在轻松愉快的游戏活动中丰富科学经验，还可以巩固已获得的知识，更可以激发幼儿对科学现象的兴趣和欲望，发展幼儿的观察能力和思维能力等。

二、科学游戏的类型

1. 根据科学游戏利用的材料分类

根据科学游戏所利用的材料，可把科学游戏分为以下四种。

（1）实物游戏

实物游戏是一种利用自然物等材料进行的游戏。利用实物进行的游戏一般是学前儿童的个别游戏，在游戏内容和游戏材料的提供上和区角活动类似，但教师的指令性要求以及干预指导更少。例如，在“树叶画”的游戏中，教师先给幼儿各式各样的树叶，让其观察树叶的形状，并通过观察思考，自己利用合适的树叶制作图画（见图 3-20）。

（2）图片游戏

图片游戏是一种利用科学内容的小图片进行的游戏，包括配对游戏、接龙游戏（见图 3-21）、拼图游戏等。

图 3-20　幼儿园树叶画作品

图 3-21　接龙游戏

1）配对游戏：在配对游戏中，教师可以把各种图形、图片发给学前儿童，让幼儿找到相匹配的一对图片，谁找得多谁获胜。

2）接龙游戏：把一张狭小的卡片对折分成相等的两部分，在两部分上各绘制两种物体的一半，物体的另一半绘制在上一张或下一张卡片上。每个幼儿拿着若干此类的卡片，相互寻找到物体的另一半接上，这样接下去就可以接成一条长龙。

图 3-22 “拼图游戏”作品

3）拼图游戏：拼图游戏最典型的就是七巧板。现代七巧板是由一块正方形切割为五个小勾股形，将其拼凑成各种事物图形，如人物、动植物、房亭楼阁等，可一人玩，也可多人进行比赛。还可将有内容的图片分成若干片，在游戏中，团结协作，将部分图片拼成整体（见图 3-22）。

（3）科技玩具游戏

这一类游戏是幼儿利用声控、电控、惯性、磁控等科技玩具进行的游戏，将玩与探索自然科学结合起来，以获取科学经验，培养能力与兴趣。

例如，万花筒、三棱镜、放大镜等都是很好的玩具。教师只需把此类玩具放在活动区里，儿童就可以按照他们的兴趣来选择游戏内容，教师也不必提出什么问题，只需要让儿童自由地探索即可。

（4）语言游戏

利用语言进行的游戏是指儿童在具有感性经验的基础上，脱离事物和图片，仅仅用口头语言进行的游戏。例如开店游戏，让孩子们竞相介绍店里的商品以招揽顾客。这种游戏不需要大量辅助性的材料，简单易行，只要组织得当，孩子们兴趣就很高。

2. 根据科学游戏的作用分类

根据科学游戏的作用，可将科学游戏分为感知游戏、分类游戏和运动游戏三类。

（1）感知游戏

感知游戏是指学前儿童通过感觉器官，感知、辨别自然物体的属性和功能。例如游戏“奇妙的口袋”，让幼儿蒙住眼睛，就靠将手伸进口袋里面触摸判断出口袋里装的是什么物品。再如游戏“听听谁在叫”，幼儿靠听不同动物的叫声，判断是什么动物在叫。这些游戏都属于感知游戏。

（2）分类游戏

分类游戏指幼儿根据自然物的相似点和不同点进行区别分类的游戏。例如将物体按同类性质进行分类：把水果和蔬菜、飞禽和走兽、水生动物和陆地动物、能浮的和会沉的、能被磁铁吸住的和不能被磁铁吸住的等进行分类，并开展“看谁分得对又快”的竞赛性游戏。

（3）运动游戏

运动游戏适宜在室外进行，活动量较大，如踩影子、吹泡泡、玩水、玩沙、堆雪人、跷跷板、放风筝、玩风车、打电话等，通过这类游戏，让幼儿亲身感受并进一步理解事物的特性及科学现象发生的因果关系。

三、科学游戏的选编与指导

科学游戏的选编与指导应该遵循一般游戏的要求，但也有其特殊的地方。

1. 注意游戏的科学性、趣味性、活动性、规则性

游戏的科学性是指教师在为幼儿选择、编创科学游戏时，要保证游戏内容知识是准确的，符合科学教育的目的。同时，游戏所涉及的内容及要求，以及游戏开展的规则，都是难易适中的，是幼儿能够理解及开展的。趣味性是指游戏内容要有趣，开展的过程要有变化，能激发幼儿的好奇心。活动性是指游戏的结构应该是幼儿的探索过程，幼儿在游戏过程中，既要有外部的操作感知或身体运动，能满足幼儿爱活动的需要，又要有内部的智力活动，是需要幼儿努力进行思考的游戏，而任何游戏都会有规则，否则就无法进行，科学游戏也是如此。

2. 让幼儿有充分活动的机会，师生共同游戏

在游戏中，教师不仅是一个组织者，还是一个参与者，教师参与游戏，能够提高幼儿科学游戏的兴趣，了解游戏蕴含的科学经验，对幼儿的活动也是一种积极的肯定。

第八节　早期科学阅读

一、早期科学阅读概述

（一）早期科学阅读的含义

早期科学阅读是指学前儿童阅读蕴含科学知识的作品。这也是学习科学的一种方法。这些作品包括动植物、人体、生态与环境、自然科学现象、科学技术等方面的内容。早期科学阅读的目的在于积累科学知识、习得科学经验、提高科学素养。它既是一种认识活动，也是一种文学欣赏活动，是获得间接经验的接受学习。

作为一种科学教育的途径，早期科学阅读与观察、实验、种植与饲养、分类、测量等科学教育方法同等重要。

（二）早期科学阅读的特点

1. 科学性

学前儿童的科学阅读作品与其他学前儿童作品的区别在于其突出的科学性特点，即每一篇阅读材料，在内容上都体现一定的科学道理。

2. 文学性

学前儿童科学阅读作品必须同时又具有文学性的特点，作品以丰富的想象、虚构的故事情节、生动的对话、形象的任务、美好的情景、富有音乐美的语言等，感染孩子们从中主动学习科学知识，汲取科学精髓。

3. 儿童性

学前儿童科学阅读作品必须从学前儿童的特点出发，适合他们的心理、生理发展，做到科学内容浅显易懂，文学形式生动有趣，确保适合学前儿童健康、有益的情感和积极浪漫的情调。

二、早期科学阅读作品的类型

早期科学阅读作品的类型包括科学诗歌、科学童话、科学故事、谜语等。

1. 科学诗歌

科学诗歌以向幼儿普及科学知识为主要目的，是科学内容与诗歌形式相结合的产物，科学诗歌包括科学叙事诗、科学抒情诗、科学儿歌、科学歌谣等。

案例 3-11

数数儿歌

你拍一，我拍一，一个小孩坐飞机。
你拍二，我拍二，两个小孩丢手绢。
你拍三，我拍三，三个小孩来搬砖。
你拍四，我拍四，四个小孩写大字。
你拍五，我拍五，五个小孩敲锣鼓。
你拍六，我拍六，六个小孩拣豆豆。
你拍七，我拍七，七个小孩穿新衣。
你拍八，我拍八，八个小孩吃西瓜。
你拍九，我拍九，九个小孩齐步走。
你拍十，我拍十，十个小孩在学习。

这首歌短小浅近、朗朗上口、富于情趣，让幼儿在念儿歌的同时就认识了数字。

2. 科学童话

科学童话又称知识童话、自然童话，是用童话的艺术形式向幼儿传授科学知识，达到童话性和科学性相统一的一种方法。

与一般童话相比，科学童话具有一定的知识性，它是以科学知识为内容的，所表现的主题也与自然科学有关。科学童话与一般文学童话的区别在于，它把科学内涵和童话构思结合起来，即把科学的理性、概念化作为幻想的感性形象，科学童话所涉及的知识内容一般较为单纯，它并不承担普及科学的任务。

案例 3-12

搬 木 头

一天，小猪、小熊和小猴来到绿油油的森林里搬木头，因为，它们想盖房子。

它们来到堆木头的地方，看到了又大又粗的木头，心想：这么大的木头，怎么搬啊？小猪说："我不能用鼻子。"于是，它用又圆又粗的嘴巴拱着一根木头走了。小熊看到小猪走了，它想：我的身体壮实，力气又大，就用肩膀扛。它扛着木头走了。小猴看到它们都走了，着急起来，眨着眼睛，想办法，听到河水流动的声音，它想到了办法。于是，它找到了一根绳子，将木头的一头紧紧地拴住，放进河里，河水推动着木头流得很快，不一会儿就到家了。

回到家里，大家都夸小猴的办法省力速度又快。

3. 科学故事

科学故事是科学内容和故事形式相结合的产物。把科学技术上的发现、发明，常见自然现象的科学道理，动植物的生活习性或其他物体的特征、性能等知识融于有人物、情节的故事之中。科学故事主要有科学生活故事、科学幻想故事、科学家的故事等。

案例 3-13

雨　衣

1747 年，法国工程师弗朗索瓦·弗雷诺制造出世界上最早的雨衣。他利用从橡胶木上获得的胶乳，把布鞋和外套放在这种胶乳溶液中进行浸涂处理后，就可以起到防水的作用。

在苏格兰橡胶厂工作的麦金托什因生活窘迫，无力购买雨具，每逢雨天，只能冒雨上下班。1823 年的一天，他不小心将橡胶汁沾满衣裤，怎么也擦不掉，只好穿着这身脏衣服回家。室外阴雨绵绵，麦金托什回到家却惊喜地发现，穿在里面的衣服一点儿都没有湿，他索性将橡胶汁涂满全身衣服，这就是世界上第一件胶布雨衣。

4. 谜语

谜语主要指暗射事物或文字等供人猜测的隐语，也可引申为蕴含奥秘的事物。谜语源自中国古代汉族民间。它历经数千年的演变和发展，是古代汉族劳动人民集体智慧创造的文化产物。

案例 3-14

谜语五则

一个黑孩，从不开口，要是开口，掉出舌头。【谜底】瓜子

五个兄弟，住在一起，名字不同，高矮不齐。【谜底】手指

人脱衣服，它穿衣服，人脱帽子，它戴帽子。【谜底】衣帽架

屋子方方，有门没窗，屋外热烘，屋里冰霜。【谜底】冰箱

两只小口袋，天天随身带，要是少一只，就把人笑坏。【谜底】袜子

三、早期科学阅读活动的实施建议

早期科学阅读作为学前儿童科学学习的一种方法，对学前儿童获得科学知识、掌握科学方法，形成积极的科学态度与精神有一定的作用。因此，幼儿园应整合和运用各方面的资源，构建适宜的科学阅读活动内容体系，采取多种方式进行指导。

1. 选择适合学前儿童阅读的科学图画书

早期科学阅读活动内容的载体主要是科学图画书。因此，开展早期科学阅读活动，首先要选择一系列适合学前儿童阅读的科学图画书。选择和甄别适合学前儿童阅读的科学图画书时，可参考以下原则。

（1）富有科学性与艺术性

科学性是对所有科普作品的基本要求。科学教育旨在发展学前儿童学科学、爱科学，初步学习使用科学的能力和志趣，因此，所选择的科学图画书内容必须真实准确、有条理，并且有正确的科学依据。除此之外，科学阅读是在艺术的、审美的层面丰富学前儿童对科学的理解和体验，因此适宜的科学图画书，还应有鲜艳的色彩、美观的构图及健康的内容，使学前儿童在阅读中得到美的熏陶，体验科学与艺术的完美结合。

（2）富有启蒙性与启发性

学前儿童科学教育的目的是科学启蒙，而不是培养“小科学家”。科学图画书的内容要符合学前儿童的年龄特点，适合学前儿童已有的知识基础、理解水平和生活实际，让学前儿童在教师的指导下，能通过自己一定程度的努力达到阅读目的。同时，虽然科学阅读本身不是一种探究活动，但好的科学图画书能启发、引发学前儿童的科学探究。因此，选择的科学图画书应能促使学前儿童发现问题，能激发他们去调查和探究，能启发其自主去生活中寻找答案。

（3）富有教育性与趣味性

科学图画书在反映科学内容时，尤其要考虑其教育性，不但要启发学前儿童动手动脑，而且要为学前儿童的发展提供各种教育经验。由于学前儿童的学习和玩耍是交织在一起的，再加上学前儿童的注意力还不稳定，因此选择的科学图画书应能吸引学前儿童较长时间的注意，具有趣味性。

2. 构建以年龄班级分层的科学阅读活动内容体系

早期科学阅读活动内容体系的构建，应从学前儿童年龄特点和接受心理入手，分年龄班级进行富有层次性的内容设置。从幼儿园层面来说，应根据小班、中班、大班的特点，构建符合本园实际的学前儿童科学阅读活动内容体系。对于小班，应选择一些情节简单、篇幅短小、角色少、形象鲜明，语言简单的、贴近学前儿童生活的科学图画书；对于中大班，应选择有一定情节、角色较多，语言优美、词汇丰富，主题明确、内容有一定连贯性的、贴近学前儿童生活的科学图画书。从具体的科学图画书阅读层面来说，小、中、大班的阅读内容应有一定联系但各有侧重。以科学图画书阅读活动“认识动物”系列为例，小班在阅读活动中主要是感知动物有不同的种类，初步认识动物有眼睛、嘴巴等自然属性，对动物产生兴趣；中班在阅读活动中了解动物的饮食、运动方式，进一步探究动物习性，树立爱护动物的意识；大班在阅读活动中进一步了解许多动物的栖息地、食物链等深层次的特点。

思考与实践

1．学前儿童科学教育的方法主要有哪些？

2．以实例说明观察活动的指导要点。

3．以实例说明如何选编与指导科学游戏。

4．活动分析：在分组讨论的基础上，全面分析下面的案例“呀，彩虹！”，哪些地方值得学习？哪些地方存有争议？你是否有更好的建议或改进办法？

呀，彩虹！（大班）

一、设计思路

彩虹是日常生活中常见的自然现象，由于彩虹的美丽和转瞬即逝，所以彩虹在学前儿童心目中带有一定的神秘色彩。为了满足幼儿在玩中学，乐中学的要求，将生活中的自然现象和实验密切结合。

二、活动目标

让幼儿在游戏中进行科学探索，满足幼儿的探索欲望。

三、活动准备

镜子、一盆水等。

四、活动过程

（1）导入活动

给幼儿展示彩虹的图片或者视频，提出诸如“小朋友们在生活中见过彩虹吗？”“谁能描述一下彩虹是什么样的？”“彩虹中有几种颜色？”等问题，引发幼儿对彩虹的好奇心，并产生亲手模拟出彩虹的想法。

（2）制作彩虹

教师演示：将盛满水的水盆放在一面能照到阳光的墙面旁边，把镜子斜插入水盆中，镜面对着阳光，在水盆对面的墙上就能看到美丽的彩虹。

五、活动评价

将镜子插入水中时，在阳光的照射下，在对面的墙上会看到彩虹，通过这个实验可以让幼儿了解光的折射作用。在活动中，幼儿已经开始慢慢尝试用自己的探索和操作去思考和行动，开始逐渐主动地去学、去探究，并且做到大家一起互相帮助，尝试做学习的主人。

第四章 学前儿童的数学认知教育

数学认知是学前儿童科学教育的一个子领域，是学前儿童在对自然环境中事物和现象的认识基础上所形成的对其逻辑关系的理解。儿童早期数学认知能力的发展包括儿童对数、计算、空间/几何、测量和模式的认知能力。它有助于儿童发现客观世界的规律性和有序性。

儿童早期的数学学习和发展是指他们在与周围环境的互动中自发地或在成人的引导下习得数的知识、技能，发展数学认知能力的过程。它强调儿童对自己周围环境中的数学问题的关注和兴趣，强调在日常生活中通过感知、体验和操作活动理解数的抽象关系，并在解决问题的过程中运用所学的数学知识，逐步发展逻辑思维能力[①]。

第一节 学前儿童数学教育概述

学前儿童数学教育是有目标、有计划地支持和引导幼儿进行主动操作、探究，获得对周围世界中的数、量、形、空间和时间等关系与形式的理解与认识的教育活动。通过学前阶段良好的数学教育，不仅可以逐渐积累数学的感性经验，建构表象水平上的初步数学概念，学习简单的数学方法和技能，为以后形成正确的数学观念和概念打下基础，而且可以培养对数学学习的兴趣，为日后的小学数学学习乃至终身的数学学习奠定情感、态度的基础。

一、学前儿童数学教育的意义

（一）有助于幼儿形成对生活和周围世界的正确认识

数学是研究现实世界的空间形式和数量关系的一门科学。幼儿从呱呱坠地到牙牙学语，再到蹒跚学步，在他所生活的周围环境中，形形色色的物体均表现为一定的数量、形状、大小并以一定的空间形式存在。因此，儿童自出生之日起，就不可避免地要和数学打交道。掌握一些简单的数学初步知识和技能，能使幼儿更好地认识客观世界，更好地与人们交往，解决生活中遇到的各种有关问题。例如，在生活中，他们要用词汇“大小”来判别、表示和索取物体，“我要大的!”幼儿总是喜欢这样表达他们的愿望。“请玲玲给妈妈搬个圆凳

① 周欣，2013.《指南》“数学认知”目标解读［J］. 幼儿教育，(6).

子!”幼儿需要具备简单的图形知识才能完成任务。在认识自然界绚丽多彩的现象和事物时，总是要和数、形知识的获得和运用结合在一起，才能达到客观而准确地认识事物的目的。例如，认识小白兔的外形特征离不开必要的数学知识，幼儿必须知道小白兔有两只长长的耳朵、两只红眼睛、三瓣嘴唇、四条腿，还有一条短尾巴，这里 1、2、3、4 都包括在内了。又如早操儿歌：早早起，做早操，伸伸腿，弯弯腰，两手向上举，还要跳一跳。其中包含了对时间（早上）、数（两手）、空间定向（向上）等方面的简单数学知识。人们的生活中充满了数学，特别在当前科学技术迅猛发展的时代，互联网、智能家电等充斥在人们周围，对个人数学认知能力提出更早、更高的要求。因此，向学前儿童进行数学启蒙教育，既是幼儿生活的需要，也是其正确认识周围世界的需要，更是其未来发展的需要。

（二）有助于培养幼儿的好奇心、探究欲及对数学的兴趣

从年龄特点来看，幼儿对外界事物的好奇心极强，好奇心会驱使他们去关注、尝试探索周围事物和环境。这种好奇心和探究欲，可以引发孩子对数学活动的兴趣，并由此形成对周围世界的积极态度。通过提供丰富、具体、形象的物质材料，开展生动有趣的学前儿童数学教育活动，既可以保护和发展幼儿的好奇心，使幼儿能在主动的探索、学习过程中，自己发现问题、提出问题、解决问题，养成对待智力活动的良好态度和主观愿望，同时又可以避免从现实物质世界中抽象出来的“数学”知识的枯燥化和模式化。因此，有目的、有计划的数学启蒙教育，为幼儿亲自参与各种数学活动并从中得到积极的反馈提供了良好的机会，能够引发幼儿主动学习，激发其探索数学的天赋能力和创造能力，进而逐渐产生对数学的持久兴趣。

（三）有助于培养幼儿的思维能力及良好的思维品质

苏联教育家加里宁曾经指出“数学是思维的体操”，向幼儿进行初步的数学教育是发展幼儿思维能力的一个重要而有效的途径。有研究表明，最基本的数学结构和幼儿的运算思维结构之间有着非常直接、密切的联系。思维按其抽象性可分为直觉行动思维、具体形象思维和抽象逻辑思维，而幼儿期的主要思维方式是具体形象思维，它是在直觉行动思维的基础上发展起来的，同时又是抽象逻辑思维的基础。因此，培养幼儿初步的抽象逻辑思维必须首先依靠幼儿的具体形象思维。数学本身具有抽象性，例如自然数 3，它可以代表 3 个足球、3 只小猫、3 辆汽车等一切数量为 3 的具体事物的集合，3 就是从这些具体事物的集合中舍去足球、小猫、汽车等具体特点，仅抽象出其数量关系的结果。幼儿在初步数学概念的获得以及进行简单的运算过程中，经过分析与综合、抽象与概括、判断与推理，由对感知到的材料的感性认识逐步上升到理性认识。例如，运用不同材料，通过各种活动形式，让幼儿反复多次感受同样数量的多种物品，在取得丰富感性经验的基础上，初步抽象出它们在数量方面的共同特征，会正确点数并说出总数，从而达到初步理解某数实际意义的目的。在这个过程中，不仅幼儿的具体形象思维得到了进一步的发展，而且通过幼儿的具体形象思维的发展，也促进了幼儿抽象思维能力和推理能力的初步发展。

敏捷性、灵活性是思维在智力品质上的特点，是衡量思维水平的主要标志。敏捷性通常是指思维活动的速度，即反应的快与慢；灵活性是指思维的灵活程度，即善于改变思维

的方向，从不同方面思考问题，灵活运用知识。在学前儿童数学教育活动中，有许多活动内容可以培养幼儿良好的思维品质。例如，让幼儿根据物体的某一特征（颜色、大小、形状或其他特征）进行多种角度的分类、排序活动；用不同的方法使两排数量相差 1 的物体变成一样多；10 以内的加减运算；等等，这些活动均要求幼儿能够变换思维方向，对同一对象从不同方面进行观察、思考，加快思维的速度，进而提高幼儿思维的敏捷性和灵活性。

总之，学前儿童数学教育能促进幼儿思维能力的发展和思维品质的培养。

（四）有助于日后的数学学习

据相关调查结果显示，学生在小学阶段的语文和数学学习成绩高低与其在入学前是否接受过良好的启蒙教育相关[①]。在学前儿童教育阶段，通过幼儿周围的生活环境和设计包含数学内容的游戏活动，让幼儿接触和认识一些粗浅的数学基本知识，逐渐积累数学的感性经验，同时运用数学与其他学科间的横向联系，形象化地让幼儿感知数学的美（科学美、抽象美、创造美），数学的真实、正确、新奇、普遍和有用，为幼儿形成正确的数学观念和概念打下基础。所以，进行学前儿童数学教育无疑有利于幼儿在小学阶段的数学学习，为日后的数学学习打下基础。

二、学前儿童数学教育的目标

数学作为科学领域中的一个重要组成部分，其总目标涵盖了儿童发展的认知、情感与态度以及操作技能等三方面。它强调学前儿童对数学学习的兴趣和积极的情感体验；强调学前儿童在真实情景中理解和应用数学的能力的发展；强调学前儿童在日常生活中发现和解决问题能力的发展。学前儿童数学教育的目标是一个有机的整体，可以分解为学前儿童数学教育目标、年龄阶段目标和数学教育活动目标三个层次。

《纲要》指出，学前儿童数学教育的目标为“能从生活和游戏中感受事物的数量关系并体验到数学的重要和有趣”，这是学前儿童数学教育总的任务要求，即“引导幼儿对周围环境中的数、量、形、时间和空间等现象产生兴趣，建构初步的数概念，并学习用简单的数学方法解决生活和游戏中某些简单的问题”。在《指南》中，数学认知领域的目标分为：“初步感知生活中数学的有用和有趣；感知和理解数、量及数量关系；感知形状与空间关系。”其中每一条目标又按年龄阶段分为不同层次的目标。年龄阶段目标一般以小、中、大班为界，指一年内的阶段发展目标。

数学教育活动目标是指在一次教育活动中应追求的主要目标，既可作为“系列活动”目标，作为一组需要连续、逐步达到的目标，也可视作“独立活动”目标。为了让教师在教育活动中，能够将注意的焦点集中在关心儿童变化、研究儿童发展上，在制订数学教育活动目标时，尽可能从学前儿童的角度出发采用发展目标来表述，即用具体的、可操作性的、行为化的语言加以描述，如在描述认识 10 以内基数的教学目标时可描述为：“学会数数，按数取（找）物，按物找数，并通过操作活动进行 10 以内物体的计数，通过体验来说出并理解总数。”另外，提出数学教育活动目标时，还应与活动的知识内容紧密联系，即教师在

① 黄瑾，2016．学前儿童数学教育［M］．上海：华东师范大学出版社．

引导儿童学习某一知识内容时，应充分调动儿童的主动性和积极性，让儿童在活动中通过自己的探索与发现，获得有关的数学经验。在探索与发现的过程中，儿童的认知能力、情感与态度、动作与技能也就能得到相应的发展。此外，数学教育活动目标还要与数学教育总目标、年龄阶段目标相一致，只有相互衔接，才能使儿童在数学教育活动中获得更好的发展。

三、学前儿童数学教育的内容

学前儿童数学教育所涉及的内容多且广，综合现有政策文件中的有关规定及相关研究成果，学前儿童数学教育的内容主要包括以下几方面。

1. 感知集合

1）感知、比较、描述集合中物体的特征。

2）运用一一对应的方法比较两组物群数量的相等或不等。

3）按照物体的用途、类概念等不同的标准进行分类。

4）理解并掌握与分类有关的词语。

2. 数与运算

1）10 以内数的点数、说出总数，顺数、倒数和按群计数。

2）10 以内的相邻数。

3）10 以内数的组成与加减运算。

4）认读和书写 10 以内的阿拉伯数字。

5）按数取物与数的守恒。

3. 量的比较及自然测量

1）区别大小、长短、粗细、高矮、厚薄、宽窄、轻重、容积等物理量的特征。

2）能按量的差异进行正、逆排序。

3）初步形成量的守恒概念。

4）初步感知量的传递性、相对性和可逆性。

5）开展自然测量。

4. 空间的感知

1）初步认识空间方位：上下、前后、左右、里外、远近等。

2）感知空间方位的相对性与传递性。

3）认识平面图形：圆形、正方形、三角形、长方形、半圆形、椭圆形、梯形。

4）感知立体图形（几何体）：球体、圆柱体、正方体、长方体。

5）理解图形之间的简单关系。

5. 时间的感知

1）感知、识别早晨、中午、晚上，白天、黑夜。

2）理解昨天、今天、明天的概念及其顺序性。

3）初步认识星期、月、四季、年的名称及顺序。

4）认识时钟（长针、短针及其功用，认识整点和半点）和日历，初步尝试管理和安排自己的时间。

6. 模式的感知

1）识别、复制和扩展重复模式和递增模式。

2）创造简单的模式结构，用简单的语言进行描述和概括。

3）识别和发现生活环境中的模式序列。

对学前儿童而言，不同年龄阶段学习和掌握的内容也有所不同，如表 4-1 所示。

表 4-1 各年龄段学前儿童数学教育的内容与要求

内容	小班	中班	大班
感知集合与分类	1．根据范例和口头指示从一堆物体中分出一组物体 2．按物体的某一特征（颜色、大小、形状等）进行分类 3．区分“1”和“许多”，并理解它们的关系 4．学会以一一对应的方法来比较两组物体的多少和一样多（物体个数在 5 以内）	1．能从一堆物体中把不属于这一集合的元素找出来 2．按物体量的某一特征（高矮、粗细、厚薄等）进行分类 3．按物体的数量分类 4．进一步以对应方法比较不同类物体的多少和一样多（物体个数在 10 以内）	1．初步理解集合的包含关系，能根据指示找出集合中的子集 2．初步感知集合中的交集、并集、补集 3．按物体两种（或两种以上）特征进行分类 4．学习自由分类 5．学习按标记进行逐级分类 6．比较两个集合的对应关系，能说出其对应法则
10 以内的数概念	1．手口一致地点数 5 以内的物体，理解数的实际意义 2．能按数取物（5 以内）	1．正确点数 10 以内的物体，理解数的实际意义 2．能按数取物或按物取数（10 以内） 3．理解 10 以内相邻两数间的多“1”和少“1”的关系 4．初步认识 10 以内数的守恒 5．认识 10 以内的序数 6．学习 10 以内的数顺着数和倒着数 7．认读 10 以内的阿拉伯数字	1．认识零 2．学习单数、双数和邻数。了解 10 以内相邻数间的等差关系 3．学习目测数群及按群计数 4．学习 10 以内的数的组成，理解总数和部分数间的等量、互补、互换关系 5．正确书写 10 以内的阿拉伯数字
10 以内数的加减运算			1．学习简单的口述应用题 2．学习用数的组成进行 10 以内的加减运算及列式
量的比较及自然测量	1．比较物体的大小和长短 2．从 5 个以内物体中找出并说出最大的和最小的物体 3．按物体的外部特征（颜色、形状等）或量的差异特征（大小、长短等）进行 3 个及以上物体的正排序 4．能按一定规则指示排序（序列数在 3 以内）	1．比较粗细、厚薄、高矮、轻重不同的两个物体 2．从几个物体中找出等量的物体 3．按物体量的差异（粗细、厚薄、高矮等）和数量不同进行 6 以内的正、逆排序 4．能按一定规则指示顺序（序列数量在 6 以内）	1．比较远近、宽窄、体积不同的两个物体 2．初步学习量的守恒 3．按物体量的差异和数量不同进行 10 以内的正、逆排序 4．按一定规则自由排序，并初步理解序列之间的传递性和双重性关系 5．学习自然测量
认识几何形体	1．认识、区分圆形、三角形和正方形 2．能用圆形、正方形、三角形进行组合拼搭	1．认识长方形、椭圆形和梯形 2．能按平面图形角和边的数量正确区分、辨认不同的图形（形的守恒） 3．初步理解平面图形间的简单关系 4．用 6 种平面图形进行组合拼搭	1．认识、区分球体、正方体和长方体、圆柱体 2．寻找、区分、理解平面图形和立体图形间的关系 3．学习几何图形的二等分、四等分，知道整体和部分间的分合关系
空间和时间概念	1．以自身为中心区分上、下的空间方位 2．认识早、晚（白天、黑夜）的时间概念及代表性的日常变化	1．以自身为中心区分前后、里外的空间方位，逐步学习以客体为中心区分前后方位 2．会按指定的方向（向上、向下或向前、向后）运动 3．认识昨天、今天、明天的时间概念	1．以自身为中心区分左右方位，逐步学习以客体为中心区分左右 2．会向左、向右方向运动 3．认识时钟，学会看整点和半点 4．学会看日历，知道年、月、星期、日的名称及顺序

四、学前儿童数学教育的途径

学前儿童数学教育的途径是指实施数学教育所采取的灵活而丰富多样的活动组织形式。除了家庭早期的数学启蒙以外，学前儿童数学教育活动是教育者有意识地对幼儿进行数学启蒙教育的过程，它有着特定的教育目标和内容，它是将学前儿童数学教育目标转化为幼儿发展的主要环节。不同的教育途径和活动方式为幼儿提供不同的学习机会，幼儿从中获得不同的体验与经验。因此，教师应根据具体的教育目标和内容，选择适宜的途径。

根据结构化程度，学前儿童数学教育途径可分为结构化的数学教育活动与非正式的数学教育活动。

（一）结构化的数学教育活动

结构化的数学教育活动是指教师有目的、有计划地组织的数学教育活动。这种活动由教师发起，教师对实施背景、实施程度都有精心的设计。这种活动可以面向集体展开，也可以面向小组或个体展开。

面向集体的结构化活动，是指班上所有幼儿在同一时间按照同样步骤学习同一内容的数学课。例如，大班学习正方体时，教师先让幼儿触摸感知正方体，然后让幼儿说出日常生活中见到的正方体，最后让幼儿用预先准备好的硬卡纸折出正方体。这种活动的计划与准备工作相对简单，在实施过程中教师对幼儿的直接指导比较多，教师对活动的掌控力比较强。因此，这种活动易于组织。另外，这种活动是面向所有幼儿进行的，节省人力，信息传播面大。因此，这种活动比较适合基本知识技能的学习与复习，能够为每个幼儿提供系统的、有序的数学经验，且适用于幼儿人数多、教师人数少的班级。但是，因这种教学活动是面向集体的，教师较难与幼儿个体有深入的互动，容易忽略幼儿学习的个体差异，较难照顾幼儿个体的个别需求。

面向小组或个体的结构化活动，与面向集体的结构化活动的组织方式相似。但因参与的幼儿人数相对较少，教师可与幼儿有较深入的、持续的互动，因此可较敏感地对幼儿的学习水平与需求做出及时回应，从而弥补集体的结构化活动表现出的局限性。但是，由于这种活动对师幼比要求较高，一般的幼儿园教师数量有限，不可能完全采用这种形式的活动，往往是与其他形式的活动结合进行的。

（二）非正式的数学教育活动

非正式的数学教育活动是渗透在日常生活和游戏及其他领域的教育活动中，由教师结合偶发事件随机开展的数学教育活动。例如，户外活动结束后，两名幼儿帮着教师收拾皮球。两名幼儿争执着说自己捡得多。一名说：“我的都满了，我的多。”另一名说：“我的都是小球，我的多。”教师听到后，问两名幼儿：“你们都说自己捡的球多，那咱们比一比，看到底谁的多？”两名幼儿蹲下来数了数各自的球数，原来小球多。教师接着问：“为什么他的球多，但筐子还没有满？而他的球少，但筐子是满的？”一名幼儿说，“因为我的球大，所以满，而他的球小，所以不满。”教师接着问：“那球的个数和球的大小有关系吗？”……在这个例子中，教师根据幼儿在游戏中自发出现的有关数的守恒的争论及时加以引导，进行了相应的教育。

由于非正式的数学教育活动是基于幼儿的自发活动，所以带有较强的偶然性和随机性。若完全采用这种形式的活动开展数学教育，则无法保证幼儿能够获得完整的、系统有序的数学教育。另外，这种活动要求教师必须有较强的目标意识和观察分析能力，能够敏锐地观察，及时捕捉教育的契机，对幼儿的活动加以引导和指导，进行随机教育。

有关幼儿园教育质量和有效性的研究表明，在教师发起的结构化活动和幼儿发起的自主活动之间取得平衡的幼儿园教育才是高质量的教育。所以，在开展数学教育时，强调结构化的数学教育与非正式的数学教育相结合，一方面应向幼儿传递系统的数学概念和数学知识，另一方面要在幼儿园一日生活的各个环节中渗透数学教育的内容，从不同角度帮助幼儿获取数学经验。

第二节 学前儿童感知集合的教育

长期以来，人们普遍认为，儿童数概念的获得是从计数开始的，所以在教儿童学习数学时往往从数数开始。事实上，在儿童能够数数之前对物品的数量就已经有一定的感知和区分能力，而这正是儿童对集合的感知和理解能力的一种体现。本节就集合的相关知识及学前儿童感知集合教育中的相关问题进行介绍。

一、有关集合的基本知识

（一）集合与集合中的元素

在数学中，把具有某种相同属性的事物的全体称为集合。在日常生活中，经常把同类事物归在一起，如把梨、苹果、橘子……归在一起，称为水果；把汽车、火车、飞机、轮船……归在一起，称为交通工具。“共同属性”既是一组事物组成一个集合的依据，又是一个集合区别于其他集合的标志。

组成集合的每一个对象叫作这个集合的元素。一般而言，集合中的元素具有以下三个性质：① 互异性，即集合中任何两个元素都是不同的。例如，一个集合可以表示为{4，2}，但不能表示为{4，2，2}。② 确定性，即对于一个给定的集合，集合中的任一元素都是确定的，元素的意义是明确的。例如，“个子高的小朋友”就不能看作一个集合，因为个子高是一个相对概念，达到怎样的高度算“个子高”，这是不确定的，符合这一特征的元素具有不确定性，所以难以形成一个集合。③ 无序性，即指构成一个集合的元素是无序的。例如{1，3，5，7，9}与{3，9，7，5，1}就是两个完全相同的集合，即无须考虑元素之间的顺序，只要元素相同，就可认为是同一集合。

（二）集合的分类与表示方法

根据集合中元素的数量，可将集合分为有限集合、无限集合和空集合。有限集合是指由有限个元素组成的集合，如幼儿园里小朋友的集合、10 以内自然数的集合等。无限集合是指由无限个元素组成的集合，如自然数的集合。空集合是指集合中一个元素也没有，如中一班教室里一个小朋友都没有了。

集合的表示方法一般有列举法、描述法和文氏图（韦恩图）法。

列举法即将集合中的所有元素一一列举出来，写在大括号{}里，用来表示这个集合的方法。例如，4 以内正整数的集合 A 可表示为：$A=\{1，2，3，4\}$。

描述法即用语言或数字表达式将集合中元素的公共属性描述出来，写在一个大括号里，以表示一个集合的方法。例如 $A=\{$5 的相邻数$\}$。

文氏图（韦恩图）法就是用一条封闭曲线将集合中的元素圈起来，象征性地表示某个集合的方法。例如，橙色的圆圈（集合 A）可以表示两足的所有活物，蓝色的圆圈（集合 B）可以表示会飞的所有活物，橙色和蓝色的圆圈交叠的区域（叫作交集）包含会飞且两足的所有活物，如鹦鹉。由于文氏图法能较直观地看出元素和集合间的关系，易于幼儿感知和理解集合，所以在幼儿数学教学中被广泛使用。例如在教幼儿计数时，在手口一致点数的基础上，最后在点数物的外面用手画一个集合圈，并说出总数。

（三）集合间的关系与运算

集合之间存在包含关系和相等关系。

包含关系是指对两个集合 A 与 B 来说，A 中的任何一个元素都是 B 中的元素，则称集合 A 包含于集合 B，集合 A 可称作集合 B 的子集。例如苹果集合是水果集合的子集，狮子集合是动物集合的子集等。包含关系是整体与部分的关系，感知集合的包含关系便于幼儿理解类包含概念。

相等关系是指两个集合间的元素是完全相同的，如 $A=\{$10 以内的偶数$\}$，$B=\{2，4，6，8，10\}$，则 $A=B$。

就像数与数之间可以进行加减乘除运算一样，集合之间也存在运算，最基本的运算是交集、并集、补集、差集等运算。由同时属于两个集合的元素所组成的集合称为两个集合的交集。所有属于两个集合的元素组成的集合称为两个集合的并集。由全集中所有不属于该子集合的元素组成的集合称为该子集合的补集，由属于一个集合而不属于另一集合的元素组成的集合是差集。图 4-1 所示的阴影部分分别表示两个集合的交集、并集、补集、差集的不同运算。

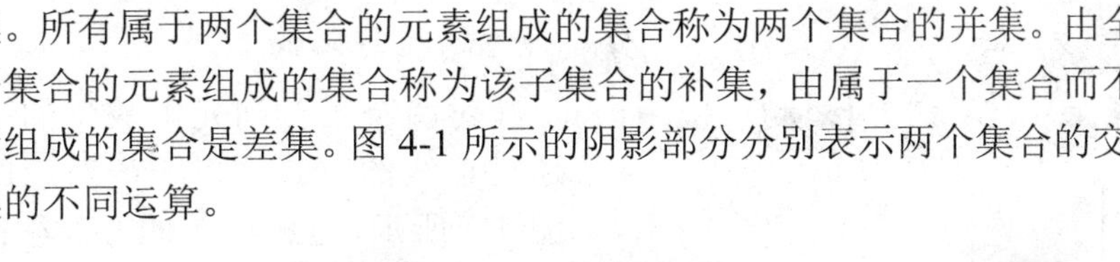

图 4-1　集合间的关系

二、学前儿童感知集合的教育

在学前儿童数学教育中渗透集合的思想，可以为幼儿理解和掌握数学概念奠定坚实的基础，具体涉及的教育内容有以下四部分。

（一）“一一对应与数量比较”的教学

“一一对应”指集合 A 中的每一个元素都与集合 B 中的每一个元素匹配，如果两个集合间能够建立一一对应关系，就意味着这两个集合中的元素数量相等。“一一对应”概念在幼儿早期就已萌芽，它在幼儿世界里是生动有趣的，是每一个幼儿都可以经常体验和感受到的。例如，每只小脚丫穿一只鞋、每只小手戴一只手套、每个人坐一把椅子等。在这些生活和游戏情景中不经意间已经感受和运用了“对应”的概念。对应活动可以帮助幼儿精确地感知集合中的元素以及集合与集合的相等关系，并为幼儿理解和掌握数量比较、计数、数的守恒等奠定经验基础。因此，“一一对应”是学前儿童数学教育中的重要内容。

“数量比较”就是集合元素个数的比较。数量比较的前提是对集合与元素的感知，它是幼儿感知集合、理解数概念的发展过程中的重要一步。

就“一一对应与数量比较”的教学方法而言，一般包括以下几种。

1. 重叠比较

将一组物体摆成一行，再将另一组物体逐个一对一的重叠到前一组物体上面，比较两组物体的多少（或一样多）。如图 4-2 所示，将瓢虫卡片一一叠放在树叶卡片之上；将苹果一一放置在相应的盘子上，让幼儿观察发现并比较它们的多少（或一样多）。

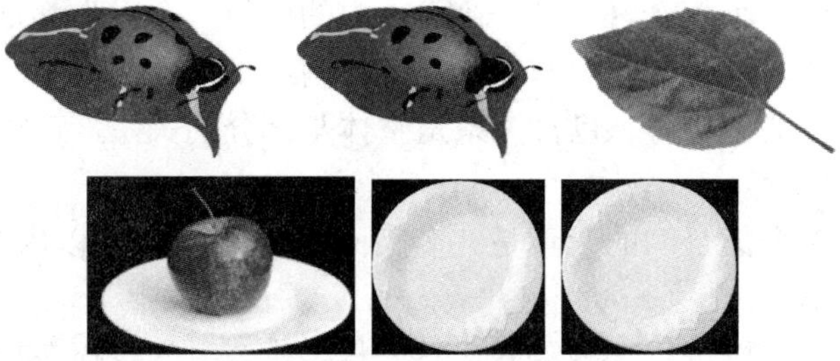

图 4-2 重叠比较

图 4-3 连线比较

2. 连线比较

对两个集合间元素数量的比较也可以通过连线的方式加以一一对应的比较，如图 4-3 所示，这种比较的方式往往在幼儿的个别操作活动，尤其是书面材料的操作中比较多见。

3. 并放比较

将一组物体摆成一行，再将另一组物体一个对一个地并排放在这组物体的旁边，比较这两组物体的数量。如图 4-4 所示，给幼儿 4 张盘子卡片、3 张叉子卡片，让幼儿把盘子卡片排成一行，然后在每张盘子卡片右面放一张叉子卡片，引导幼儿观察比较并说出盘子和叉子不一样多，盘子多，叉子少。也可以将一组物体摆成一行，再将另一组物体一个对一个地并排放在该组物体的上面（或下面），比较它们的数量多少。如图 4-5 所示，先将 4 张猴子卡片并排成一行，再将桃子卡片一一对应地并放在猴子卡片的上面，并比较猴子与桃子的多少。

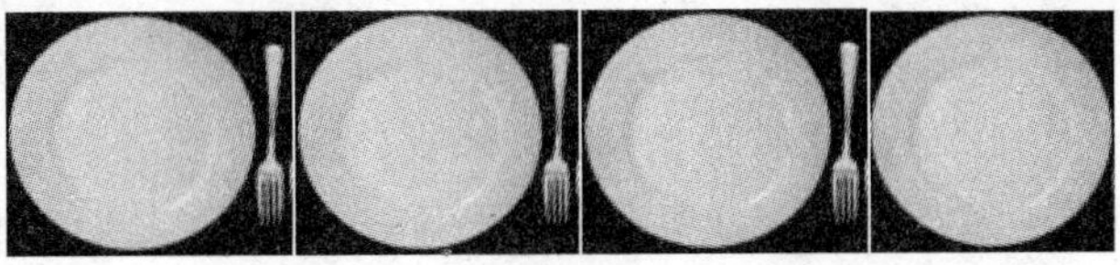

图 4-4　并放比较（一）

图 4-5　并放比较（二）

4. 游戏活动中比较

利用幼儿喜爱的娱乐型游戏，将“一一对应”比较的内容有机地渗透到游戏的情境与规则之中，游戏活动可以成为幼儿自然地学习和掌握“一一对应”比较的一种有效手段。

案例 4-1

用一一对应的方法比较两组物体的多少

一、活动目标

1）喜欢动脑筋解决问题，体验数学游戏带来的乐趣。

2）在复习重叠比较的基础上，学习运用并放比较的方法，比较两组物体数量的多少。

3）提高观察判断、对应比较、动手操作能力及思维的灵活性。

二、活动准备

1）知识经验准备：幼儿已学过运用重叠对应的方法比较物体数量的多少、一样多。

2）材料准备：

教具：梳理图，小猪卡片，红、绿圆卡若干。

学具：红色绿色苹果卡若干、盘子和操作卡人手一个，黄色猫妈妈挂卡一个，白、黄小猫挂卡若干。

三、活动过程

（一）以“到猪妈妈家做客”引入

引导幼儿复习运用重叠比较法说明两组物体数量一样多。

1. 佩戴挂牌

自然渗透重叠比较法说明挂牌与小猫数量一样多。

师：今天我们来玩游戏，老师扮猫妈妈，猫妈妈挂卡有几个？（一个。）小朋友当小猫，小猫挂卡有多少呢？（许多。）每个小朋友挂一张挂卡，挂卡和小朋友一样多吗？

2. 找位子

复习运用重叠比较法比较椅子与小猫数量的多少。

师：我们要坐车到猪妈妈家做客，小猫和椅子一样多吗？

（二）游戏“做客”

引导幼儿学习用两种方法比较两组物体数量的多少、一样多。

探索游戏：“送红苹果”（引导幼儿自主探索比较小猪和红苹果数量多少的方法，学习并放比较的方法）。

1）设疑：我们给小猪送红苹果。一只小猪送一个，不知道够不够，小猪和红苹果一样多吗？

2）幼儿自主探索比较小猪和红苹果数量的多少。

四、活动分析

从上面的案例中可知，可利用重叠比较、并放比较等方法，在游戏中引导幼儿进行一些自主的探索行为，使他们感受和运用“一一对应”的概念，并且得到数量比较的结果。这些活动可以帮助幼儿感知集合中的元素以及集合与集合的相等关系，并为幼儿理解和掌握数量比较、计数、数的守恒等奠定经验基础。

（二）分类教学

分类是把具有某种共同特征的事物归并在一起，如收拾玩具柜时，把玩具汽车放在一起，把积木放在一起。分类的过程是把物体一个个加以区分，再一个个归并在一起的过程。在此过程中，幼儿必须通过观察、分析、比较和综合等思维过程来判断和归纳某一类事物的共同特征。分类活动不仅能够锻炼和提高幼儿的数理逻辑思维能力，而且能够促进儿童对集合及其元素的同类特征的感知和理解。因此，分类活动是学前儿童数学教育中的一项重要内容，在不同的年龄阶段，应以不同的活动途径和形式体现和渗透其内容。

常见的分类形式如下。

1）按物体的名称分类，即把相同名称的物体放在一起，如把图书放在一起、笔放在一起、布娃娃放在一起等。

2）按物体的外部特征分类，即按物体的颜色、形状、大小等外部特征分类，如很多气球中，按颜色把红气球放一边，蓝气球放另一边；或按形状把圆气球放一边，娃娃状气球放另一边。

3）按物体的用途分类，即按物体的性质或用途等作为标准来进行分类，如将橡皮、钱币、尺子归为一类（非玩具），把积木、塑料插片、玩具小桶、小勺等归为一类（玩具）。

4）按物体的数量关系分类，如将物体的数量都为5的卡片放在一起。

5）按物体量的差异分类，即按物体大小、宽窄、粗细、厚薄、轻重等量的差异分类，如把大小皮球分别放在两个筐里，把长木棍、短木棍分别用绳子扎起来。

6）按物体的材料分类，如将塑料、木头做的积木分别进行归类。

7）按事物间的关系分类，如在一堆动物与食物中，将小兔与萝卜归在一起，将娃娃与香蕉归在一起。

8）按事物的其他特征分类。除了以上几种分类形式外，还可以引导幼儿观察并找出事物的其他特征与属性并对其进行分类。例如，在很多娃娃的图片中，可按娃娃的表情，如哭的、笑的分别归类；也可按动作姿态，如唱歌的、闭着眼睡觉的分别归类。

分类教学的方法一般有以下几种。

1. 操作法

操作法是指让幼儿通过操作材料，如学具等来体验物体，是幼儿学习分类的最主要、最有效的方法之一。在操作中应提倡先让幼儿自身体验和参与操作活动，然后再由教师归纳和总结分类结果。应当给幼儿提供充分的、足够的材料，使幼儿可以从中自由选择不同的材料去操作不同形式的分类。

具体的操作法可以是模仿操作，也可以是幼儿自己摆弄教具的操作。所谓模仿操作，是指在幼儿刚开始学习分类时，教师可先从一堆物体中拿出一个物体，再要求幼儿以同样的方式从这堆物体中拿出和老师所拿物体一样的并放在一起。例如，教师可以给幼儿准备乒乓球、图书、摇铃等教具，引导幼儿观察各种教具名称，然后教师从中取出一个乒乓球问幼儿："我拿的是什么东西？"等幼儿回答完后将此乒乓球放在一个碗里，然后要求幼儿模仿老师把其他乒乓球找出来并放在小碗里，直到把所有的乒乓球全部找出来为止。最后，引导幼儿说出"它们都是乒乓球"。用同样的方法，指导幼儿分出图书和摇铃。幼儿在摆弄教具的操作中学习分类是指教师根据教学需要，为每个幼儿提供一份教具，让幼儿按一定要求摆放教具进行操作，学习分类。根据不同年龄幼儿及具体内容，由浅入深地提出分类要求。

案例 4-2

送图形宝宝回家①

一、适用年龄班

小班。

二、活动准备

吹塑纸剪成的△、□、○若干，图形片上添画简单的眼睛、鼻子、嘴巴，成拟人化的"图形宝宝"；塑料筐若干。

三、活动过程

请幼儿根据"图形宝宝"的不同特征，把相同的图形宝宝（可以是形状、颜色或大小等）送到同一个"家"（塑料筐）中。

① 黄瑾，2006．学前儿童数学教育［M］．上海：华东师范大学出版社．

四、活动分析

该活动案例是体现运用操作法为主的分类活动。

案例 4-3

有趣的笔[①]

一、适用年龄班

大班。

二、活动目标

1）识别各种特征的笔，尝试按笔的不同特征进行一维、二维的分类。

2）发展幼儿观察、辨别、归类的能力，体会数学的生活化，体验数学游戏的乐趣。

三、活动准备

蜡笔、油画棒（红、黄两色）各 4 支，勾线笔、铅笔（红、黑两色）各 40 支，篮子若干，托盘若干，蒙氏架两个……

四、活动过程

（一）导入活动，感知一维

1）师：你们知道制笔厂吗？（是生产笔的地方。）今天老师要带你们到制笔厂帮忙好吗？

工厂生产的第一批笔就放在你们的凳子下面，我们一起来看看是什么笔。（蜡笔、油画棒。）跟旁边的好朋友比比看，有什么不一样呢？（颜色、粗细、长短、种类。）工厂里的叔叔请我们帮忙，要给这批笔分一分，你们愿意吗？

师：那怎么分呢？工厂的第一道工序给了我们两个标志，你们说怎么分？

小结：刚才我们根据男孩、女孩的标志把笔分了一次。看看第二道工序可以怎么分呢？

2）师：第二道工序，这里有两个笔筒，我们可以把笔放进去，那我们可以怎么分呢？（请两个小朋友来操作。）为什么这么分？

请男孩子、女孩子根据不一样的一维特征分笔，贴上标志。

小结：刚才我们按颜色分法完成了第二道工序。

（二）进行二维的示范练习操作

1）师：你们做得太好了，制笔厂又生产了一批新的笔，你们看有什么笔？（勾线笔、铅笔。）它们有什么不一样？（颜色、种类、有盖无盖、长短。）

2）师：那看看我们又能帮什么忙了呢？工作人员给了我们 4 个笔筒，他会请我们怎么做呢？（按照标志把笔分放到各个笔筒。）

① http://www.baby611.com/jiaoan/zb/sx/201407/31132752.html.

不会回答的话，提问：笔筒上有什么？（标志。）我们看看这些标志告诉我们什么？出示“红色的勾线笔”“黑色的铅笔”“红色的铅笔”“黑色的勾线笔”4个笔筒。依次解说，教师示范两个笔筒，其余请两个幼儿操作。

3）师：这个工序怎么做你们明白了吗？那好，请你们每个人找到一份工作材料，按照笔筒上的要求完成这道工序。完成以后请把笔筒放到货架上。

4）幼儿操作，教师巡回指导。

5）小结：看看分对了没有？

（三）活动延伸，感知三维

1）师：制笔厂还有些不同的标志，你们看看是什么？谁知道？

2）出示几张三维的标志，让幼儿认识标志，感知三维。

3）师：你们真棒，瞧，制笔厂的厂长要来夸我们了。（请一个老师来夸小朋友工作做得好，送给每个孩子一支笔。）

4）在给孩子送笔的环节中，自然结束教学活动。

五、活动分析

“学习按二维（以上）特征进行分类”是大年龄学前儿童分类教育中的一个重要方面。所谓二维特征，是指按照事物同时具备的两种特征作为分类的标准，如一堆图形卡片的分类，有的幼儿按大小分类，有的按颜色、形状分类，也有的先按颜色分类，再按大小分类，这些都是“一维特征”分类的表现。如果幼儿能够根据“大的且红色的”图形特征进行分类，则表明该幼儿能够按照图形的两个维度的特征进行分类。在本案例中，教师引导幼儿通过各种操作法识别各种特征的笔，尝试按笔的不同的特征进行一维、二维的分类。

2. 游戏法

游戏法是指运用游戏的形式与手段以及在游戏的情境中让幼儿学习分类的方法。对小年龄幼儿来说，游戏是他们最自然、最喜欢的活动。在游戏中，通过活动、角色扮演和问题解决等过程帮助幼儿体验和学习分类是一种有意义的途径。

案例4-4

饼干专卖店[①]

一、适用年龄班

小班。

二、活动目标

1）学习将图形卡片按颜色或形状分类排放。

2）按图形卡片的颜色和形状特征进行配对，并学习命名。

① 徐苗郎，2004. 我的幼儿园数学活动模式［M］. 上海：上海社会科学院出版社.

3）喜欢参与集体游戏活动。

三、活动准备

红、黄、绿3种颜色，圆形、正方形、三角形3种形状的图形卡片若干；红、黄、绿3种颜色标记各一个，圆形、正方形、三角形（无色）标记各一个；放置图形卡片的扁平筐（或盒）若干；3个娃娃，身上分别有红色的圆形、黄色的正方形、绿色的三角形标记各一个。

四、活动过程

（一）商店进货

1）一起商议玩开饼干商店游戏。商店货架上只有一个一个空的筐，还没有进货，现在先要小朋友把饼干拿来布置货架。

2）幼儿看自己的小箩筐里有些什么饼干，看一看、讲一讲，如三角形饼干、红色的饼干……

3）按教师筐前出现的颜色标记，请一部分幼儿把饼干分送到三个筐里，边送边说。例如：我把红饼干送到红色标记的筐里，我把绿饼干送到这绿色标记的筐里……

4）按教师筐前出现的形状标记，请另一部分幼儿把饼干分送到三个筐里，边送边说。例如：我把圆饼干送到有圆形标记的筐里，我把方饼干送到有方形标记的筐里……

（二）介绍饼干

1）幼儿看一个有颜色标记筐里的饼干，介绍这儿的饼干都是某色的饼干（如都是红色的饼干）。幼儿说："要买红色的饼干到我这里来！"教师帮助补充："要买红色的饼干可以到这里来，也可以挑选你喜欢的形状。因为这里是红色的饼干但有不一样的形状。"

2）幼儿看一个有形状标记筐里的饼干，介绍这儿都是某某形状的饼干（如都是方方的饼干）。幼儿说："要买方饼干到我这里来！"教师帮助补充说："要买方方的饼干可以到这里来！也可以挑选你喜欢的颜色。因为这里是方方的饼干但有不一样的颜色。"

（三）幼儿当顾客去购买饼干

1）买两块不一样的饼干。（让幼儿挑选，并让大家看一看、讲一讲，这两块饼干什么地方不一样。）

2）买两块相同的饼干。（让幼儿挑选，并让大家看一看、讲一讲，这两块饼干什么地方是相同的。）

3）出示3个娃娃（身上有标记），要小朋友买他们最喜欢吃的饼干，先让他们说说各自喜欢吃的饼干，如红色的圆饼干、黄色的正方形饼干、绿色的三角形饼干，然后分组为3个娃娃买饼干。

（四）评价

每个小组是否为娃娃买到他喜欢的饼干？

五、活动分析

本案例中运用游戏的形式，引导幼儿在游戏的情境中学习分类的方法，这种方法幼儿非常喜欢。

在分类教学中应注意：首先，充分利用自然条件和日常生活情境。对幼儿的分类教学，不应仅局限在30分钟的集体活动或每天、每周有限的区域活动时间里，而应当渗透到幼儿的日常生活中，在幼儿接触生活及自然环境的过程中，潜移默化、随时随地加以运用。例如，在日常生活及幼儿园一日活动的各环节中，如在每次游戏结束后，让幼儿收拾玩具，引导其按种类将玩具整理放好；午睡时，引导并要求幼儿将被子、衣服、小凳子都分类整理好，放在固定的地方。这些涉及分类的活动不仅训练了幼儿分类的能力，也培养了幼儿做事的条理性和良好的生活习惯。其次，提倡并鼓励幼儿交流分类的结果。在分类操作活动中，应鼓励幼儿交流，用语言表述自己的分类结果。在交流环节中，幼儿可将自己分类的物品展示给大家看，并注重讲解自己是按什么分类的，是怎样分的。教师也可以展示每个幼儿的分类结果，组织全体幼儿互相观看，最后把看到的情况进行交流。对幼儿而言，其逻辑表达往往停留在动作水平上，即较多依赖于外在物体和外显动作。在分类活动中，引导幼儿用语言将自己分类结果进行表述，可以促进幼儿抽象思维和内化水平的发展。同时，通过交流和表达陈述的过程，还能促进幼儿之间的互动及对口语表达能力的锻炼。当然，在幼儿交流和表述的基础上，教师应当对幼儿的分类结果适时地加以比较、归纳和总结，帮助幼儿获得有关分类的关键性经验，如帮助幼儿总结出分类的不同标准、分类的标记指示等。最后，扩展幼儿有关分类的标准，尝试多种分类形式。随着幼儿分类活动的增加以及分类经验的不断积累，教师在教学中应当特别注意帮助幼儿拓展多种维度的分类以及自由分类。在教学中，结合幼儿按一维分类的不同结果，帮助幼儿归纳分类的不同标准，并由此提示幼儿尝试一维特征的多种自由分类、层级分类以及按二维（或以上）特征的分类，逐步帮助幼儿在分类活动中发展其思维的抽象性、发散性、灵活性。

（三）区别“1和许多”的教学

任何一个自然数都是由若干个1组成的。“许多”是一个笼统的词汇，它表示集合中有两个以上的元素。幼儿学数之前进行“1和许多”的教学，主要是引导他们感知集合及其元素，促进幼儿感知元素的分化过程，为学习“逐一计数”和认识“10以内的数”奠定基础。对幼儿进行“1和许多”的教学，让他们把一个又一个的物体放在一起构成“许多”，再把“许多”分成一个一个，从这一过程中准确地感知元素的个数和“许多”的含义，有利于幼儿的确切计数能力以及10以内数概念的发展。

区别“1和许多”的教学方法有以下两方面。

1. 感官参与

在区别“1和许多”的教学中，可以借助直观教具和实物引导幼儿通过各种感官来感知、体验“1和许多”。例如，教师可以为幼儿准备一些直观材料，让幼儿通过视觉的观察比较来区分和判断物体是“1”个还是“许多”个，以初步理解“1和许多”都可以表示物体的数量。在材料方面，开始时可以用同种类、同形状、同颜色的物品（见图4-6）表示“1”个苹果和“许多”个苹果；以后则可分别采用不同颜色、不同大小或不同形状的同类物品，让幼儿在区别“1”和“许多”时能排除各种干扰（见图 4-7）。

图 4-6 “1”个苹果和“许多”个苹果

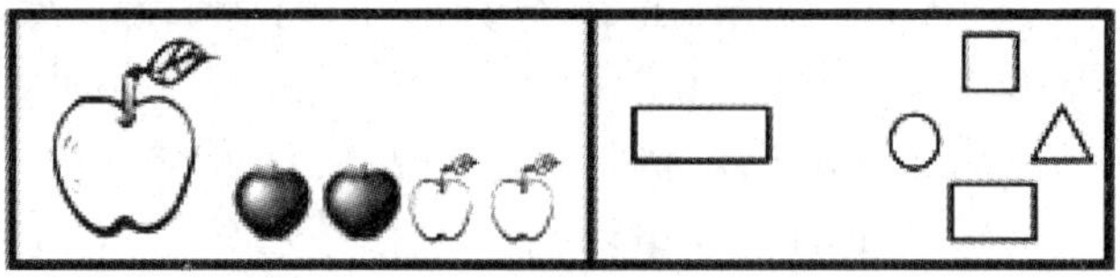

图 4-7 区分“1”和“许多”

此外，在教学中还可以调动幼儿的听觉、触觉、运动觉等感知通道来体验和区分“1和许多”。例如，教师可以通过敲小铃，让幼儿听听铃响了“1”次还是“许多”次；让幼儿摸一摸袋子里有“1”个乒乓球还是“许多”个乒乓球；还可以让幼儿拍“1”下手或者“许多”下手，学小兔跳“1”次或“许多”次；等等。

2. 寻找比较

寻找比较法即指教师引导幼儿在日常生活中，通过观察、比较、寻找周围环境中的“1 和许多”，以加深对“1 和许多”的区分与理解。

首先，教师可以引导幼儿在事先设置好的环境中，寻找“1 个和许多个”物体并进行比较。例如，在粉笔盒里放 1 支白色粉笔和许多支红色粉笔；用 1 块三角积木和许多块长积木搭成小房子放在玩具橱上；画一幅有 1 朵花和许多草的画挂在墙上，引导幼儿寻找哪些东西是 1 个的，哪些东西是许多个的。其次，教师可以引导幼儿在自然环境中，寻找“1”和“许多”。例如，活动室里有 1 位老师和许多位小朋友；有 1 扇门和许多扇窗户；等等。由于在自然环境中，幼儿寻找的空间范围比较广，需要对空间内所有物体进行观察分析，并排除排列形式等的干扰，在此基础上概括它们的数量特征，所以，在自然环境中要比在事先设置好的环境中寻找和比较要困难些，因此，教师应进行必要的启发。最后，教师也可以引发幼儿借助记忆表象来寻找“1”和“许多”。例如，让幼儿想想说说，家里餐厅里有 1 张桌子和许多椅子；公共汽车上有 1 位司机和许多乘客；等等。这种形式的寻找活动，需要记忆和表象的参与，因而对幼儿来说可能会有一些困难，更需要教师的启发。此外，教师还可以采取游戏的方式来进行区别“1 和许多”的教育，这更符合小班幼儿的特点。通过创设一定的游戏情境，利用游戏中的角色身份、角色口吻和角色行动能够更好地调动幼儿学习的兴趣，使其体验所要学习的内容，获得相应的经验和概念。例如“老鹰抓小鸡”的游戏，教师当老鹰，幼儿当小鸡，由此进行区别“1 和许多”的教育。

（四）感知集合间的关系与运算

感知集合间的包含或相等关系以及两个集合间的交集、并集、补集等概念对幼儿更好地理解集合概念以及学习数的组成和加减运算具有积极的意义。在教学中，这部分内容主要是以帮助幼儿感知为主，而不是直接传授和讲解概念。因此，可以结合幼儿的分类活动、数概念、形体的认识等活动，通过操作、游戏等手段加以渗透。

案例 4-5

种花（感知集合的形成）[1]

一、适用年龄班

大班。

二、活动目标

1）通过尝试种花游戏，复习巩固按标记进行分类的方法，感知集合的形成。

2）初步感知交集，进一步提高辨别能力。

三、活动准备

教具：多媒体教学课件。

学具：幼儿操作板及各种花人手一份；游戏用各种花及标记若干。

四、活动过程

（一）运用多媒体课件复习巩固标记

（1）认识花

师：今天，我们要和电脑娃娃玩游戏。草地上开满了许多花，你们知道有什么花吗？

让幼儿知道花园里的花除了种类（郁金香、喇叭花）不同外，还有颜色（红色、蓝色）不同。

（2）按标记种花

师：草地上有两个什么形状的花坛？（一个是三角形、一个是长方形，三角形上有蓝色的标记，长方形上有郁金香的标记。）

师：电脑娃娃想请小朋友把花按标记种在花坛上。（请幼儿帮电脑娃娃种花。）

（3）幼儿操作，按标记种花

师：小朋友真棒，老师为你们准备了很多花和花坛，请小朋友按自己花坛上的标记种花。（幼儿在自己的操作板上按标记种花，教师指导。）

（二）初步感知交集

（1）电脑演示，提出问题

师：我们来看看，三角形和长方形中间有个什么图形？（小梯形。）

（2）感知交集

师：我们想想看三角形中应该是蓝色的花，长方形里应该是郁金香，那么小梯形中应该种什么花？（幼儿讨论。）

引导幼儿说出小梯形里应该种蓝色的郁金香。

（3）幼儿操作、感知交集

师：电脑娃娃的小梯形种上了花，你们的小梯形种上花了吗？

① http://www.06abc.com/topic/20101228/57028.html.

引导幼儿在自己的操作板上的小梯形里种花，请个别幼儿说说自己的小梯形里种了什么花。

（三）游戏：花仙子。

复习巩固标记，进一步感知交集。

（四）结束

师：小朋友真能干，我们幼儿园外面也有许多美丽的花坛，我们一起看看有没有合适的花坛可以种花。（听音乐出活动室。）

第三节 学前儿童数概念及运算能力的教育

一、关于自然数与加减运算的基本知识

数是人类对客观世界中各种事物的量的反映，是人类思维的产物，这种思维和反映带有明显的抽象性、概括性。尽管幼儿在生活中有许多接触数字的机会，如电话号码、门牌号、钟表数字等，但要让幼儿认识数字，必须与数字所表达的实际意义相联系，而不是纯粹的数字认读。因此，对学前儿童进行数字的认读和书写教育时，应当避免简单化、形式化的倾向和方法。

（一）关于自然数的基本知识

1. 自然数

自然数的概念是人类祖先在长期生活和生产劳动过程中逐渐形成的。人类最早并没有数的概念，原始人外出狩猎或采集，有时能有所收获，有时则空手而归，于是产生了“有”或“无”的概念。在生产劳动和物品分配和交换过程中，要对人、工具、牲畜等的数量多少进行比较和判断，于是在两个具体集合之间建立了一一对应的关系，由此比较两个实际总体之间的相等与不等，这样就产生了“多”“少”和“一样多”的概念。随着生活和生产的发展，要求人们能够更精确地确定集合中元素的数量。在不断重复的过程中，人们发现 5 根手指与 5 个人、5 头牛、5 只羊等有着共同的量，于是开始用手这一最熟悉、最方便、最稳定的集合为标志，来表示这一类含有 5 个元素的集合的共同特征。随着文字的发展，人们逐渐创造了数字符号来表示这些抽象的数，即自然数。其中，“0”是空集合的标记，可以用来表示集合中一个元素也没有，如篮子里一个苹果也没有。当然，零除了表示没有之外，作为一个独立的数，它还可以表示其他意义。例如，数轴和坐标上的原点，温度计上作为零上零下温度的分界点，计数中表示数位（如 100、103）等。因此，在让幼儿感知和获得“0”的概念时，成人和教师应当给予正确的解释：“零可以表示没有”，而不是“零就是没有”。

每一个自然数都是一类等价的有限集合的共同特征的标记，它可以表示有限集合中

的元素的个数。例如“3”，可以作为“3 个小朋友”“3 只小狗”“3 辆汽车”等所有元素个数为“3”的集合的共同特征。只有当幼儿认识到在这些不同的情境中有着共同的量时，才能真正理解数字 3 所包含的意义，即 3 是从具体中抽象出的概念，它指一切数目是 3 的物品的数词和计数符号。

2. 自然数列

自然数列是所有自然数从“0”开始，逐次添加一个单位，依次排序组成的集合。“1”被称为自然数的单位，其他任何自然数的形成都是由若干个单位“1”添加而成的。自然数列具有以下几个性质：①有始性，自然数列最前面的数是 0；②有序性，每一个自然数后面都有一个且只有一个比它大一个单位的后继数，并且，除 0 以外，每一个自然数都有一个且只有一个比它小一个单位的先行数；③无限性，自然数列是一个无限集合，其中没有最后一个自然数。

3. 基数和序数

基数是用来表示集合中元素个数的数，是指集合或物群元素的绝对数量。序数是用来表示某元素在集合中所在排列次序的数。例如，幼儿在数一堆糖果时，点一块、数一块，点到最后一块时，数出数字 7，这个“7”既可以表示这堆糖果共有 7 块，这就是“7”代表的基数的含义；也可以表示最后手点的糖果是第 7 块糖果，这就是“7”所代表的序数的含义。可见，每一个自然数都有双重性，既可以表示基数，也可以表示序数。

（二）关于加减运算的基本知识

1. 数的组成

数的组成是指数的结构，包括数的组合与分解两方面的内容。1 以上的任何一个自然数都可以分成两个或两个以上的部分数，或者是由两个或两个以上的部分数组成，这就是数的分解与组合。数的组成涉及的是数的分与合，反映了总数和部分数及部分数之间的等量、互补和互换关系。等量关系是指一个数群（总数）可以分成两个相等或不相等的子群（部分数），即一个数可以分成两个部分，这两个部分数合起来还是原来的那个数。互补关系是指一个总数分成的两个部分数中，如果一边从上到下数一个数比一个数小 1，则另一边从上到下数一个数比一个数大 1。互换关系是指一个总数分成的两个部分数，把它们的位置交换后总数保持不变。

2. 数的加减运算

对学前儿童来说，有关数的概念主要是指 10 以内数的加减运算。因此，帮助幼儿理解加法和减法运算的定义、法则以及符号所代表的意义是十分关键与重要的。

加法即求和的运算，用来表示在自然数列中，数 a 之后再数出 b 个数来，恰好对应于自然数列中的数 c，则数 c 叫作数 a 与数 b 的和，可用 $c=a+b$ 来表示。其中，数 a 与数 b 叫作加数，数 c 叫作和；符号“＋”叫作加号，读作“加”。从集合的概念来说，加法就是求两个没有公共元素的有限集合的并集的运算。学前儿童学习的加法运算主要涉及的是两个数合并成一个数的运算。加法运算的法则主要是交换律，即 $a+b=b+a$，要让幼儿知道，加号前后的两个数互换位置，它们的和是不变的。

减法即求两数之差的运算，指从一个数中去掉一个部分数，求剩余数，可用 $a-b=c$ 来表示。其中，数 a 称为被减数，数 b 称为减数，数 c 叫作差，符号“－”叫作减号，读作“减”。从集合的观点来说，减法就是求有限集合与其子集的差集的运算。

对于学前儿童，应当让他们知道减法的学习是涉及已知两个数的和与其中一个加数，求另一个数的运算，它是加法的逆运算。在学习的过程中，应当把加法和减法的运算相结合，可通过相互验证来进一步获得相应概念。

二、学前儿童数概念发展的教育

学前儿童对数概念的学习主要是指对数的理解与运用，包括对数的实际含义及数与数之间关系的理解与运用。学前儿童形成数概念的标志也正是理解数的实际含义及数与数之间的关系，如表 4-2 所示。其中，对数的实际含义的理解包括对基数含义和序数含义的理解。对数与数之间关系的理解主要是对数的等差关系、包含关系、互补关系、互换关系、等量关系的理解，因此，包括对相邻数、数的组成、数的加减运算的理解与掌握。

表 4-2　数概念形成的标志

<table>
<tr><th>维度</th><th colspan="2">指标</th></tr>
<tr><td rowspan="4">理解数的实际含义</td><td rowspan="3">理解基数的含义</td><td>计数</td></tr>
<tr><td>按数取物、按物取数</td></tr>
<tr><td>数的守恒</td></tr>
<tr><td colspan="2">理解序数的含义</td></tr>
<tr><td rowspan="3">理解数与数之间的关系</td><td colspan="2">理解相邻数</td></tr>
<tr><td colspan="2">理解数的组成</td></tr>
<tr><td colspan="2">掌握数的加减运算</td></tr>
</table>

（一）认识 10 以内基数的教育

关于 10 以内基数的教学目标包括：①认识基数，知道基数是表示集合中元素多少的数；②学会数数，按数取物，按物取数，在教师引导下，幼儿继续通过操作活动进行 10 以内物体的计数，通过体验来说出并理解总数；③在操作活动中初步理解数的守恒，学会顺着数数和倒着数数，认识相邻数；④激发对数的兴趣，发展感知能力，培养思维的敏捷性。

对基数含义的理解包括对计数、按数取物、数的守恒的理解与掌握，所以对应的关于认识 10 以内基数的教学内容主要包括以下方面。

1. 计数的教学

计数也称作数数，是人们确定事物数量的手段，其实质是在具体集合元素与自然数列中的自然数之间建立一一对应的关系，即口说数字、手点实物，使数词和要数的单位物体之间一一对应，结果用数字来表示。计数作为一种技能，涉及三个组成部分：用正确的顺序有声或无声地说出数词，能确认可用于计数的若干单位物体，能把数词和计数的单位物体一一对应。

从计数的方式来分，可以分为按物一一点数、目测计数和按群计数，这也是一个由浅入深的发展过程。对小班的幼儿来说，主要的目标定位于手口一致点数 5 以内的物体，数物对应，且能初步理解数的实际意义；中班年龄段的要求是掌握 10 以内的计数，数物对应，学习目测数数和不受外在干扰因素影响而正确地计数；大班年龄段则要求学习按数群计数（如两个两个地数、五个五个地数）。

（1）按物一一点数

按物一一点数是幼儿在刚开始点数时最常用的一种方法。要求教师用演示法给幼儿示范点数的动作，教会幼儿用食指从左到右（或从上到下）地点数一个物体并说出一个数词。为了防止幼儿数数时出现重复点数的现象，教师可以出示一个物体，让幼儿说出一个数词，或移动一个物体说出一个数词，以训练幼儿的手、眼和口说数词的动作协调一致。当数到最后一个物体时用手指围绕所点数的物体画一个圈，并提高声音或延迟声音说出相应的数词，以突出和强调这个数就是物体的总数。对小班幼儿而言，开始学习按物一一点数并正确说出总数是有困难的，因此教师可以把点数和说出总数分步进行。首先可以让幼儿学会点数，由教师说出总数；接下来在点数后由教师和幼儿一起说出总数；然后可以由教师点数，让幼儿说出总数，回答“一共几个”的问题；最后让幼儿自己点数并说出总数。

（2）目测计数

所谓目测计数，即不用一一点数的方式，而是用眼代替，在心中默数并说出总数的一种数数技能。在幼儿的一一对应和基数概念尚没有很好发展起来的前提下，目测计数并不是一项十分适合该年龄阶段幼儿的计数策略。因为被数物体的大小或空间排列形式往往会影响幼儿的计数结果，所以只有当幼儿的一一点数能力发展到一定阶段，尤其是掌握了 10 以内的计数之后，才把目测计数作为一种技能加以引导。

（3）按群计数

按群计数即按照数群来计数，如两个两个地数或五个五个地数。这种按群计数的能力也是幼儿学习后续数的组成和加减运算的基础。在幼儿积累了一定的手口一致点数和目测计数经验的基础上，再安排按数群计数的教学，一般在中班阶段和大班阶段进行。在这项教学内容中，比较常用且有效的方法是操作法，即为幼儿提供和创造多种途径、多种形式的操作活动来练习按群计数。在提供的材料方面，应注意丰富、多样、有趣；在采用的形式手段方面，应注意多变、新奇、符合幼儿年龄特点，游戏和竞赛都是幼儿比较喜爱的形式。此外，除了正式的数学活动，在日常生活中的数学教育中也可以积极利用按数群计数，幼儿园生活中的点名、统计人数、搬小椅子等环节都可以让幼儿练习按数群计数。

2. 按数取物、按物取数的教学

按数取物或按物取数是培养幼儿点数能力的一个较常见的教学内容，它要求幼儿依

据数词、数字或实物范例取出相应数量的物品，体现的是幼儿能够理解数词、数字或实物范例所表示的物群元素的个数。对4岁左右的幼儿来说，可以尽可能多地提供给他们实践和操作的机会以提高其手口一致点数的能力。教师可以设计各种按数取物的活动，让幼儿练习计数，以加深其对数的实际意义的理解。通常用的方法有：①让幼儿按声响的次数拿出与其相等数量的物体。例如，教师拍 3下手，要求幼儿找出有3辆汽车的卡片。②出示一定数量的实物或实物（点子）卡片，要求幼儿拿出与其相等数量的物体。例如，教师在手里出示3朵花的卡片，要求幼儿在自己的小盒子里取出与花一样多的圆形卡片。③给出数词让幼儿按数取物。例如，教师说“5”，幼儿拿出5张三角形卡片或有5个图形的1张卡片。④教师也可给予不确定的语句，让幼儿先判断后再取物。例如，教师说“拿比3多1的卡片”，幼儿通过判断再取物，这个要求相对而言比较高。⑤在幼儿认识数字的基础上，教师可以出示数字，要求幼儿取出相应数量的物体。例如，教师出示数字卡“3”，要求幼儿找出是3个的物体。反之，教师也可以给出物体的数量让幼儿找相应的数字。这些活动都可以训练幼儿按数取物的能力。

3. 数的守恒的教学

数的守恒是指物体的数量不因其外部特征（颜色、形状、大小等）和排列方式的改变而变化。例如，排列成一条直线的7个小球，再把它们排成一条曲线，或是杂乱摆开，它们的总数不发生变化，仍是“7”。幼儿学习数数的途径和方法很多，但要让他们真正地学会数数、理解数的实际意义却并不容易。四五岁的幼儿基本能够手口一致地点数到10，知道总数的意义，但在判断或比较物体数量时，往往容易受到物体大小和排列形式等的干扰。例如，对数量相等而体积大小不同的两组物体进行比较时，有些幼儿会错误地认为体积大的一组数量多，而体积小的一组数量少；同样，两组数量相同而排列疏密程度不同的物体，幼儿则会误认为疏的一组数量多，而密的一组数量少。幼儿年龄越小，这一特征表现得越明显。因此，学习数的守恒，就是要使幼儿学会不受物体大小或排列形式等的干扰，正确地判断物体的数量，即获得数量守恒的概念。这也正是幼儿真正掌握计数的一个重要标志。

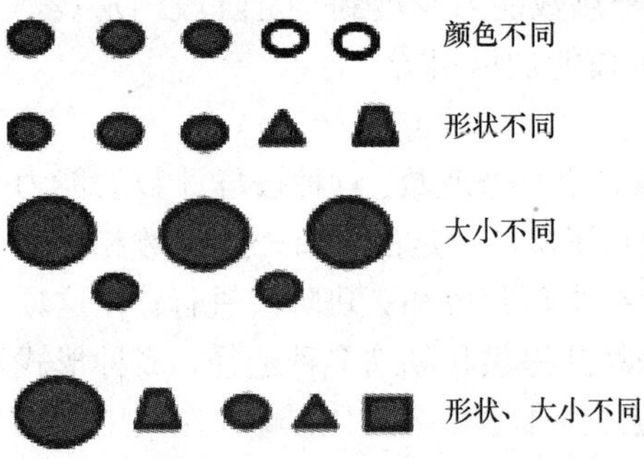

图4-8 教具

在数的守恒的教学活动中，关键在于教师教具的设计和选择。首先，教师应当选择颜色、大小、形状不同的同类教具让幼儿数数，以排除颜色、大小、形状的干扰，正确判断物体数量。例如5以内的数数，可以设计如图4-8所示的教具。其次，教具排列形式尽量多样化，可以改变排列的距离、排列的位置等，帮助幼儿在计数过程中掌握数的守恒，从而真正理解数的意义。

在认识10以内的基数的教学内容中，除了上述三部分外，还可以开展顺着数和倒着数的教学活动。在幼儿从唱数到计数的过程中，总是从1开始数的，这种与自然数列顺序一致的数数叫顺着数。与其相反，倒着数是指按与自然数列顺序相反的方向数数。学习倒着数，可使幼儿从相反的方向掌握自然数的顺序，发展其逆向思维能力，同时为以后减法运算的学习打下基础。在学习倒着数的过程中，可以根据幼儿的具体情况和年龄特点（一般宜在中大班）分成两个阶段进行，首先学习 5 以内数的倒着数，然后学习 10 以内数的倒着数。当教师通过实物和图片教具的演示与操作，让幼儿感知到了数量的逐次递减顺序后，可以通过各种方式让幼儿进一步练习倒着数。例如，玩“接龙”游戏——1、2、3、4、5，上山打老虎；5、4、3、2、1，老虎进洞里……

案例 4-6

认识 10 以内的基数[①]

一、教学要求

（一）小班

1）初步理解 4 以内基数的含义，会按物点数（4 以内）。

2）会按数取物（4 以内）。

3）会用感官感知数量在 4 以内的物体。

（二）中班

1）认识 10 以内基数的含义，会正确点数 10 以内物体总数，并说出总数。

2）会按数取物（10 以内），能用感官感知 10 以内的物体。

3）能不受物体大小、形状等的影响，正确判断 10 以内物体的数量。

（三）大班

1）熟练应用感官感知数量在 10 以内的物体。

2）熟练掌握 10 以内数的相邻数。

3）学会 10 以内数的倒着数，熟练掌握 10 以内数的顺序。

二、教学方法

（一）教幼儿按物点数

1）小班：教师先做示范，保证手、口、眼协调一致。要有一个起始点，如放一面小旗，从小旗开始数；然后要求点一个物体说一个数，最后让幼儿说出总数（讲解演示法）。

2）中班：在幼儿掌握按物点数后，可以让幼儿用眼而不用手点数物体并说出总数。

3）大班：要求幼儿不用外部语言就能进行点数并说出总数。

（二）教幼儿用感官计数（在复习中使用）

1）运用听觉感知物体数量：铃声、鼓声、拍手等。

2）运用触摸感知物体数量。

3）运用运动觉感知物体数量：跳一跳、蹦一蹦等。

（三）教幼儿按数取物

在幼儿按物点数，形成初步数概念的基础上，可以进行按数取物的活动以巩固幼儿对数的理解与认识。能够迅速完成这个活动是衡量幼儿对基数含义理解程度的标志。

① http://blog.sina.com.cn/s/blog_c2c9a9270101ku4q.html.

例如，幼儿会点数“2”后，可以让幼儿找一找哪些物体的数目是2。

三、教学分析

数数的学习是学前儿童数学教育中的主要内容，每个年龄段的幼儿有各自学习的要求与方法，所以，教师一定要掌握适合不同年龄幼儿的学习内容，并注重运用好玩、有趣、幼儿感兴趣的教学方法。例如，运用运动感知物体数量，带领幼儿跳一跳、蹦一蹦，不但进行了数数练习，而且还活跃了课堂气氛。同时，教师要教给幼儿正确的数数方法，使幼儿在轻松愉快的氛围中学习数学。

（二）认识序数的教育

认识序数要以认识基数为基础，幼儿对序数的理解要比对基数的理解晚一些。3 岁幼儿还不能理解第几的问题，幼儿在 4 岁之后才逐渐发展序数的概念，才能逐渐回答出 10 以内的序数。认识序数的教学目标包括：①认识序数，知道序数是表示集合中元素次序的数。②理解序数的含义，能用序数词正确表示 10 以内物体的排列次序，并能从不同方向出发确定物体的排列顺序和所在序数位置。③结合日常生活，渗透序数概念，促使幼儿对其加以巩固，培养幼儿解决问题的能力。

序数的教学不需要逐个数进行，可分段集中学习，一般先学习 5 以内的序数，再学习 10 以内的序数。教学指导要点包括以下方面。

（1）教幼儿用计数的方法确定事物的排列顺序，帮助幼儿理解序数的含义

在教学中，应采取多种形式的教学手段，帮助幼儿理解序数的含义。比如，教师通过讲解并结合教具演示，帮助幼儿理解序数的含义。教师可以告诉幼儿“从头开始数，数到几，就是第几”，然后在各种活动中加深和巩固幼儿对序数的理解与运用。例如，教师出示 4 个玩具动物，可以让幼儿先说说它们的名字，然后数一数共有几只小动物，接着进行序数的教学，一边挪动小动物一边说：“我从左边开始，请小兔排在第一个，小猴排在第二个，小狗排在第三个，小猫排在第四个。”然后，教师反复提出“××排在第几个”或“第×个是谁”的问题，让幼儿回答，帮助其理解序数的含义。接下来还可以改变动物的位置，或请幼儿来排列、提问，以巩固对序数的认识。再如，通过操作和游戏活动进行练习，帮助幼儿进一步巩固序数的概念。例如，教师可以组织幼儿进行“给动物找家”的游戏操作。先发给幼儿 4 张不同的动物卡片，教师画出 4 间房子的图片，然后让幼儿根据“请××住在第×间房里”的要求，将动物卡片放到相应房间的位置上。这种游戏可引导幼儿亲自感受序数的含义，加深对序数的认识。另外，也可以结合日常生活进行练习。例如在进餐环节，教师可以有意识地问幼儿：“你是第几个吃完饭的？”在整队环节可以问幼儿：“从前面往后数，你排在第几个？”类似的情境中都可以渗透序数的概念，这是进一步巩固幼儿的序数概念和培养其解决问题能力的极好途径。

（2）帮助幼儿理解起始方向不同，序数不同

在教幼儿学习序数时，教师可在各种活动中有意识地引导幼儿感知起始方向与排列

顺序之间的关系，让幼儿学会从不同方向确定物体的排列顺序和序数位置。在提供教具时，通过各种样式的教具排列来开展教学，如可以是横或竖的单排，也可以是表格式的排列（见图 4-9）。首先应引导幼儿明确哪里是第一，从哪个方向开始数。在日常生活中，有些事物的排列位置有着约定俗成的起始方向，教师应在活动中向幼儿说明。例如，楼房的层数应从地面开始算起，最下面的为第一层；赛跑时跑在最前面的是第一；横排的物体从左向右数；竖排的物体从上往下数；多层物体中，最上面是第一层，最左边是第一个。图 4-9 中的葡萄在第二层第二个。

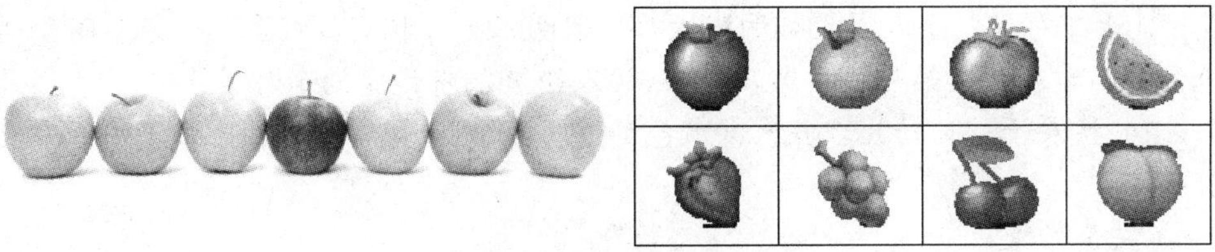

图 4-9　横向排列与表格排列

案例 4-7

认识 10 以内的序数[①]

一、活动目标

1）认识 10 以内的序数，并会从不同的方向辨别数序，初步发展逻辑思维能力。

2）大胆讲述自己的发现，能够做到声音响亮，口齿清楚。

3）体验数学游戏的快乐。

二、活动准备

1）图片：动物之家（设计为 6 层，每层为 10 间房，住着各种小动物）。

2）猫捉老鼠（设计一幢楼，猫、老鼠分别活动的图片）。

3）幼儿操作材料：对对卡（画着各种动物的图片）。

三、活动过程

（一）导入

出示小动物，引起幼儿活动的兴趣。

（二）展开

1. 出示动物之家图片，展开游戏

1）引导幼儿看一看、数一数、说一说动物的家在哪里？

2）师：你能很快找出小鸡、小鸭的家在第几层楼、第几间房吗？你用的是什么好办法？能向大家介绍一下吗？

3）请幼儿说出：××的家在第×层、第×间。

① http://www.qinzibuy.com/zhongban/2015/zhongban_10644.htm.

2. 出示“猫捉老鼠”图片，组织幼儿玩猫捉老鼠的游戏

1）师：小动物的房间里住着老鼠呢，我们请小猫来帮忙捉住它，好不好？不过，我们要告诉小猫，老鼠住在哪里，这样小猫才能很快地捉住老鼠。

2）引导幼儿找一找老鼠在哪里，猫到哪里捉老鼠，要求幼儿说出第几层、第几间。游戏可反复进行多次。

3. 幼儿操作活动

1）玩对对卡游戏。两人结对玩，把若干画有相同物体的卡片打乱，再整齐排成行，上下对齐，每人每次翻两张卡片，若两张卡片相同，可取走；若不同，则放回原处（学着记忆第几排、第几张），两人轮流，看谁拿的卡片多。

2）找房子。让幼儿找找××颜色的房子或××的房子在第几间，并用序数表示出来。

（三）结束

请幼儿讲一讲，游戏是怎么玩的。

四、活动延伸

1）幼儿操作材料继续放置于数字角内，不断增加游戏难度，提高要求，如增加对对卡的数量。

2）在日常生活中贯穿10以内序数的学习，如提问幼儿排在第几排、第几个等。

（三）10以内数字的认读与书写教育

1. 数字的认读

数字的认读是指认识、掌握10以内的数字，并能用数字准确表示10以内物体的数量，这一内容一般安排在中班。其教学重点和难点包括“记住字形”和“能够区分形近数字”。在教学中，一方面，当数字符号出示之后，教师可利用幼儿所熟悉的事物与数字形象进行比较，如“1像铅笔细又长，2像小鸭水上漂，3像耳朵听声音……”通过这样形象的比喻帮助幼儿记住数字；另一方面，由于幼儿方位知觉发展不够完善，观察不够仔细，对“2”和“5”、“6”和“9”等字形相近的数字往往容易混淆，因此，认读数字教学中一个重点和难点就是对外形容易混淆的字做出比较与区分，帮助幼儿分析区别、正确识别。

2. 数字的书写

数字的书写教学一般在大班进行，包括“示范讲解”和“书空练习”，主要涉及握笔、姿势等规范。示范讲解主要体现在两方面：字形特点和结构的示范讲解。首先，教师应在黑板的田字格中边示范边讲解所写数字的字形特点与结构，数字在田字格中的位置比例，所写数字的笔顺，从何处起笔，向什么方向移动，何处转笔等。示范讲解中，还要讲清竖要直、横要平、字要端等要求。其次，在讲解示范之后，教师可以要求全体幼儿用右手食指在空中或在本子的范体字上，按数字的笔顺要求做书空练习，以熟悉笔顺和笔画。书空练习不仅能够帮助幼儿进一步明确数字的结构特点及笔顺次

序，同时也能够让教师及时发现幼儿可能会在书写数字时出现的差错而进行及时的纠错与指正。

三、学前儿童数与数关系的教育

数与数之间的关系主要包括数的等差关系、互补关系、互换关系、等量关系等，因此，在理解数与数关系的教育中应包括对相邻数、数的组成、数的加减运算的教学。

（一）相邻数教学

相邻数的关系是指一个数与相邻两个数之间的关系，即三个数之间的关系。相邻数的教学一般安排在大班年龄段，因为5～6岁的幼儿已经对相邻两数之间的多1和少1关系有一定的认识，加之熟练的数序记忆，已能够逐渐理解三个相邻数之间的关系。

在相邻数教学中，应注意从以下方面进行指导。

1）先复习两个数的转换，再过渡到三个相邻数。

2）注意引导幼儿感知数与数之间的多1和少1的关系。

相邻数的教学重点不是要求幼儿机械地记住谁和谁是好朋友，而是引导幼儿感知和比较数与数之间的多1和少1关系。这种关系的梳理不是纯粹的讲解，而应当结合幼儿熟悉的实物或教具展开，在此过程中，教师的语言归纳和解释应该紧紧围绕一个中心数与前面的、后面的数加以比较。为了帮助幼儿掌握这一重点，在教学中通常需要借助一定的形式和手段让幼儿感知。教师可以引导幼儿通过一一对应和计数来确定三个物群的数量，观察比较三个数之间的不同，并由幼儿自己总结出后面的数比前面的数多1。以“4”的相邻数教学为例，首先，出示可以用“4”来表示的物品或教具，接着出示可以用“3”和“5”来表示的物品或教具；其次，引导幼儿观察比较它们之间的区别与关系；最后，教师进行关键性小结（4个比3个多1个，4大3小，4排在3的后面；4个比5个少1个，4小5大，4排在5的前面，所以4的两个好朋友是3和5）。

3）与实物结合，并注意实物的呈现方式。虽然大班幼儿的抽象思维能力有所提高，基本上掌握了数的含义，从整体上把握数的能力相对前一阶段更强，但是对数与数之间关系的理解仍需实物的支持。呈现实物时应注意方式，不同的呈现方式给幼儿进行比较带来的困难也不同。与横排相比，竖排更易于观察两个物群之间的数量差异，便于幼儿发现多1和少1的关系。

4）与数字符号相结合。在教学过程中，在幼儿将物群的元素数量计数完之后，教师可出示数字符号，帮助幼儿建立抽象的数字与物群的数量之间的对应关系。

（二）数的组成教学

数的组成是指一个数可以分成几个部分数，几个部分数可以合成一个数，包含了数的组合与分解两个方面。这部分内容的教学一般安排在大班阶段进行，通过数的组成的教学，不仅可以使幼儿掌握数的组合与分解，而且有助于加强幼儿对整体与部分、部分与部分之间抽象关系的理解，为后续的加减运算打下一定的基础。其教学目标是：理解并掌握 10 以内数的组成，知道总数比分解成的部分数都大，分解后的部分数比原来的数都小；理解数的组成中的互补、互换规律。

“10 以内数的组成”教学要点包括以下两方面。

（1）操作为先，体验为主

幼儿通过自己的操作和探索获得的经验是学习数的组成的重要基础，教师应利用多种形式的活动，创造机会，让幼儿通过自身的体验和探索，发现数的分合规律，掌握 10 以内各数的组成。例如，教“5”的组成，可以提供给幼儿每人 5 个塑料花片（正面是红色，反面是蓝色）和一张纸（用来记录操作结果）。首先，让幼儿自由撒花片，每撒一次后数数 5 个花片中有几片红色、几片蓝色，并把数的结果分别用对应数量的红圈圈和蓝圈圈的记号记录在纸张上。接着，在“5”下面分别用数字表示旁边红圈圈和蓝圈圈的数量，如图 4-10 所示。教师可以提醒幼儿相同的结果不用重复记，只需把不同的结果记下。

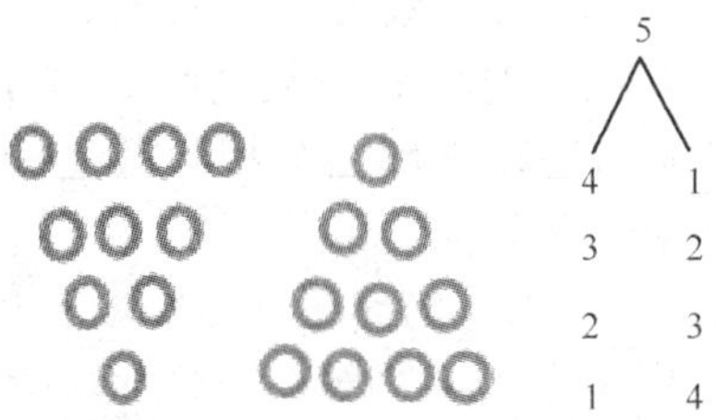

图 4-10 “5”的组成的教学

另外，幼儿可通过游戏活动来学习相关数的组成。例如，在投沙包、投篮、掷保龄球等体育游戏类活动中，让幼儿把投中与未投中的结果记录下来，发现其中总数与分解成的两个部分数之间的关系等。在教学中，尤其是新授某数的组成时，应以幼儿的操作体验为先，教师的归纳讲解为后，这样更有助于幼儿对组成概念的理解和掌握。

（2）归纳规律，提升概念

在幼儿自由探索的基础上，引导幼儿感知并总结规律。例如，教师与幼儿玩购物游戏，将玩具定价为 3 元，然后给不同幼儿 1 枚或者 2 枚 1 元硬币，问幼儿：“你现在有几枚硬币？如果要买一件玩具，还需要几枚 1 元硬币？”用贴绒图片表示幼儿回答的结果，引导幼儿进行比较。教师最后须总结：“小红现在有 2 枚，她还差 1 枚。小明现在只有 1 枚，比小红少 1 枚，小明还差 2 枚。小明比小红少 1 枚，就需要多给 1 枚。一边少 1，另一边就要多 1。”

幼儿通过实物操作理解数的组成及其形式后，可配合使用抽象的数字，并逐渐过渡到抽象的数的组成。注意开始时，数字应与实物同时出现，以帮助幼儿在数字与数量之间建立联系。例如上例，幼儿理解了 3 可以分成 1 和 2 以及 2 和 1 以后，教师可以说：“小红有 2 枚，我们用数字 2 表示，她还需要 1 枚，我们用数字 1 表示，加起来一共有 3 枚，用 3 表示。2 和 1 合起来就是 3。小明只有 1 枚，再给他 2 枚，现在一共 3 枚。1 和 2 合起来就是 3。2 和 1 的位置变了，但它们合起来还是 3。”

案例 4-8

5的组成和分解[①]

一、活动目标

1）在感知材料的基础上，掌握5的分合关系。

2）学会通过观察分析5的组成，并会记录观察结果。

3）通过操作和探索获得数的分与合的相关经验，进一步体验数学和生活的密切联系。

二、活动重、难点

能通过观察、分析一个数的多种分法，掌握5的组成。

三、活动准备

师：2张小兔子卡片（一个小白兔、一个小红兔），5张萝卜卡片，5个纸团，2个杯子。

幼：笔，记录卡，数字卡（每人一张）。

四、活动过程

（一）复习4的组成与分解

玩“公鸡头母鸡头”复习4的组成与分解。

（二）情境创设，学习5的组成与分解

1）师：小朋友真厉害，看看老师帮你们请来了谁？

2）出示小兔子。

师：丰收的秋天到了，农民伯伯拔了许多的萝卜，我们来数数有几个？

3）出示萝卜并一个一个贴在黑板中间。（幼儿观察萝卜的形状、大小、颜色。）

师：有几个萝卜？用哪个数字来表示？

4）师：农民伯伯要把5个萝卜分给两只小兔子吃，这可把农民伯伯给难住了，小朋友们有什么好的办法来帮助农民伯伯？（幼儿想办法。）

小结：把5个萝卜，一部分分给小红兔，另一部分分给小白兔。

5）请个别幼儿来分。提问：你是怎么分的？5个萝卜分成了几个和几个？

（根据幼儿的分法出示一种分合式，齐读）引导幼儿说出“按形状、大小或颜色”来分，小白兔吃了 x 个，小红兔吃了 y 个，一共合起来吃了几个？再请第二个小朋友来分（依此类推）。

6）小结：5的分法有几种？

（三）游戏（猜一猜）

1）师：大班的小朋友都非常棒，老师带来一件神秘的礼物，我们看看是什么。

① 根据 http://www.baby611.com/jiaoan/db/sx/201211/2196731.html 中的案例改编.

2）出示杯子和纸团。师：我们要和杯子、纸团来玩一个游戏，游戏的名字是“猜一猜”，要仔细听游戏规则。（把5个纸团分别放到两个杯子里，出示一个杯子，把另一个杯子藏起来，请小朋友猜猜藏起来的杯子里面有几个纸团。）

3）玩游戏。

（四）记记录卡

1）师：游戏好玩吗？看看老师手上有什么？

2）出示记录卡。

提问：记录卡上有什么？我们应该怎样去记录？

3）幼儿记录。

4）检查（记录对的幼儿到篮子里拿一张数字卡贴在左边的衣服上，学习等待）。

五、活动分析

该案例中，教师通过情境创设环节，充分利用语言和教具让幼儿通过自己的操作，帮助农民伯伯分萝卜，从而发现了5的4种分法，学习了“5的分解与组成”，理解了分与合的意义。其中所有的例题和练习都是先把若干个实物分成两部分，再把实物抽象成分解数，从数的分解体会数的组成。幼儿通过这样的活动，不断体会分与合，感受分与合的异同及其联系。这样的活动有利于激发幼儿对数学的兴趣，初步培养幼儿善于观察、善于发现的眼光，进一步体验数学和生活的密切联系。

（三）数的加减运算教学

10以内的加减运算是中大班幼儿的教学内容之一，其教学目的不仅仅是训练幼儿记忆加减事实，更重要的是，让幼儿理解数与数之间的关系并懂得在何种情境中应用何种运算。为帮助幼儿获得这些认识和技能技巧，教师可以从以下几方面展开教学。

1. 结合直观教具和动手操作，帮助幼儿理解加法和减法的含义

为了更好地帮助幼儿理解加法和减法的含义，首先要进行的就是实物加减，包括加减法的形式、应用加减法的情景、加减法的关键词汇等，这是幼儿加减运算能力发展的最初阶段。

在实物加减运算的教学中，一定要结合直观教具和幼儿操作进行教学，即教师通过教具演示或实物操作，创设问题情境，让幼儿在解决问题的过程中体验、理解加减法的含义。教师可以根据幼儿的日常生活经验，通过口述应用题的形式向幼儿讲解题意。例如，教师可以边说边出示教具，手里拿3个苹果站在幼儿面前，将其中1个送给小红后问：“我原来有3个苹果，送给小红1个后，我还剩几个苹果？”幼儿回答后，提问幼儿是怎么算出来的。幼儿回答出“3个去掉1个是2个”之后，教师应总结说明这是减法，并指出结果2比原来的3小，引导幼儿理解减法得到的数变小了。此时，再问幼儿，“老师再给小红2个苹果，小红一共有几个苹果？”这样，将减法和加法联系起来进行教学，可以帮助幼儿理解加法和减法之间的可逆关系。教师在编各种应用题时，引导幼儿逐步理解“合起来是多少”“一共有多少”“再加上”等是合起来的意

思，要用加法，加法得出的数比原来的两个数都大，在原来的基础上变多了；而“还剩多少”“比……多（少）多少”“减掉”“拿走”等，要用减法，减法得出的数比原来的数小。

一般而言，在教5以内的加减法时进行的是实物加减的教学。在最初教学中，可以借助直观的教具、材料来分析运算过程，也可以由教师以归纳问题的形式进行，但在教师讲解题意或幼儿回答问题的过程中，一般不出现“＋、－、＝”这些抽象符号，更不用列算式。

2. 教幼儿认识运算符号并学习列式运算

对幼儿的加减运算教学先从实物加减开始，逐渐过渡到符号教学。对符号的认识是列式运算教学中的一个重点。一般来说，教师可结合应用题或编题、解题的过程，向幼儿明确符号的名称、意义、读法及其在算式中的位置。例如，结合演示教具——花丛中有3只蝴蝶，后来又飞来了2只蝴蝶，现在花丛里有几只蝴蝶？幼儿听清题意并说出答案后，教师追问“你用什么方法算的？”“为什么？”之类的问题。之后，教师在归纳小结中可以说：“这道题是要把两个数合起来的意思，应该用加法，加法里有个符号叫‘加号’（边讲边出示＋），它表示‘合起来’的意思，放在两个数的中间……”然后将加号符号“＋”放在3和2中间，在此向幼儿解释加号表示把两边的数合起来，并问幼儿3加2得几。幼儿回答后，教师再出示等号，将整个式子连接起来，向幼儿说明等号表示两边的数相等，并带领幼儿一起读出加法算式：“3＋2＝5”。在出示运算符号并进行介绍的过程中，教师应始终结合算式。同样，对减号的认识与介绍也可依此进行。

3. 运用口述应用题进行练习

为了让幼儿掌握10以内的加减运算，可以运用多种途径和形式来进行练习。常用方法是引导幼儿进行“口述应用题”的训练，这既是幼儿园大班数学教学中的重要内容，也是教学难点所在。因为，一方面它能有效锻炼幼儿的逻辑思维能力；另一方面，由于学习、理解和自编应用题的过程需要幼儿学会从实物到口述的过渡，这是一个更为抽象化的过程，所以具有一定的难度。

首先，幼儿在解答应用题时易受情节的干扰。幼儿在解答与生活有联系的加减应用题时，有时不注意题里的数量关系和所提问题，而注意题目中的情节和事实内容，很多时候把应用题当作一个故事或谜语，被情节内容所吸引而产生一些情绪或联想，进而忘记了计算的任务。例如，问“小明有5块饼干，分给小红4块，小明还剩几块呀？”有的幼儿不回答这个问题，而感兴趣的却是：“为什么分给小红这么多呀！”又如，问“花园里有3盆菊花，2盆兰花，花园里一共有几盆花呢？”有的幼儿会立即回答：“我家里也有菊花呢！”这些都反映出幼儿在解答口述应用题时易受情节干扰的特点，年龄小的幼儿尤其明显。

其次，幼儿对应用题结构的理解能力较差。在学习自编应用题的过程中，幼儿一般凭生活经验能够解答口述应用题，但相比之下，自编口述应用题比解答口述应用题要难，因为在自编口述应用题时需要幼儿掌握应用题的结构，但是幼儿往往由于缺乏实践经验，经常表现出不会提出问题、编题不完整、没有问题或者运算结果出现在题目中、缺少已知条件等情况。例如，“我有3支笔，妈妈又买来了1支，我一共有了4支笔”；“树上原来有3只小鸟，现在树上有几只小鸟呢？”等诸如此类的问题。

最后，由于知识和生活经验的限制，幼儿会编出一些不符合社会生活或自然规律的问题。例如，“我家的钟敲了3下，一会儿又敲了2下，一共敲了几下？”因此，在教幼儿自编口头应用题时，要根据幼儿的特点帮助他们逐步学会编题。

除此之外，还可以采用游戏的方式为幼儿创造理解和运用数学知识的丰富情景，让幼儿进一步巩固所学习的内容。例如，教师可以在娃娃家里扮演妈妈的角色，假设到了吃饭的时间，妈妈可以问每个人要吃几块面包，然后引导幼儿算出妈妈要买的面包总数。

案例4-9

10以内加减法①

一、设计思路

结合“我要上小学”的主题中孩子们互留电话的主题背景进行活动预设，通过活动中孩子们集体编出的密码，自然地引导他们学会关注同样答案下试题与试题间的关系，理解一个答案可以对应多个式题的道理。

二、活动目标

1）熟练运用10以内的加减法，理解相同答案可以对应多个试题。

2）熟悉生活中一些重要的电话号码，愿意了解与同伴的联络方式。

三、活动重点、难点

熟练运用10以内的加减法，熟悉生活中一些重要的电话号码。

四、活动准备

1）10以内加减试题卡，破译电话号码练习纸，由加减法试题组成的电话号码卡片，红旗、黄旗、蓝旗、绿旗，记分牌。

2）开展主题活动“我要上小学了”，使幼儿有了解同伴联络方式的愿望。

五、活动过程

（一）导入部分：复习10以内的加减法

师：我们小朋友就要毕业了，前几天大家也讲到过分别后联系的方式，有写信、寄贺卡、串门，还有打电话……今天我们就来玩一个破译电话号码的游戏。

1. 看试题破译电话号码

教师出示由8道加减法试题组成的号码卡，如3＋3，7−4，8＋1……

（这个环节的目的是帮助幼儿复习10以内的加减法。）

活动中，教师从多个角度提问，如这个电话的第一个号码是几？“6”是第几位号码？最后一位是几？

师：你们真棒！一下子就把这个电话号码破译出来了，你们是怎么破译的？

① http://www.baby611.com/jiaoan/db/sx/201211/2196731.html.

幼：是用加减运算的方法破译的。

师：你们知道这是谁的电话吗？

幼：幼儿园。

师：你们以后如果有事或想念老师的时候就可以打这个电话。大家一起告诉我：幼儿园的电话号码是多少？

2. 心算破译电话号码

1）老师出示第二个电话密码，提出要求：在心中计算，把答案记在心里，等一会儿我们大家一起说。

2）老师出示第三个电话密码，要求破译准确、迅速，一下子把电话密码破译出来。

（二）学习部分：为电话号码设置密码并破译

1. 根据试题计算答案

1）将幼儿分成红、绿、黄、蓝四个队，每一队有10个电话密码，用小组竞赛的形式，比一比哪一队的本领最大，破译的电话号码又快又准确。

2）各组交换检查。

3）请每一组派一名代表报对方获得的分数。

2. 尝试根据答案编试题

师：这里有三个很特别的电话号码，等一会儿你们要用10以内的数为这些电话号码设置密码，电话号码里的每一个数字都是答案。你们编的密码要给别的组破译，所以要编得越难越好。

注：刚开始请幼儿编题时，老师提供的号码可以是数字少但较特殊的（如110、119、120）。这个环节引导幼儿理解一个答案可以对应多个试题，如可以将119编成一组密码：4−3，7−6，2＋7；同样还可以编成：7−5＋2−3，5−2−2，1＋5＋3；等等。

1）幼儿分组尝试编试题。

2）小组相互交换试题并进行破译。

3）请幼儿把破译出来的、与黑板上号码一样的电话号码贴在黑板上。

六、活动分析

本案例突出体现了数学来源于生活、与生活实际紧密结合的教学思想。低年龄儿童的思维以形象思维为主，而数学中的计算教学要求学生具有一定的抽象思维能力。这种过渡不是跳跃式的，而应该给孩子一根拐杖，这根拐杖即创设与生活实际紧密相关的问题情境。在本案例教学过程中，教师注意到了问题呈现的多样性，问题情境的创设有层次，紧密结合生活实际引导学生提出问题。这样，学生们通过直观的操作、观察，过渡到抽象的算式表达，才会更清晰地了解算式的计算过程，依次运算、条理清晰。所以在低年级的教学中把数学与生活紧密联系起来，在生活中找数学是十分有必要的。

第四节 学前儿童空间概念的教育

一、有关空间的基本知识

空间指物质存在的广延性。空间是客观物体存在的形式，任何物质都存在于一定的空间之中。人类从未停止对空间的感知与表征、认识与探索。空间认知涉及对空间大小、形状、距离等的认识。

（一）空间方位关系

空间方位关系是指客观物体在空间中所处的位置及其与周围其他物体存在的空间上的相互位置关系，一般用上下、前后、左右等来表示。

空间方位的特性有相对性、可变性、连续性。首先，空间方位是相对的，我们生活周围的空间是向纵、横、深三个方向扩展的，空间坐标系的基本方向分别表示上下、前后、左右三对方向，它们都是相对的概念。上是相对下而言，左是相对于右而言，因而空间位置关系也是相对的——主体与客体的位置关系是相对的。例如主体是我，客体是汽车，若以我为基准，汽车在我的后面；若以汽车为基准，我站在汽车的前面。其次，物体的空间方位具有可变性。因为空间方位是在与参照物联系和比较的过程中呈现出来的，当参照物发生变化时，同一物体的方位也会随之发生变化。如图 4-11 所示，宝宝站在爸爸和妈妈的中间，宝宝在爸爸的右边，同时在妈妈的左边。所以在帮助幼儿辨别空间方位时，确定“基准”是十分重要的。最后，空间方位具有连续性。由于空间的延展性，空间方位不是截然分割的，如左与右是连续的、不能截然分割的，从左到右是个连续的区域。如图 4-12 所示，前到右的区域是相连的，其中黑点的位置可描述为前面偏右或者右边靠前。

图 4-11　辨别空间方位

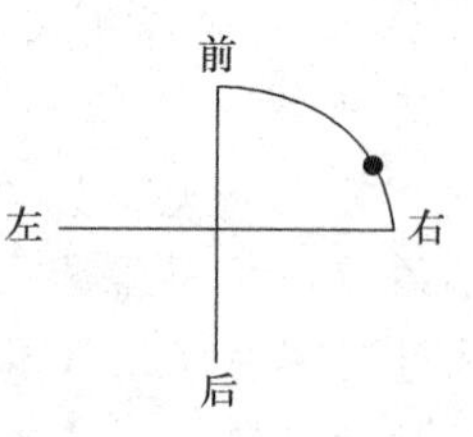

图 4-12　空间方位的连续性

（二）几何形体

几何形体是对客观物体形状的抽象和概括，具有普遍性和典型性。认识几何形体是学前儿童数学教育的重要内容，它能帮助幼儿对客观世界中形形色色的物体做出辨认和区分，发展他们的空间直觉能力与初步的空间想象力，从而为后续的学习打下一定的基础。

学前儿童对几何形体的认识包括对平面图形的认识和对立体图形的认识两部分。其中，平面图形是指同一平面内的点、线、面所构成的图形，如圆形、正方形、长方形等。立体图形则指由几个面所围成的三维形体，如正方体、圆柱体等。在空间中，点的连续运动形成线，线的连续运动形成面，面的连续运动形成体。教师可以帮助幼儿感知和体验 10 种几何形体：圆形、正方形、三角形、长方形、椭圆形、梯形、球体、圆柱体、长方体和正方体。

二、对空间方位的认识与教学

（一）以自身为中心辨别上下、前后、左右

幼儿对空间方位的认识是从对自己身体有关部位方位的认识开始的。在小班阶段，教师应该帮助幼儿理解和熟悉方位的概念与词汇，让幼儿直接感知自己身体有关部位的方位，再配合适当方位词的描述，逐步理解方位词汇的含义，从而认识空间方位。例如，问小班幼儿“你的身体上面有什么，下面有什么？”在幼儿知道上下的含义后，再一起做游戏，如老师发出指令，让幼儿去触摸相应的身体部位。如发出指令“摸鼻子上面”，幼儿就需要摸自己的眼睛；发出指令“摸鼻子下面”，幼儿就需要摸自己的嘴巴。然后再问幼儿眼睛在鼻子的什么地方，嘴巴在鼻子的什么地方，头在身体的什么地方，腿在身体的什么地方等，让幼儿重复回答“上面”“下面”，以理解方位词的含义，掌握方位词。同样，认识前后时，让幼儿感知头的前面有眼睛、鼻子、嘴巴，头的后面有头发；认识左右时，让幼儿感知拿勺子、握笔的手是右手，扶碗、扶纸的手是左手（左撇子反之）。然后改变提问方式，让幼儿反复回答“前面”“后面”“左手”“右手”等词。

（二）以客体为中心辨别上下、前后、左右

幼儿对空间方位的理解和判断是以自身的感知经验为基础的，逐渐从以自我为中心转向以客体为中心。因此，教师应丰富幼儿有关空间方位的感知经验，为幼儿理解和判断空间方位奠定基础。

在帮助幼儿学习以客体为中心认识上下方位时，一般以客体为界，分上、下方位。例如桌子上有花瓶，花瓶里插了鲜花。如果以桌子为中心，花瓶在桌子上面。如果以花瓶为中心，那就以花瓶为界，花瓶上面有花，花瓶下面是桌子。教幼儿以客体为中心认识前后方位时，一般以物体的正面为前面，背面为后面。例如小熊猫图片，它的脸面向的方向是前面，背的方向是后面。如果是玩具橱之类的，橱的正面方向为前面，背面方向为后面。认识左右时，实际上还是以幼儿自身为中心去分辨客体的左与右的。例如，幼儿面向黑板站着，问幼儿黑板的左边有什么、右边有什么时，幼儿往往还是以自身为中心来分辨黑板的左与右。由于幼儿对对面客体的左右方位的认识与自身左右方位的认识正好相反，理解较为困难，因此，开始进行左右方位教学时，尽量不选用面对面的物体为中心来分辨左右方位。

在以客体为中心区分上下、前后、左右方位的教学中，除了教师的演示与幼儿的观察比较外，可以充分运用操作和游戏的方法。例如，请幼儿“把玩具放在大橱前面”，“把娃娃放在椅子上面”。再如玩“抓老鼠”的游戏。教师在教室里创设一定的活动情境，如在大积木、小房子、树等教具边上放些小玩具、纸做的小老鼠等，先引出教室里的玩具少了，被老鼠偷走了，要去抓老鼠，找回玩具这一主题。老师做黑猫警长，儿童做白猫警士，以引起儿童的兴趣。然后请个别警士侦察敌情，回来报告，要求说出在什么的前面（后面）发现了老鼠。再请一个警士去抓老鼠，抓住后告诉大家在哪里抓到的（要求用上下、前后、左右方位词回答）。接着，再请另一位警士去找玩具，要求用方位词回答是在什么地方找到玩具的……儿童在这种游戏活动中可以以客体为中心，反复辨别上下、前后、左右方位，从而巩固对方位的认识。

（三）认识空间方位的相对性、可变性、连续性

由于学前儿童对空间方位的辨别与认识有一个发展过程，因此，对空间定位的相对性、可变性和连续性的理解应为5～6岁儿童学习的一个重点。

对于相对性和可变性的理解，在教学中，教师可以通过确定不同的参照物进行比较，或采用改变参照物位置的方式让幼儿在演示性操作中感知和理解。例如，在小朋友排队去户外活动时，教师可以问“小明站在小红的前面还是后面？站在小军的前面还是后面？”对于幼儿的回答，教师加以归纳，帮助幼儿明晰前后是相对的、可变的。对左右的认识也类似，可以让幼儿在自己参与的游戏中，转身180°后，再来认识左右方位，发现其相对性、可变性。

对于连续性的特点，可以结合教具的演示、空间方位点的移动变化，以视觉的感知参与为主，让幼儿更直观地感受和理解这一特点。

案例 4-10

区别左右[①]（大班）

一、活动目标

1）萌发感知、体验左右空间位置的兴趣，充分体验合作游戏带来的乐趣。

2）正确区别“左右”空间位置关系，并理解其相对性、可变性。

3）提高观察力、抽象思维能力、小组合作学习能力、空间方位知觉和判断力。

二、活动准备

知识准备：已经认识各个箭头符号，并理解其所代表的意思。

材料准备：上下、左右、前后箭头标志，红绸巾若干，左右标志图、图示卡等。

三、活动过程

（一）游戏“看谁做得对”

通过看看、说说、做做等形式，激发幼儿的学习兴趣。

① http://www.lspjy.com/forum.php?mod=viewthread&tid=208939.

1）学习看标志、说名称、做游戏。

2）口头游戏“左手举起来，右手举起来”设疑：到底哪边是左手，哪边是右手？

（二）游戏“我的左右朋友”

引导幼儿自主探索，学习区分左右的位置关系。

1）说说“我的左右手”，引导幼儿互相说说左右手的作用，加深对左右的认识。

2）区分左右手（请小朋友给能干的右手戴上红绸巾），鼓励幼儿两两互相检查、集体检查。

3）游戏“我的左右朋友”。提问：在我们每个人的身上，有着很多像左手和右手一样的好朋友，看一看自己的身体，你能找出像这样一左一右的好朋友吗？请你一边找一边和你旁边的朋友说一说。

① 幼儿两两活动交流。

② 集体交流。提问：谁愿意和大家说一说你身体上一左一右的好朋友？

③ 师生共同小结：靠左手的这边叫左边，靠右手的这边叫右边。

④ 说一说：你座位的左右各是谁？左边与右边的物体是什么？（教师以图示的方法梳理幼儿的发言。）

（三）分组游戏“听口令做动作”

引导幼儿小组合作自主看符号、听口令、做动作，巩固对左右的认识。

1）利用图示自由创编口令。

2）师生共同商讨检查的方法。

3）介绍游戏玩法与要求。

① 先由组长出口令并检查小朋友们做得对不对。

② 速度可由慢到快，可轮流进行。

4）分小组游戏，教师观察指导。

（四）游戏“碰碰歌”

引导幼儿两两游戏，感受、理解左右的相对性、可变性。

1）师：小朋友们做得真棒，老师想祝贺你们，让我们握握手吧，握手应该伸哪只手呢？（师幼面对面握手。）设疑：你们发现了什么？为什么都伸出右手，却不在一边呢？

2）幼儿间两两面对面握手，进一步感知左右的相对性。

3）游戏“碰碰歌”，引导幼儿两两游戏，体验、理解左右的相对性、可变性。

4）师幼共同小结：小朋友站的方向变了，左右方向看到的东西也变了。

（五）游戏“我是小司机”

巩固对左右的认识，感知左右方位在生活中的运用。

1）讨论：认识左右可以给我们提供哪些帮助？（引导幼儿说说在日常生活中观察到的上下楼梯、开车、走路等左右方位的运用。）

2）游戏：“我是小司机”，引导幼儿听信号开汽车，学习运用左右方位知识。

自然结束。

三、对几何形体概念的认识与教学

（一）认识平面图形的教学

平面图形的教学主要安排在小、中班年龄段，主要教育目标是能区分和识别六种平面图形，了解其基本特征，并能进行比较、组合和拼搭活动。

1. 在视觉、触觉感知实物轮廓的基础上认识图形

儿童对图形的认识，实际上是对图形的知觉。儿童认识图形是在充分感知图形、获得有关图形的感性经验的基础上，再配合说出对应的名词，以达到认识图形的目的。因此，在教学中一定要让儿童看一看、摸一摸，体验一下有形物体，逐步抽象出平面图形，并用正确的语言表述。

首先，要引导儿童抚摸、观察物体的面，感知物体面的轮廓。在实际生活中，单纯的平面几何图形是没有的，因此教师开始教儿童认识平面图形时，应选用儿童熟悉的、尽量接近平面图形的物体让儿童观察、抚摸，引导他们注意物体面上的轮廓。例如，认识正方形时可选用小手帕，认识圆形时可选用小圆镜，认识三角形时可选用红领巾等。引导儿童摸摸这些物体的面（小手帕、红领巾可平铺放于桌上），用手指触摸这些物体的边缘，并提出这是什么形状等问题。

其次，出示与物体的面的形状相似的几何图形，介绍其名称、特征。例如，在教儿童认识正方形时，在触摸感知小手帕的基础上，教师出示正方形的纸，同时说这张纸与小手帕的形状差不多，是正方形的；再让儿童触摸正方形的边、角，同时介绍说“这是边”“这是角”；然后，请儿童数数正方形有几条边、几个角，再引导儿童观察正方形有4条一样长的边，有4个相同的角。在介绍三角形的特征时，只要讲清有三条边、三个角即可。在讲解长方形的特征时，只要讲清有四条边，其中相对的两组对边一样长，而且有相等的四个角即可。圆形的特征只要介绍圆圆的、光滑的就可以了。梯形、椭圆形的特征只分别讲像梯子、长的圆形即可。

最后，出示颜色不同、大小不同、排放形式不同的图形，巩固对图形的认识。例如，儿童认识正方形特征之后，教师就可以出示各种颜色、不同大小的正方形让儿童观察，还可以把正方形摆放成各种形式，让儿童看看是不是都是正方形。这样可以逐步培养儿童在认识图形时，不受物体颜色、大小和摆放形式的干扰。

2. 运用重叠比较法认识图形

运用重叠比较法认识图形，是指在已经认识了某些图形的基础上，再把要认识的新图形与认识过的相近图形重叠，找出相同点与不同点，从而掌握新的图形名称及其特征的一种方法，一般适用于中班儿童。例如，教儿童认识长方形时，可以把长方形和已经认识过的正方形重叠比较。选用长方形的宽与正方形的边长一样长的两张图形进行重叠，正方形在长方形的上面，让儿童看到长方形的4条边中相邻的2条边是不一样长的。其中，两条对边较长，另两条对边较短。这就把长方形的主要特征讲清楚了。

3. 通过对图形的分割和拼合活动认识图形之间的关系

分割就是把一个平面图形分成两个或两个以上的图形。一个平面图形可以分成两个

或两个以上相同的图形，也可以分成两个或两个以上大小不同、形状相同的图形，还可以分成两个或两个以上不同的平面图形。拼合就是把两个或两个以上图形拼合成一个图形。儿童通过分割和拼合图形的操作活动，能感知图形之间的关系，从而加深对已知图形的认识，同时也能初步培养儿童思维的变通性和灵活性。

分割与拼合的操作活动可以由教师演示：先示范分割，再示范拼合。示范分割时强调先对折再剪开，对折时要讲清对折的方法。例如，把一张正方形的纸分割成两个长方形，要上边下边对齐、折平，折出一条直线痕迹，然后用剪刀沿着直线痕迹剪下。又如，把一张长方形纸分割成两个三角形时，要沿对角线折出一条直线痕迹，再沿折纸痕迹剪开，示范拼合时要强调由哪几个图形拼起来。

4. 运用多种操作形式，巩固对平面图形的认识

在教学中可运用多种操作形式，如涂色、折叠、分类、寻找、点数、拼搭等，巩固对平面图形的认识。

涂色即提供给儿童一些白纸、不同颜色的铅笔及不同大小、不同形状的几何图形印章，让儿童在纸上随意印出图形，再涂上颜色，并说出各种图形的名称；也可给儿童画有各种图形的纸，要求儿童给某种图形涂上一种颜色，给另一图形涂上另一种颜色；还可以给儿童准备一张画有各种图形的纸，要求儿童只给某种图形涂色。折叠即发给儿童一张纸，让儿童折叠出各种不同的平面图形。例如，一个长方形可折叠成三角形，折叠成几个长方形，折叠成几个正方形等。分类即给儿童各种形状的平面图形，其大小不等并涂有不同颜色，可让儿童按形状分类，然后逐步提高要求，按颜色和图形两种特征分类，甚至按三种特征分类等。寻找是指教师说出图形的名称或特征，要求儿童从已准备好的各种图形中找出对应的图片，教师可说出图形的一种特征，也可提出两个或三个特征让儿童寻找；也可以提供给儿童用各种图形拼成的图画，让儿童找出各种平面图形；还可以引导儿童在自己身上、教室里找一找哪些东西像什么形状，如衣服纽扣像圆形、小手帕像正方形、教室的玻璃窗像长方形等。点数即给定一些较复杂的图形让儿童去数其中有几个三角形、正方形等。拼搭即给儿童准备大小不同的各种图形，让儿童自由拼搭成自己所喜欢的图画。

（二）认识立体图形的教学

立体图形的教学主要安排在大班年龄段，主要目标定位在知道形体的名称与基本特征，了解其与平面图形的关系与区别，并结合日常生活加以运用。

1. 运用触觉感知形体及其特征

帮助儿童认识几何体时，要让儿童充分用手去触摸、摆弄几何体，感知几何体的特征。例如，教儿童认识球体时，教师准备各种大小不同的皮球、乒乓球、玻璃球等分发给儿童，让他们充分用手触摸，感知其浑圆光滑的特征，然后还可以让儿童摆弄这些球体，让他们将球放在桌上，甚至在地上滚动几下，看到球体能向各个方向滚动。

2. 通过自然测量认识形体及其特征

在帮助儿童认识几何体时，可启发儿童用小棒测量正方体的棱，使儿童知道正方体的各条棱都是一样长的；测量长方体的棱，知道长方体的棱有长有短，相对的几条棱是一样长的。也可以让儿童用正方形、长方形、圆形的纸片为工具，测量正方体、长方体或圆柱体几个面的大小，从而认识各几何体的特征。例如认识正方体时，以正方体积木为教具，教师可选用一张正方形纸为测量工具（面积与积木的一个面等大），分别将此正方形纸张重叠在积木的每个面上，看看几个面是否一样大，再数数有几个正方形的面，让儿童认识到正方体有 6 个一样大小的正方形面。另外，还可让儿童认识正方形与正方体的不同之处，辨别平面与立体的差异。

3. 运用重叠比较认识形体及其特征

把两个不同的几何体进行重叠比较，也是认识几何体的一种有效方法。它能在对比中突出几何体的特征，使儿童在原有几何体知识的基础上获得新的知识。例如认识长方体，可以用和已认识的正方体与长方体进行重叠比较（要求长方体两个对称的侧面与正方体的面一样大），让儿童看到长方体也有 6 个面，但它的 6 个面不是一样大的，这与正方体不同。长方体有 4 个面是长方形的，还有两个面可以是长方形，也可以是正方形的。

4. 通过粘贴活动认识形体及其特征

让儿童进行手工活动，通过对纸张的裁剪、粘贴，使儿童具体感受到立体的东西是由面构成的，感受到几何体各面的大小及其数量等特征。例如认识正方体时，先发给儿童每人一张涂了不同颜色的硬纸片（见图 4-13），教师出示用同样纸片做成的正方体，把它一一拆开，让儿童形象地看到它有 6 个一样大的正方形的面；再将它粘成一个正方体，使儿童对正方体有一个初步的形象的认识；然后，让儿童把自己手中十字形的硬纸片做成正方体。通过这样的粘贴活动，使儿童认识了几何体及其特征，同时也培养了儿童动手操作的能力。

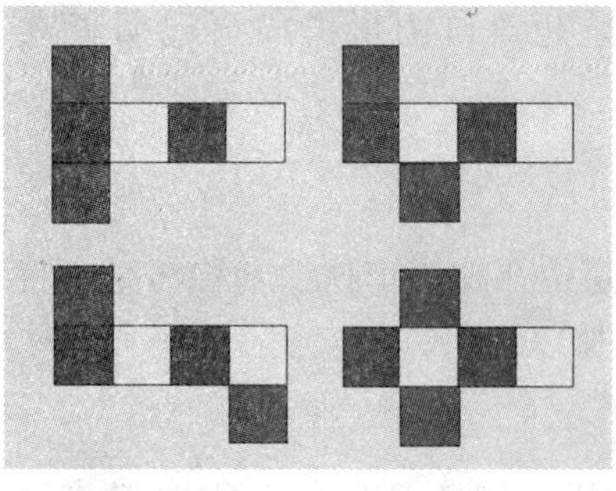
图 4-13　认识正方体

5. 采用多种活动形式巩固对几何体的认识

教学中可采用多种活动形式来巩固对几何体的认识。例如运用寻找活动，即引导儿童按教师的要求寻找与几何体相似的物体。可让儿童在自然环境中、布置好的环境中或运用记忆表象来寻找哪些物体是正方体的，哪些是球体的等。也可运用分类、排序活动，让儿童按几何体的特征正确地进行分类。还可给儿童各种几何体，让他们按一定规则进行排序，加深对几何体的认识。可以利用拼搭活动进行巩固，各种大小的积木都是较好的几何体，让儿童按照自己的构思，根据不同积木的特征，选择最适宜的积木正确放置，拼搭成小木房、大轮船、滑梯等形象，这样不仅可以加深儿童对几何体的认识，而且让他们从中学到了拼搭的技能。

案例 4-11

认识图形[①]（小班）

一、活动目标

1）复习巩固对正方形、三角形和圆形的认识。

2）培养参与活动的积极性和思维的灵活性。

二、活动准备

1）图片一幅，纸制小路（上面镂刻不同形状、不同大小的图形）。

2）小白兔头饰一个，“魔术箱”一个（内装有多个画有不同形状的图片）。

三、活动过程

（一）以故事形式引出主题

1. 讲故事引起幼儿的兴趣

师：小朋友们，昨天小白兔打电话给老师，它对老师说：“昨天，森林里刮起了大风，把我的房子都给吹破了（呜……）你能不能帮我造一间新房子呢？”于是，老师就连夜给小白兔造了一间新房子。你们看，这新房子漂亮吗？

2. 出示图片，进行提问

师：你们看，老师把房顶盖成了什么形状的？

幼：三角形。

师：房身呢？

幼：正方形。

师：门又是什么形状呢？

幼：圆形。

引导幼儿说出三角形、正方形和圆形。

（二）复习图形

师：小朋友们真聪明，全都答对了，今天老师跟小朋友们复习这些图形。

1. 出示“魔术箱”

师：小朋友，你们看，老师从魔术师那里借来了魔术箱。今天老师就要为小朋友们表演魔术，你们可要仔细地看哟！

2. 提问

从魔术箱内变出图形。

师：哩妈哩轰，变！你们看老师变出的是什么图形呀？

幼：圆形。

师：它是怎么样的呢？

幼：没有角的。

依次变出正方形、三角形并进行提问。

---

① http://www.chinajiaoan.cn/you1/onews1.asp?id=5416.

（三）游戏——铺路

1）一名大班幼儿扮演小白兔打电话给老师道谢，并要求再次帮助。

（嘟……）教师接电话，小白兔说："谢谢您为我造了一间新房子！刚才我想来跟你道谢时，家门口有很多泥坑，我不小心就摔倒了，老师，您能不能再帮我把这条路铺好呢？"

师：小朋友，你们都听到了小白兔的话了，那么，我们一起帮助小白兔把路铺好，好吗？

2）摆出各种形状不同的几何图形。

师：小朋友，你们看到了吗？这里有很多不同的形状，请你们把圆形材料放进圆形的坑里，把三角形材料放进三角形的坑里，把正方形材料放进正方形的坑里，直到把坑全填平！（边讲解边示范）

3）幼儿操作，要求幼儿根据坑的形状、大小寻找相应的材料。

（四）结束部分

让幼儿扮小兔跳，沿着铺好的路去探望受伤的小白兔。

四、活动分析

该案例中，教师以故事形式引出主题，并且通过进一步创设情境、利用游戏活动引导幼儿亲自动手操作等环节充分调动了幼儿学习的积极性和主动性，加深了对相关内容的学习。这样的活动有利于激发幼儿对数学的热爱，培养幼儿善于观察的好习惯，进一步体验数学与生活的密切联系。

第五节 学前儿童时间概念的教育

一、有关时间的基本知识

时间与我们每个人息息相关，它是独立于人们意识之外而客观存在的。我们可以度量时间，却很难界定时间。在我们所生存的时空里，是按照牛顿提出的绝对时空观来理解时间的。时间是运动着的物质存在的基础形式，与空间一起构成宇宙的基本结构。宇宙中的各种物质运动过程都具有一定的发展顺序和持续性，而这些过程都是依托时间而存在的，如月圆月缺、花开花谢。离开时间的形式，任何物质的运动、变化、发展都是不可能的，所以在人对客观世界的认识过程中，认识时间具有重要的意义。

时间的概念是人类描述、比较、认识、归纳事物运动变化过程的先后顺序和持续长短的结果。时间具有以下几个特点。

1）流动性。时间与物质的运动相联系，是一秒秒、一分分地过去，川流不息，不以人的意志为转移的。

2）不可逆性。时间不能倒转，流逝过去的时间是无法收回的。

3）连续性。时间是个无限的集合，是个无穷无尽、无始无终的特殊存在。它永远不能也不会间断。

4）均匀性。时间是均匀地流动着的。

5）无直观性。时间没有直观的形象，既看不见也摸不着，它无声无息、无色无味、无影无踪。人们只能借助某种媒介来认识时间。这种媒介可以是自然界的周期性现象，如太阳的升落、四季的变化等，也可以是机体内部的一些有节奏的生理活动，如饥饿、心跳的节奏等，还可以是测量时间的工具，如钟表、日历等。通过这些媒介，时间成为可以被人们测量和认识的对象。

二、学前儿童认识时间概念的教育

幼儿对时间概念的认识，与其在日常生活中经常可以体验到的生活情境性问题有着密切的联系，因此，在学前期对儿童进行有关时间概念的教育，一方面可以促进他们对时间知觉的发展，使其理解时间顺序性、周期性等，加深其对次序关系、整体与部分关系的进一步理解，提高思维的抽象水平；另一方面也能够在教学中帮助幼儿潜移默化地形成良好的生活习惯和学习习惯。所以，教幼儿初步认识时间概念也是学前儿童数学教育中一项不可忽视的内容。

一般而言，认识时间的教学目标和内容是：小班进行认识“白天与黑夜”及“早、中、晚”的教学；中班进行“认识和区分昨天、今天和明天”的教学；大班进行“认识星期、月、四季、年”及“认识时钟（整点和半点）”的教学。

（一）认识“白天与黑夜”及“早、中、晚”的教学

小班的孩子只能理解发生较近的、短周期的时间，如早晨和晚上、白天和黑夜。他们对这些时间的理解都是与具体的事件或现象相联系的，如白天是爸爸妈妈上班的时间，黑夜是睡觉的时间。此时，幼儿对时间长度的感知很不准确，具有非常强的主观随意性。他们在日常交流中开始用到一些时间词汇，但还不能准确理解和应用时间词汇。针对这些特点，此阶段关于时间的教学目标和内容主要集中在认识时间顺序和时间词汇两方面，具体包括：引导幼儿能够结合日常生活事件和自然现象来感知、识别一天中几个较大的时间单元，包括早晨、中午、晚上，白天和黑夜，区分这些时间单元发生的先后顺序，并能正确运用这些时间词汇。

幼儿最先理解和掌握的时间单位是白天和黑夜，因为二者区别明显、易于把握；然后是早晨和晚上，这两个时间也对应明显的自然现象和生活事件，区分起来较容易；最后再掌握中午，相比于早晨和晚上，中午既没有明显的天象参照，也没有特别有针对性的规律性活动，因此对“中午”的习得会晚于“早晨”和“晚上”[①]。

在教学中，借助于对日常生活经验的回忆与认识是一种很重要的途径。要唤起幼儿的生活经验来加强对“白天与黑夜”及“早、中、晚”的认识，教师可以调动

① 孔令达，2007．儿童对两组时间词的习得［J］．安徽师范大学学报（人文社会科学版），(35，6)．

的教学手段一般有：第一，借助视听同步的感知。由于小班幼儿年龄小，思维比较形象、直观，通过形象化的图片及教师生动的语言、故事的演绎，可以较好地帮助他们感知与认识事物。例如“白天与黑夜”的教学，教师出示相应的图片，画面上是不同的小动物在白天或黑夜活动，配上一定的故事情节“小猫与猫头鹰”，让幼儿在理解图片的基础上初步获得“白天与黑夜”的时间认识；也可以通过对比性的图片，让幼儿找出“哪张是白天，哪张是黑夜”，当然，图片的内容选择应既符合客观实际，与实践内容相吻合，又要联系幼儿的生活经验。第二，借助情境谈话。引导幼儿对一日生活经验进行回忆和梳理，从而形成“白天、黑夜”和“早、中、晚”的正确时间概念。例如认识“早、中、晚”的教学，教师可以和幼儿一起讨论“早晨你做些什么事？”“中午吃了什么菜？”“中午吃饭后做了什么？”“晚上在家都做些什么？”等，让幼儿回忆在家里，在幼儿园的情节，让幼儿体验一天中的“早、中、晚”的区别。

（二）认识和区分“昨天、今天、明天”的教学

中班的幼儿仍以具体形象思维为主，而时间是抽象的，因此，他们所理解的时间往往与具体的生活经验相联系，而并非成人所认为的标准时间。这个阶段的幼儿应该可以较好地理解一天中有“白天、黑夜”及“早、中、晚”等，在此基础上开始较多地使用时间词汇“昨天、今天、明天”，并开始理解它们所代表的含义。

对于这部分的教学内容，应引导幼儿首先习得“今天”，然后是“昨天、明天”。因为“今天”的时间长度为一天。对幼儿来说，自然界的日出日落、天亮天黑为他们感知一天的时间提供了客观参照，而幼儿在一天时间内的带有较强规律性的活动又为他们感知一天的时间提供了丰富的生活经验基础。另外，“今天”特指“说话时的这一天”，就是说“今天”是以说话时刻为参照的一天。因此，“今天”这个时间词汇容易为幼儿领会和掌握。“昨天”和“明天”这两个时间词汇都是以“今天”为参照向前或向后延伸的时间，都不在眼前，所以理解起来要比今天更难。“昨天”指今天的前一天，是刚刚过去的一天。这一天虽然已经消逝，但幼儿可以通过自己经历的活动来唤起时间记忆。“明天”是“今天的下一天”，是尚未发生的时间，幼儿没有感性的活动体验作为参照，只能靠理性去推导，所以对“明天”的认知难度要大于“昨天”，习得的时间也相应地晚于“昨天”。

在教学中，教师要注意把握好以下几个要点：第一，采用多种方式联系幼儿的生活事件。介于“昨天、今天、明天”时间概念的抽象性，应当注意围绕幼儿生活中的事件出发，以幼儿自身为中心去联系“昨天、今天、明天”的事件，在帮助幼儿整理生活事件顺序的过程中，获得对“昨天、今天、明天”时间顺序的认识。第二，讲清时间的相对性问题。通过生活事件的回忆和整理，基本获得了“昨天、今天、明天”的时间顺序，了解“昨天的事是已经过去的，今天的事是正在做的，明天的事是还没有做的”，同时，幼儿也已经知道了“早、晚”的顺序概念，在教学过程中，在教师可以进一步启发幼儿思考：“早上是不是一定在晚上之前？”根据幼儿的疑问，进一步追问：“昨天晚上和今天早上相比，哪个在前呢？”“为什么？”在幼儿的讨论和思考基础上，还可以鼓励幼

儿自己出题，比一比不同时间段的前后顺序，从而获得时间的相对性认识。第三，借助多种手段巩固概念。当幼儿初步获得了有关“昨天、今天、明天”的时间概念后，教师可以采用多种教学手段帮助幼儿巩固概念。例如，采用操作、排序的形式，请幼儿将讨论中出现的反映“昨天、今天、明天”的生活事件（幼儿熟悉的且有自身体验的事件）用画笔画下来，将一张张画的小卡片打乱后，以小组为单位进行“卡片排序”的比赛，看哪个小组排得又对又快。

（三）认识“星期、月、四季、年”的教学

随着年龄的增长和生活经验的不断积累，大班的孩子已经在生活中有了“星期、月、四季、年”的相关体验，因此，这一部分内容的教学应当充分地与幼儿的生活相联系，与主题相融合。

首先，结合特定的事件与现象来感知时间顺序。对学前儿童而言，感知时间都需要有具体的现象或事件作为经验支持。因此，在教学活动中，教师一定要注意创设机会让幼儿充分感知能够体现星期、月、四季、年的顺序性与周期性的活动与现象，并向幼儿提供具体形象的材料作为支持，如幼儿活动的照片、不同季节的自然景色等；或者设计具体的活动，让幼儿将这些时间概念与特定的活动相联系，从而帮助幼儿结合日常经验来感知时间顺序。例如，在制订教学计划时应注意每天有独特的活动，如周一升国旗、周二学画画等。这样，幼儿可以根据特殊活动所提供的线索来区分一周中的每一天，进而逐渐感知一周中每天的名称与顺序。

其次，引导幼儿关注星期、月、四季、年的构成与顺序，体验时间的周期性。教师应通过游戏、儿歌等有趣的方式来引导幼儿识别和记忆星期、月、四季、年的单位名称及先后顺序。教师也应注意结合图片、图表等具体形象的手段引导幼儿比较每个周、月、四季、年是否有一样的天数、名称和顺序等，感知其周期性和顺序性。例如，教师拿着日历，和幼儿一起数数看一个星期有几天、一个月有几个星期、一年有几个季节、每个季节的名称及先后顺序是什么。在引导幼儿思考的基础上，与幼儿一起得出答案。

最后，通过多种形式的活动来加深幼儿对时间顺序的理解。教师应在一日生活的各个环节和各项活动中注意渗透有关时间的认知。在常规活动中，教师可在每周一的时候向幼儿展示本周值日的安排，然后每天都提问今天是星期几、由谁来值日、今天天气如何等问题。在幼儿的日常生活中，如观察活动——看看秋天的变化、冬天的特征，结合幼儿观察后的讨论，渗透相应的年（四季）的概念；再如教室里的环境布置，可以粘贴一张统计每星期天气、值日生的表，让幼儿进行简单的记录，由值日生负责填画，每周总结一次，在总结中帮助幼儿进一步巩固“星期”的相关概念等。

（四）认识时钟（整点、半点）的教学

时钟的认识是大班教学中的一个重点和难点。在时间长度感知方面，大班的儿童能较准确地感知和区分较短时距，如对 4 秒钟、5 秒钟等较短时距有较好的感知，开始用

计数策略来估计时间长度，如通过数数来判断和区分时间的长度。虽然 5～6 岁幼儿对时间的心理表征还不稳定，但是这一时期的幼儿开始对计时工具感兴趣，喜欢读看、摆弄钟表、日历等，并且开始自发使用环境中的计时工具来判断和区分时间点与时间长度。当外界有钟表等计时工具时，不需要成人提示，幼儿开始能够自觉利用时间标尺来判断时间。

首先，在教学中，要引导幼儿在观察和操作中认识时钟的结构。教师可以通过给幼儿猜谜语的方式出示时钟，如："会走没有腿，会说没有嘴，它能告诉我们什么时候起来，什么时候睡。"幼儿猜对后出示时钟；也可以通过钟的闹铃声响，让幼儿猜是什么，再出示时钟。教师还可以提供不同形状的时钟实物或图片（电钟、闹钟、电话钟等），引导幼儿自己观察，然后和幼儿一起讨论钟面上的构成部分及特征。让幼儿知道钟面上有 1 至 12 的数字，这些数字是按 1、2、3……12 的顺序排列的。由于幼儿没有认识过数字 11、12，应重点解释这两个数字，并让幼儿学会读这些数字。让幼儿知道钟面上有两根针，长的叫分针，短的叫时针。

其次，用时钟边演示边讲解时针、分针转动的方向及规律。教师把时针分针都拨到 12 上，以演示时针、分针都是顺着 1、2、3……12 的方向走动的。提醒幼儿看清楚分针走得快，时针走得慢，分针走一圈，时针才走一个数字，使幼儿知道当分针走一圈，时针只走一个数字，表示过了 1 个小时。

再次，要多次边演示边讲解整点（或半点）。演示整点时要强调分针从 12 开始，沿着 1、2……12 的方向行走，又到 12 上，时针走到数字 3 上时，就表示 3 点整。同样，多次演示讲解 4 点整、8 点整等。由于 12 点整时时针循环了一圈，时针与分针重叠在一起了，所以 12 点整应重点解释。讲解半点时，强调分针从 12 开始，沿着 1、2……的方向行走，走到 6 上，如果时针处在数字 1 与 2 之间时，表示 1 点半。再多次演示 3 点半、7 点半等。6 点半应着重讲解。

最后，总结整点、半点规律。教师在多次演示讲解整点的基础上，可告诉幼儿，"分针在 12 上，时针在几，就是几点整"，从而让幼儿掌握规律，认识整点。教师在多次演示讲解半点的基础上，可告诉幼儿"分针指向 6 时，时针在几过去一点就是几点半"，让幼儿掌握规律，认识半点。在此基础上幼儿通过动手操作练习，进一步巩固对整点（或半点）的认识。例如，教师可以分给幼儿每人一只小钟模型，教师报时间，幼儿拨钟点。又如，教师可以组织幼儿玩"送钟宝宝回家"的游戏，把钟面为 6 点整的钟表宝宝送到挂有"6:00"牌号的家里，把钟面为 4 点整的钟表送到挂有"4:00"牌号的家里……这样，通过一系列的操作活动，巩固幼儿对时钟整点和半点的认识。

除了以上提到的教学关键点外，须注意在演示讲解部分中的教具操作，应注意按顺时针方向拨动指针。教学形式不一定以"演示讲解"为主，也可以先让幼儿操作，教师再加以归纳、纠正，通过进一步的"演示讲解"，帮助幼儿形成正确的概念。

思考与实践

1．简述学前儿童数学认知教育的意义。

2．参考幼儿园教材，进一步理解科学教育的内容包括哪些内容。

3．如何理解和构架幼儿园数学教育的内容体系？

4．寻找生活中有哪些操作材料、数学故事书或者活动形式能够帮助幼儿掌握一一对应、分类等数学经验。

5．收集蕴含数与运算关系的儿歌、童谣、故事等材料，分析其中蕴含的教育价值；选择其一设计一个教育活动。

6．选择一个幼儿园班级，统计分析班级中有哪些材料可以支持感知和认识时间，并对材料的年龄适宜性做出分析判断。

第五章 学前儿童科学教育活动设计与指导

学前儿童科学教育的内容非常广泛，一般都是以活动的形式进行的，这些活动主要包括集体性科学教育活动、区域性科学教育活动、一日生活中的科学教育活动等。学前儿童科学教育活动设计是指对学前儿童科学教育活动的各个组成要素进行细致的分析、处理，从而形成合理的逻辑关系的过程①，即对科学教育活动的基本要素（目标、内容、学习活动、媒介、时间、空间和环境、教学方法等）按一定的方式进行编排和整理。根据《指南》对科学领域提出的六个目标，要求教师在科学教育活动设计与组织指导中，必须遵循学前儿童学习与发展的规律，善于发现和保护学前儿童的好奇心、求知欲，注重探究过程，引导学前儿童通过观察、比较、实验等方法，学习发现问题、分析问题和解决问题。

在当前的幼儿园科学教育实践中，面向全体幼儿的、统一的集体活动是幼儿园教学活动最普遍的组织形式。不可否认，集体活动是符合中国国情的幼儿园教育组织形式，在今后相当长的时间内还将继续存在。但是，集体教学也有其自身的局限性。为弥补其不足，区域活动、一日生活、整合性活动应运而生，并在幼儿园教育实践中扮演着越来越重要的角色。本章将分别讨论这几类活动的设计与指导方法。

第一节 学前儿童科学教育活动概述

一、学前儿童科学教育活动的分类

学前儿童科学教育活动是指教师利用周围环境，为学前儿童选择适合其年龄特点的内容，提供充足的材料和机会，运用不同的方法指导幼儿通过自身感官去搜索周围世界、获取信息、发现问题、寻找答案的一种活动。这种活动是有目的有计划的教育过程，并不是幼儿随意自发的活动，应当在教师的组织和指导之下，以幼儿为主体，有目的、有计划地进行。

学前儿童科学教育活动具有多种形式，包括专门的学前儿童科学教育活动、渗透的学前儿童科学教育活动。

① 李维金，2012．学前儿童科学教育［M］．2版．北京：科学出版社．

（一）专门的学前儿童科学教育活动

专门的学前儿童科学教育活动，是指教师按照计划安排专门时间组织全体学前儿童参加的活动。根据教师指导程度以及组织方式的不同，又可以分为正规性科学教育活动、非正规性科学教育活动和偶发性科学教育活动等。

1. 正规性科学教育活动

正规性科学教育活动也称为预定性科学教育活动或集体性科学教育活动，是指教师根据幼儿科学教育的目标、任务，有计划、有目的地选择活动主题，确定学习的内容、方法和技能，并创设相应的环境，提供合适的材料，组织全班幼儿参加的活动。简单地说，就是在教师指导下开展的集体性科学教育活动。集体性科学教育活动是一种传统教育模式，也是我国幼儿园普遍采用的活动类型，适合目前我国幼儿园的实际情况（教师少，幼儿多）。

活动的组织形式往往根据活动的实际内容以及班级幼儿的具体情况而定，可以采取全班或者分组的形式进行，抑或采取个别形式进行。采取全班集体活动的形式须考虑活动场地以及材料是否宽裕等情况；采取小组形式须主要考虑按照幼儿发展水平或者活动内容不同进行分组；个别幼儿的形式则是根据各个幼儿从自己的发展水平出发，自由选择学习方法，在教师的引导下，进行活动的开展。

2. 非正规性科学教育活动

非正规性科学教育活动也称为选择性科学教育活动或区域性科学教育活动，是指教师根据科学教育的目标和学前儿童发展的水平，有目的地创设活动环境、投放活动材料，让幼儿按照自己的兴趣和能力进行操作、摆弄，从而发现和获得新的科学知识与技能的活动。非正规性的科学教育活动作为正规性科学教育活动的补充，并且比偶发性科学教育活动容易控制，在幼儿科学教育活动中起着相当重要的作用。非正规性科学教育活动没有固定的组织形式。根据幼儿的意愿和活动的需要，可以采取小组形式或者个别形式进行活动的开展。

3. 偶发性科学教育活动

偶发性科学教育活动是指由外界情景诱发，并围绕偶然发生的科学现象展开的科学探索活动，是学前儿童科学教育中特有的一种活动。偶发性科学教育活动与幼儿的日常生活、周围事物密切联系，任何时间、任何地点都可能发生，活动的内容丰富而广泛，活动时间的长短、参与的人数、组织的形式也都非常灵活，正是基于以上特点，偶发性科学教育活动有助于发展幼儿的科学兴趣及探索精神。

（二）渗透的学前儿童科学教育活动

渗透的学前儿童科学教育活动也称为整合性科学教育活动，包括日常生活中的科学教育、游戏活动中的科学教育及其他教育活动中的科学教育三个方面。它具有两个方面的含义，一是形式上与其他领域的教育活动及幼儿的生活进行联系和渗透；二是理念上用整体的眼光看待科学教育活动，使科学教育活动超越科学本身，而让幼儿从科学、艺术、人文等各个方面看待周围世界，帮助他们建立系统性和整体性的思维方式。

1. 日常生活中的科学教育

所谓日常生活中的科学教育，是指利用日常生活的各个环节或者发生的一些突发性的事件或现象进行随机的教育。生活中的科学教育具有随机性和生成性的特点。对幼儿来说，在他的生活中的随机经验是最自然、最有意义、最具体、最容易了解、也最不容易忘怀的经验。

2. 游戏活动中的科学教育

《纲要》在总则中明确提出应“以游戏为基本活动”，这无疑肯定了游戏活动对儿童的重大教育价值。游戏活动中的科学教育活动是幼儿自发探究、体验探究过程并自主建构学习经验的一种学习活动，能够比较好地体现幼儿在兴趣能力等方面的个别差异，充分发挥幼儿的自主性，增强幼儿的自信心、独立性和创造性。

3. 其他教育活动中的科学教育

科学教育渗透在幼儿生活学习的方方面面，也蕴含在其他幼儿教育活动中。比如，在进行体育活动时，幼儿体操的基本动作常常采用有特点的动物形象，这就激发幼儿再次去观察、思考，发展幼儿的具体形象思维；又如，在进行音乐和美术教育时，一首歌、一幅画，都反映一定的自然与社会的内容，用艺术的手段能够实现幼儿对客观现实的再次认识，同时也可以对他们进行科学启蒙教育。

二、学前儿童科学教育活动的特点

学前儿童科学教育是依靠一系列具有可操作性的活动实现的，其过程是教师引导幼儿学习科学的过程，也是幼儿在教师指导下对客观世界认识的过程，与其他年龄段如小学、中学和大学的科学教育活动相比，具有如下特点。

（一）学前儿童科学教育活动是教师和幼儿互动的过程

学前儿童科学教育活动包括教师的“教”和幼儿的“学”，是通过教师与幼儿之间的相互关系来展开的。

教师首先要具有比较丰富的科学知识，能充分利用周围环境、提供物质材料和机会，通过各种组织形式，从而将正确的、科学的经验传递给幼儿，通过“教”对幼儿的“学”进行指导。同时，要对幼儿的能力和潜力有足够的信任，大胆放手，允许幼儿进行相对独立的科学探索活动，激发他们的积极性和主动性，实现“幼儿积极主动地学，教师积极有效地教”的互动教学过程。

在学前儿童科学教育活动中，幼儿是主体，教师是主导。如果没有幼儿的积极参与，就无法谈及教师的主导作用。

（二）学前儿童科学教育活动是幼儿重演科学家科学探究活动的过程

随着幼儿生活经验的丰富，他们对周围事物的认识也在不断地改变，新旧经验甚至可能出现冲突。教师在组织和引导幼儿进行各种探究活动时，实际上是在支持和引导幼儿简约地经历科学家探究的过程[①]。让幼儿像科学家那样去探究世界，不仅能极大地激发幼儿科学探究和学习的热情，而且能够增进幼儿对科学本质的理解，培养他们尊重事实、乐于探究和创造的科学品质，获得内化的科学概念、知识经验和相关技能。

因此，在科学教育活动过程中，教师要创造条件、设定环境、配置材料，组织幼儿通过观察、实验、参观等科学活动接触实际，简约式地再现科学家发现的过程。

（三）学前儿童科学教育活动是幼儿获得科学经验的过程

幼儿的年龄特点决定了他们的认识方式以直接经验为主，因此不能用机械的、抽象的方式让他们学习。他们只能在科学教育活动过程中、在自己的水平上经历（体验）科学发现的过程，获得大量对周围事物的印象和科学经验。这些科学经验是幼儿学习科学的基础，对他们形成有关科学概念及今后学习科学具有非常重要的意义。

（四）学前儿童科学教育活动是科学知识方法情感协调培养的过程

幼儿在与客观事物或现象相互作用的科学教育活动中，经历猜测、提问、讨论交流等一系列过程获得科学知识，同时，好奇心不断地被激发，又不断得到满足，好奇探索形成他们对科学的兴趣。这种兴趣既是幼儿以后进行科学探索的动力，也是今后适应社会的基础。

在学前儿童的科学教育活动中，幼儿的科学知识、科学方法和技能、科学情感和态度是相互作用并协调发展的，这种教育的成果是实现人格的全面发展。

第二节　学前儿童科学教育活动设计的原则

学前儿童科学教育活动设计，从静态的角度看，就是依据一定的科学教育理论和学前儿童年龄特点及其发展需要，确定目标，选择一定的教育内容和方式，在一定的时间内向其施加科学教育影响的方案。从动态的角度看，就是结合本地区、本园和本班学前儿童实际情况，将科学教育目标、内容、学习活动、媒介、时间、空间和环境、教学策略、评价等按一定的方式方法进行编制和处理。因编制、处理的方式方法不同，可以设计出多种多样的科学教育活动。设计活动是进行学前儿童科学教育的重要环节。学前儿童科学教育的目标必须通过活动设计这一中介环节，进而转变为具体、实际的科学教育活动来实现。

教师在设计与组织幼儿进行科学教育活动时，需要按照一些基本要求开展工作，这些要求就是科学教育活动设计应遵循的基本原则。

1．科学性原则

科学性原则是指在设计学前儿童科学教育活动时，为学前儿童选择的科学教育内容

---

① 李季湄，冯晓霞，2013．《3—6 岁儿童学习与发展指南》解读［M］．北京：人民教育出版社．

必须是客观的、实际的、符合科学发展方向的，设计的教学方法必须符合科学规律和学前儿童的认知特点。

学前儿童科学教育是启蒙教育，为使幼儿以后有兴趣和能力进行科学活动的探索打下基础。因此，教师必须重视科学教育的内容和方法的科学化，不能为了迎合孩子的求知欲而随口乱编故事，不在意故事本身的科学性。因为幼儿一旦接受科学知识，便会潜移默化的对其认知、想象力，以及意志、情感、思想品德等产生不同程度的影响。

2. 发展性原则

发展性原则是指在进行学前儿童科学教育活动设计时，要求其内容、方法、手段等随科学与人的发展而不断发展和完善；同时要求科学教育要促进学前儿童的全面发展。

随着科技的迅速发展，传统的教材已经不能满足幼儿学习科学的积极性，更不能很好地适应现代社会发展的要求，这就要求教师在跟随时代步伐不断提升自己的同时，也应该及时改变教学手段和内容，与时俱进。

贯彻发展性原则应该注意以下几个方面的问题。

1）科学教育的内容和方法手段等要体现时代发展的特点。

2）科学教育活动的设计应考虑幼儿发展的实际水平，对所提出的教育目标，既不可任意拔高，也不能盲目滞后。

3）科学教育活动的设计要促进幼儿的全面发展。

3. 趣味性原则

趣味性原则是指在进行科学教育活动设计时要做到活泼有趣、寓教于乐。

在幼儿时期，儿童注意力的保持时间比较短，容易分心、走神。因此我们在设计和组织科学活动时一定要充分重视幼儿的主体地位，并结合科学活动自身趣味性，给予他们更多动手操作的机会，设计符合幼儿需要的、激发其探索求知欲望的好的科学教育活动。

4. 开放性原则

开放性原则是指在进行科学教育活动设计时要做到活动模式、内容、教学方法、组织形式等的开放，是相对于封闭式的教育活动而言的。

开放性的科学教育活动没有固定的模式，幼儿科学学习的基本内容来源于幼儿的生活，所以，应当将幼儿的科学学习活动置于广阔的背景之中，充分利用自然、家庭、社会等资源。幼儿的科学教育实施者不仅包括幼儿教师，而且包括家长、科技人员和社会热心人士等构成的教育共同体。要使幼儿的视野跨越幼儿园，在开放的环境中成长。

5. 活动性原则

活动性原则是指在设计与组织幼儿科学教育活动时，应该尊重幼儿的主体地位，为他们提供丰富的活动材料，保证充足的活动时间和空间，让他们在丰富的实践活动中进行主动的探索，从而获取科学知识、发展科学能力、培养科学精神。

幼儿正处于身心迅速发展的阶段，他们对周围事物充满了兴趣和探索的欲望。由于幼儿时期思维发展的具体形象性特点，幼儿是主要通过感官感知其周围的各种具体事物而获得知识的。因此，教师在设计幼儿科学教育活动时必须体现活动性。

坚持活动性原则应该注意以下几个问题：①要正确把握活动的实质；②要提供充分活动的机会；③要从讲科学变为做科学；④要注重过程而不是结果。

6. 整合性原则

整合性原则是指教师在设计学前儿童科学教育活动时，不仅要注意将科学教育活动与其他活动相互渗透，并协调利用各种有利于幼儿学习科学的教育因素，开展系统化的教育。

幼儿的世界是一个完整的世界，他们接触的、了解的事物也应该是完整的。比如生活中的小兔子，当幼儿接触小白兔的时候不可能只关注其所学的科学领域，如它有几条腿，眼睛是什么颜色，喜欢吃什么等，可能还会涉及语言领域中小白兔的故事，美术领域中的画小白兔等。应运而生的单元主题活动、主题网络活动等模式就是整合教育思想在幼儿科学教育中的体现。

贯彻整合性原则也应注意以下方面问题：①科学教育活动目标的整合；②加强科学教育与其他教育活动的渗透，促进各学科内容的整合；③积极促进家庭、幼儿园及社会科学教育活动形式的有效整合。

第三节　集体性科学教育活动的设计与指导

一、集体性科学教育活动概述

集体性科学教育活动是要求全班幼儿参与的科学教育活动。在集体教学活动中，教师可以进行集体的统一指导或个别指导。

（一）集体性科学教育活动的特点

集体性科学教育活动具有以下主要特点。

1. 学习内容统一、固定，由教师选择

集体教学活动的课题内容，一般是教师根据学前儿童科学教育的总目标和教育内容范围，结合本地、本园的具体情况，同时也充分考虑本班幼儿的兴趣特点而选择和确定的。教师所确定的活动课题，就是要求每个幼儿都必须学习的内容。因此，教师不仅确定了学习内容，还会根据这一内容制定出统一的活动目标，这是对本班所有幼儿通过这一活动所应达到的目标要求。

对幼儿来说，每一次集体教学活动的内容都是统一、固定的，每个幼儿学习的内容都是共同的，这些内容是由教师事先选择和确定的。

2. 学习材料由教师统一提供，并保证每个幼儿的操作机会

在集体教学活动中，教师根据自己确定的活动课题内容，设计和提供给幼儿足够的

具体材料，让幼儿通过直接操作材料的活动学习科学。一般来说，教师要为幼儿提供人手一套的材料，供每个幼儿进行操作。即使受条件限制，无法做到人手一套材料，也要通过交换的方式，保证每个幼儿都有操作各种材料的机会。在活动中，虽然是每个幼儿独自进行自己的操作，但都是在教师的指令或问题引导下进行的，属于一种集体的操作活动。

3. 学习过程中教师的直接指导较多，幼儿自主探索的时间和空间受限制

集体教学活动完全是由教师设计、计划和组织的。教师不仅为幼儿提供操作的材料，还要事先设计出一个集体性的共同学习计划，包括学习时间的安排和学习空间的利用。在整个活动中，教师也基本按照提前设计的过程开展活动。活动期间，教师以各种方式参与幼儿的活动，对其加以指导，如提出问题、语言启发、组织讨论等，整个活动的进程都是在教师的指导下进行的。

这种活动也有其固有的缺点，比如，较难照顾每个幼儿的个体差异和需求，学习内容可能是某些幼儿不感兴趣的，因为时间的限制有些时候教师的直接指导较多，影响了幼儿个体的探索和主动性的发挥。尤其是在班级学生容量较大、教师比例不合理的情况下，这些问题可能会更加突出。

（二）集体性科学教育活动的作用

1. 确保幼儿掌握基本的科学知识和方法技能

幼儿园的幼儿处于学龄前期，身体发育速度很快，但身体各器官还不够完善与成熟，他们的认识能力较低，思维水平较为具体形象，通过个人的探索很难保证获得基本的科学知识和方法技能，集体性科学教育活动正是从这一要求出发，在广泛的科学内容中，选择一些基本的、具有代表性的知识。这些活动要求每个幼儿都参加，从而保证每一名幼儿都能学习基本的科学知识和方法技能。

2. 提高幼儿的学习效率

在集体性科学教育活动中，幼儿的科学探索是在教师直接指导下进行的，具有明确的教育目标和内容、丰富的学习材料。教师在活动开始之前就做了相应的选择与设定，并且能够根据幼儿的学习情况及时调整活动计划，这样可以保证幼儿能够在较短的时间内，较快地掌握基本的科学知识和方法技能，而不至于走很多弯路。

3. 为幼儿之间的相互交流、启发、学习提供机会

集体性教育活动为幼儿提供了一种特定的学习时间与空间，幼儿在和同伴的相互交流、相互启发中，分享共同学习所带来的乐趣和情绪体验，有利于形成幼儿集体学习的习惯，如合作、倾听别人的意见、讨论等。这是学前儿童的其他活动所不能替代的。

二、集体性科学教育活动的设计

集体性科学教育活动的设计，就是对科学教育活动各个要素进行处理，从而形成特

定的相互关系的过程。设计科学教育活动的流程一般包括活动主题的选择、活动目标的设计、活动内容的设计、活动环境的创设、活动过程的设计等。

（一）活动主题的选择

《指南》和《纲要》指出，学前儿童科学教育不在于让幼儿了解科学与技术的概念，而是让幼儿探究大自然和生活中真实的事物与现象。因此活动主题要选择最基本、最具代表性的科学知识内容，要贴近幼儿的生活，内容直观、有趣，符合儿童认知和发展规律；要体现时代性，但主要还是应该选择适合集体学习的活动主题。

（二）活动目标的设计

活动目标的设计必须依照学前儿童科学教育的总目标，并参考年龄阶段目标而进行，是科学教育总目标的进一步具体化，理论上应在活动结束后都能达到。活动目标要结合幼儿的发展水平和具体特点，具有层次性和灵活性，不仅要考虑不同年龄层次幼儿所呈现的明显年龄特点，而且要照顾同一年龄层次幼儿的个体差异，以应对活动中的变化。目标的设计要结合活动的具体内容提出针对性的具体目标，尽量体现行为化和可操作性，尽可能用可以观察的行为形式表现出来，以便根据活动目标设计活动过程。

（三）活动内容的设计

活动内容的设计是从学前儿童科学教育的内容范围中，选择适合幼儿探索学习和教师组织开展的活动内容，是指针对已选主题确定学习的范围和深度。活动内容的设计，有时也被称为“内容与要求”的设计，它是指针对主题本身，确定适合幼儿年龄特点的学习范围和学习深度。例如已选主题内容“电的用处大”，在班级开展这一主题活动时，活动内容的设计要考虑的有：了解电有哪些性能、哪些用处，以及与电有关的其他知识（如安全用电）等；通过活动可以让幼儿发展哪些能力，或学习什么方法，在活动中可以培养幼儿什么样的情感或态度；等等。

活动内容的设计可以从以下几个方面考虑。

（1）选择的内容必须是最基本的、最具有代表性的学科知识内容

如果集体教学活动的数量太多，势必会加重幼儿的学习负担，所以我们要对丰富的科学教育内容进行严格的筛选，以便让幼儿掌握最重要的内容，对于那些拓展幼儿的知识面、以激发幼儿更广泛的探索欲望为目标的内容，可以以其他的活动形式进行。

（2）活动要贴近幼儿的实际生活经验、为幼儿所熟悉

活动的内容不能一味追求新颖而脱离幼儿的生活环境，否则就不能保证幼儿在已有的经验基础之上吸收、学习新的内容，不能引起幼儿共鸣，无法激发他们的活动兴趣。

（3）活动内容要直观、有趣，符合幼儿的认知特点

幼儿的思维以具体形象思维为主，对于缺乏直接经验的事物则难以理解，而且他们的注意力保持时间一般较短，生动有趣的科学内容能调动他们的积极性和主动性，延长注意保持的时间，保证活动的顺利展开。因此，教师选择的科学内容应该尽量是直观具体、生动有趣的，这样更有利于激发幼儿的求知欲。

（4）活动内容要体现时代性

现如今，科学技术已经影响我们生活的方方面面，所以教师在为幼儿设计集体性科学教育活动内容时，要考虑有计划地安排一些体现现代科学技术的教育内容，如智能手机、电脑、共享单车等，让幼儿初步认识现代科技，感受科学技术为人们的生活带来的便利。

（5）活动内容适合在集体活动中进行

科学教育的内容非常丰富，但并不是所有的内容都适合在集体活动中组织，有很多有趣的内容也可以在区角或是日常生活中展开。比如，有趣的时钟、奇妙的磁铁等就可组织幼儿集体学习，而观察月亮的变化就更适合在家庭中进行。

（四）活动环境的创设

集体性科学教育活动环境的创设主要包括活动空间的准备和活动材料的准备。

1. 活动空间的准备

活动空间是幼儿学习科学的一个重要因素和条件，环境空间的大小、安静程度、温度、通风、湿度、干净与否都会在一定程度上影响幼儿的科学学习。无论是室内还是户外，都要让幼儿感到比较舒适，既不能因空间狭小导致活动受限，也不能因空间太大导致幼儿分散，不便指导。此外，教师还要注意一些科学实验、制作的桌面空间要足够大；一些模拟场景的桌椅摆放要合理等，以便幼儿进行观察、交流，同时也便于教师的集体指导。

2. 活动材料的准备

材料是“不说话的老师”，是学前儿童活动的载体，是幼儿学习科学的重要物质保障，因此，教师应在科学教育活动前准备好安全放心、数量充足又能激发探究兴趣的材料，以满足教师演示和幼儿操作的需要。

准备活动材料首先要考虑活动目标的要求，根据活动目标准备相应的材料，为活动服务。活动材料必须安全卫生，不会对幼儿造成意外的伤害。材料应符合幼儿的特点，具有趣味性，能使幼儿产生摸一摸、动一动、试一试的愿望，激发幼儿探索的兴趣。当幼儿发现了自己以往所不知道的现象时，他们会很激动，并产生一种要与他人交流的愿望，一种与自己的同伴分享的愿望，尤其是对方也在进行同样的事情时。其次，活动材料应因地制宜，就地取材。为幼儿提供的探究和操作材料应尽量从身边选取，这样的科学教育能让他们学会勤俭，学会珍惜和利用资源；能让幼儿热爱科学，并真切地体会到科学就在身边，体验到身边有许许多多的秘密，通过探究能发现这些秘密；还能让幼儿学会创造，体验到创造能使仅有的材料发挥更大的价值，从而，真正地乐于探究、乐于学习、乐于创造。最后，活动材料投放的数量要充足，要满足所有幼儿活动的需要，确保活动的效果。

（五）活动过程的设计

科学教育活动过程是为实现教育目标而对教育内容的具体展开及对教育方法的具体运用，是整个集体性科学教育活动的核心环节，所以，集体教学活动过程的设计，也就成为整个设计中的关键。换言之，目标设计是否到位、内容选择确切与否，都会在活动过程中体现出来。教师在设计活动过程时，应特别注意，要从活动目标出发考虑过程的各个步骤。一般来说，集体性科学教育活动的过程可以分为开始部分、展开部分和结束部分。

1. *活动开始部分的设计*

活动开始部分，通常称为导入环节（简称导入）。导入是指教师在教学活动开始时，运用各种手段和方式，吸引幼儿的注意力，自然引出活动的主题，并引导幼儿进入学习状态，做好活动的心理和认知准备的行为。教师在教学活动一开始就运用积极的、富有创意的方法，引起幼儿的注意，激发幼儿主动学习的兴趣，是教学成功的重要前提。有效的集体教学活动导入能够激发幼儿的学习兴趣、集中他们的注意力、营造良好的心理氛围、帮助幼儿明确活动目的等。学前儿童科学教育活动中常用的导入方式主要有以下几种。

（1）通过演示有趣的科学活动导入活动主题

有趣的科学活动或科学现象往往能吸引幼儿的注意力，有效地激发幼儿的探究愿望，特别是经过教师悉心设计和处理的科学活动更能引起孩子的好奇，急于知道原因的想法会促使他们集中注意力去观看教师的演示、倾听教师的讲解。例如，在“荧光杯”活动中，教师可进行演示，把有关材料（过氧化氢、各色染料和过氧草酸纸）混合在一起，洒在透明玻璃杯的内壁，让幼儿熄灯后观看杯子的变化。

（2）通过组织幼儿操作材料导入活动主题

教育家布鲁纳说“学习的最好刺激，乃是对所学材料的兴趣”。这种导入的方法主要适合于那些难度不大，幼儿可通过操作物质材料获得科学发现的活动。教师可直接组织幼儿自主探索，然后再对他们进行深入的引导。

例如，在“物体的沉浮”活动中，教师可以先为幼儿提供装有水的水盆、泡沫板、橡皮、乒乓球、铁勺子等多种材料，在组织幼儿认识完这些材料后，就可以让他们自由操作，看哪些能浮起来，哪些会沉下去。通过导入部分的操作，幼儿有了丰富的感性经验，从而为教师以后开展有关沉浮的其他活动做了充分准备。操作活动是幼儿很感兴趣的活动，但幼儿在操作上有时显得比较忙乱，这就需要教师有较强的组织能力以保证活动顺利进行。

（3）利用幼儿已有经验，通过提问导入活动主题

有些科学教育活动需要让幼儿预知一些知识经验，事先组织幼儿准备活动材料，教师可以通过组织幼儿运用已有的知识经验以及准备材料的过程自然地导入活动主题。比如，“认识春天”可以通过幼儿一起回忆春游时的体验、发现来导入活动；“认识菊花”可以放在参观菊花后进行，通过组织幼儿回忆参观菊花时看到的、闻到的不同菊花来导入活动。

（4）通过谜语、故事导入活动主题

谜语、故事、儿歌等都是幼儿比较喜欢的文学内容，有很多谜语和故事中都蕴含丰富的科学知识，通过组织幼儿猜谜语、听故事导入主题活动，更能把幼儿的兴趣都集中到所要学习和探索的事物中来。

比如，“丁零零，丁零零，一头说话一头听，两人不见面，说话听得清（电话）”；“麻屋子，红帐子，里面住个白胖子（花生）”。又如“小熊请客”的故事，讲的是小熊请客时由于不懂得各种动物朋友的食性，给小猴吃竹子，给小羊吃肉，给熊猫吃桃子……而闹出了笑话。教师可以先向幼儿介绍这一故事，再引入“动物吃什么”的活动。

集体性教育活动的导入方式多种多样，一般没有固定的格式和要求，只要适合幼儿的理解水平，能引起幼儿对活动内容的注意，激发幼儿探索科学的兴趣，引出活动主题，教师就可以根据活动的内容灵活地加以利用。

2. 活动展开部分的设计

活动展开部分是集体性科学教育活动的主体部分，是实现科学教育目标的主要部分。一般来说，活动展开部分的设计应主要从以下几方面进行。

（1）活动方法的设计

活动方法既包括教师教的方法，又包括幼儿学的方法。方法设计的科学与否直接影响着科学教育活动的效果。科学教育活动中的各种方法已在前面的章节中进行了详细叙述，在此不再赘述，以下只对活动方法的选择和设计给出一些建议。

1）根据活动目标选择相应的方法。活动方法是为活动目标服务的，在设计活动方法时要充分考虑实现活动目标的需要。例如，要实现获得对某种事物特征的认识的目标，可以采用观察、比较、讨论、概括的方法；要掌握某种技能或发展某种动手能力的目标，可以考虑选择实验、测量、种植等方法。

2）根据幼儿发展特点和接受能力设计活动方法。活动方法必须适合幼儿的认知水平，这样才便于幼儿理解和接受。在设计活动方法时既要考虑幼儿的年龄特点，还要充分考虑本班幼儿认知的实际发展水平，做到有的放矢、因材施教，保证活动方法的科学性。

3）根据内容选择活动方法。活动方法必须考虑活动内容的需要，以达到最好的活动效果。例如，要认识新事物的特征，可以采用观察、比较、直观教学的方法等。

4）多种教学方法协调配合，调动幼儿学习的积极性。在活动过程中不可能单纯依靠一种活动方法就能很好地完成活动任务，需要多种方法协同配合以更好地达成活动目标，如观察与采集、观察与交流讨论相结合等。

5）注意游戏活动方法的使用。教师要注意在活动中多采用游戏的方法，让幼儿在玩耍的过程中，潜移默化地受到教育，既愉悦了身心，又掌握了知识，锻炼了技能。

（2）活动形式的设计

创造多种有效的活动组织形式也是提高幼儿科学教育效果的重要途径。一般来说，幼儿园常用的活动组织形式如表 5-1 所示。

表 5-1　幼儿园常用的活动组织形式

分类标准	具体形式
活动规模不同	集体活动、分组活动等
活动环境不同	室内活动、户外活动（幼儿园内、大自然中、社区中等）
参与活动的对象不同	教师统一指导、幼儿独立操作、师生双方互动及家长参与等

（3）活动程序的设计

活动程序的设计并无固定模式，教师应根据不同类型的活动进行设计。总的要求是思路清晰、循序渐进、把握重点、突破难点。例如，有的活动要从观察开始，经过分析、对比，概括总结，层层推进，直至幼儿完全理解活动内容；有的活动可以从幼儿动手操作开始，讨论结果、分析原因、反复试验发现科学道理等。

3. 活动结束部分的设计

科学教育活动通常有时间的限制，教师需要精心设计活动的结束方式，既要使一次活动圆满结束，又要引导幼儿产生新的探索。常用的活动结束方式主要有以下几种。

（1）讨论、总结型

组织幼儿讨论、总结活动的收获，教师对幼儿的表现进行评价。这是最常用的一种活动结束方式。比如，在“认识花生”的活动中，结尾时教师和幼儿一起归纳总结花生的结构特点、生长习性、用途等。

（2）要求、建议型

对幼儿探索的情况提出要求或建议，让幼儿在活动结束以后继续探索，这样的结束可以使活动继续延伸。这是最为提倡的一种活动结束方式。比如，在“什么东西容易沉入水底”的活动快要结束时，教师可以提议幼儿回家继续探索还有哪些材料具有下沉的特点。

（3）展示成果型

展示幼儿的活动成果，如采集的树叶、制作的小作品等，没有完成的幼儿也可以在轻松的气氛中继续完成自己的活动。这种方式既可以总结幼儿的活动情况，又能满足他们展示自我的需要，同时还有利于培养他们相互欣赏、相互学习的良好品质。

（4）艺术表达型

以艺术的方式（如绘画、唱歌、跳舞等）结束，这样可以让幼儿充分地表现自己在活动中的发现或感受，使他们情感得到调节、身心得到放松。

总之，学前儿童科学教育活动应该在幼儿还未疲劳的时候结束。形式可以多种多样。无论采用哪种形式，教师都应该鼓励幼儿在集体活动结束后，继续在科学角、科学活动室、园地或家里等地方进行探究活动。虽然，教学活动是要受时间限制的，但是幼儿的探究欲望是无止境的，所以活动的结束方式应该是开放的，一般多以交代任务、鼓励学前儿童继续发现的方式结束。

三、集体性科学教育活动的指导

在开展集体性科学教育活动的过程中，要体现“双主”教育模式，即幼儿是活动的主体，教师是活动的主导。一个活动的成功开展离不开教师的积极指导，因此教师在指导活动时应重视以下几点。

1. 做好充分的活动准备

活动准备工作是在完成活动设计以后，开始转向具体实施的过渡环节，准备充分与否直接影响活动的成效。活动准备一般包括知识的准备、情感的准备、材料的准备和环境的准备。

2. 观察、分析幼儿的行为

在集体性科学教育活动实施的过程中，教师要仔细观察幼儿的行为，理解、分析其原因并考虑好解决对策，通过各种方法对幼儿进行指导。在活动中，教师要对幼儿的表情、言行进行观察，判断他们的活动状态是否积极，是否需要对他们的活动提供必要的支持，幼儿的探究路径是否偏离了目标，对于幼儿所产生的新想法是否给予明确的答复以及其是否具有探究价值等，总之，在活动过程中，既要全面观察，又要注重个别幼儿的需求，通过观察这些外部行为，可以推知学前儿童的内部心理过程（思维、情感等），从而采取适当的教育措施。

3. 适当参与幼儿活动

教师在观察的基础上，还可以适当参与幼儿的活动，从而使他们获得亲切感，形成共同学习的氛围。需要注意的是，教师的参与不是代替幼儿自身的学习，而是在幼儿的水平上参与活动。教师通过直接参与、与幼儿共同解决问题，了解幼儿学习情况，分享幼儿活动中的乐趣，并通过启发性的问题给予幼儿有效帮助。

4. 保证幼儿充分进行活动

一般来说，集体性科学教育活动都有时间的限制，时间的长短应根据幼儿的年龄而定，在 15～30 分钟。在这有限的时间内，教师应给予幼儿充分的活动机会，首先，要使幼儿有足够的实践操作机会，从而对活动材料有足够的认识；其次，要放手让幼儿自主探索，给予幼儿充分的思考时间，幼儿在活动中遇到困难时，需要给予鼓励与支持；最后，教师还要给予幼儿充分的时间进行表达、交流、讨论，从而互相促进。

5. 集体、小组、个别指导相结合

集体性科学教育活动是面向全体幼儿进行的活动，教师在组织和安排活动进程时，首先要考虑全体幼儿的需要，在此基础上还要兼顾个别幼儿。集体性科学教育活动并不意味着忽视幼儿的个别差异，更不是排斥幼儿的个别学习，相反，在集体环境下，教师应该根据每一位幼儿的具体情况开展个别指导，保证每个幼儿能够在自己原有的水平上获得发展。

6. 合理运用评价手段

教师的评价也是一种指导方式，既可以对幼儿的学习结果进行总结，又可以对他们的行为进行强化。教师的评价方式是多种多样的，有语言的评价，也有非语言的评价（如眼神、动作及语气等）。在活动开展过程中，教师应充分利用不同种类的评价方式，多开展积极的评价，肯定幼儿在活动中好的行为，重视对他们在活动中的态度、探索过程（如积极参与、专心探索、认真思考、勇于表达、创造性行为）等的评价，让他们体验发现和成功的快乐，而不是简单地以幼儿答对了没有、是否遵守纪律等作为评价的标准。

案例 5-1

甜甜的西瓜（小班）①

一、活动目标

1）观察、认识西瓜的外形特征。

2）知道西瓜是夏季水果，并喜欢吃西瓜。

二、活动准备

1）课件：图片——西瓜。

2）课件：图片——西瓜切面。

3）西瓜（供幼儿品尝）。

三、活动过程

1. 谈话引出西瓜

1）师：小朋友，在炎热的夏天，我们可以吃些什么来防暑降温呢？（让幼儿结合已有生活经验大胆讲述。）

2）师：西瓜就是一种很好的夏季水果，有哪些小朋友喜欢吃西瓜，举起小手让老师看看。

2. 观察、认识西瓜

1）西瓜是什么样的？（出示图片：西瓜。）

2）请幼儿观察、讲述西瓜的外形。

小结：有的西瓜是圆圆的，有的西瓜是椭圆的，有的瓜皮是深绿色的，有的是浅绿色的，还有的是带花纹的。西瓜是滑滑的、凉凉的、硬硬的，敲一敲会"砰砰"地响，推一推还会滚动。

3）西瓜里面是什么样子的？（让幼儿猜测后，出示图片。）

3. 引导幼儿了解无籽西瓜

1）出示图片：有籽西瓜，无籽西瓜的切面。请幼儿观察后说出，两个西瓜有什么不同。（有籽，无籽）

2）师：无籽西瓜又沙又甜，吃的时候不需要吐籽，很方便。

4. 品尝西瓜

1）你喜欢吃西瓜吗？为什么？

小结：西瓜水分多，甜甜的，很好吃，能解渴，祛暑，还能防止生痱子呢！

2）幼儿通过品尝，感受西瓜的味道。

5. 画西瓜

1）师：小朋友，今天我们认识了西瓜，知道西瓜有有籽西瓜、无籽西瓜，还品尝了甜甜的大西瓜，现在，我们来画一个大西瓜好不好？

2）幼儿涂色：西瓜。

要求：西瓜皮用深绿色或浅绿色，西瓜瓤用红色，瓜子用黑色或棕色。

活动自然结束。

① http://y.3edu.net/xbkx/120509.html.

案例 5-2

好吃的西瓜（小班）[①]

一、活动目标

1）运用多感官观察认识西瓜的基本特征（外形、颜色、味道等），并能使用简单的词句进行表述。

2）勇于表达自己的发现，喜欢吃西瓜，乐于和西瓜宝宝做朋友。

二、延伸目标

知道夏天吃西瓜对身体的好处，乐于用西瓜或瓜皮进行美术活动。

三、活动准备

1. 经验准备

1）知道西瓜的名称。

2）吃过西瓜，知道西瓜的瓤是红色的（或黄色的），味道是甜甜的。

2. 物质准备

1）西瓜每组 1 个：外形显著不同的西瓜，红、黄瓤的西瓜（尽量保证大小、形状、外皮颜色的不同）。

2）西瓜 PPT。

注：在本次实施过程中准备红、黄瓤西瓜各 1 个（尽量保证大小、形状、外皮颜色的不同）。

四、活动过程

1. 导入

师：今天我们小 5 班来了两位小客人，我们来看看它们是谁啊？（展示 2 个西瓜）

2. 观察过程

（1）未切开的西瓜（摸一摸、看一看）

师：你们都认识西瓜宝宝，那你们看看自己的西瓜宝宝长得什么样？（幼儿观察本组的西瓜。）它是什么颜色、什么形状的呢？（补充提问。）

师：你们真棒，西瓜宝宝高兴地打了个滚（推西瓜），西瓜宝宝是怎么滚动起来的？

师：我们摸一摸西瓜宝宝。

师：你们感觉西瓜宝宝摸上去怎么样，谁来告诉我？

师：那我们捏捏看、拍拍看呢？

师：这两个西瓜有什么不一样的地方？

小结：①西瓜皮的颜色。西瓜是绿色的，有的地方有黄色。西瓜皮上可能会有花纹。②西瓜的形状。西瓜有的大，有的小；有的是圆形的，有的是椭圆形的，推一推会滚。③西瓜的外皮。西瓜摸上去滑滑的、硬硬的；西瓜皮上有西瓜梗。

---

① http://y.3edu.net/xbzh/5366.html 案例改编.

（2）切开的西瓜

师：（复习上部分内容）西瓜宝宝穿了身漂亮的绿衣服，那你们知道它里面是什么颜色的吗？

师：是不是像你们猜得那样呢？我们打开来看一看……

小结：①西瓜里面有什么？有一层白色的西瓜皮，有肉肉，有西瓜籽。②西瓜里面的肉肉、籽是什么颜色的？肉肉有的是红色，有的是黄色的；籽儿是黑色的（可能有白色的）。

（3）吃西瓜

师：哇，西瓜看起来很好吃啊，要不要尝一尝！（播放幻灯片图片。）

师：西瓜的肉肉尝起来是什么味道的呢？甜的？酸的？干干的？有许多水？

五、活动总结

和西瓜宝宝做朋友，把它吃到我们的小肚子里面去，你们喜不喜欢和西瓜宝宝做朋友啊？今天我们和西瓜宝宝做朋友，知道它长得圆圆的（有的是椭圆），有的大，有的小，穿着一身绿衣服，上面还有花纹。西瓜宝宝的肉肉甜甜的，有红色的，有黄色的，肉肉里面有好多水，还有黑黑的、小小的籽儿……

案例 5-3

小手摸一摸（小班）

南京市第一幼儿园　王超

一、活动目标

1）知道物体有冷热、软硬、粗糙和光滑等特征。

2）用手触摸感知物体的方法可增强孩子的感知能力。

3）学会用语言表达自己对不同物体的感受。

二、活动准备

两小瓶水（一热一冷）、一小块海绵、一块积木、一张砂纸（正面粗糙、反面光滑）、口袋，教室里布置各种软硬、粗糙、光滑的材料，如地毯、海绵垫、金属物体、光滑和粗糙的木头等。

三、活动过程

1. 激发幼儿动手触摸的兴趣

师：桌上有很多东西，请你们用手摸一摸、捏一捏，说一说你有什么感觉。

幼儿自由操作、表达。

2. 引导幼儿通过触摸，感知物体的不同特征

师：这两瓶水摸上去感觉一样吗？有什么不同？捏捏海绵和积木有什么不一样，摸摸砂纸的正面和反面有什么不一样。（要让幼儿说出冷热、软硬、粗糙、光滑等词。）

师：我们能用手摸出冷、热、软、硬、粗糙、光滑，我们的小手很能干，现在请你用手摸摸自己，说说你有什么感觉。

幼：脸是热的，毛衣是软软的，纽扣是硬硬的、光滑的。

师：再请你摸摸教室里的东西，说说你有什么感觉。

幼：地毯是软软的、粗糙的，海绵垫是凉凉的、软软的，墙是硬硬的。

3. 玩"奇妙的口袋"游戏

师：我们怎样才能知道东西是冷的、热的，软的、硬的，粗糙的还是光滑的？

幼：用手摸摸、捏捏。

1）教师出示"奇妙的口袋"。幼儿试着摸摸口袋里的东西，说说摸上去有什么感觉，猜猜可能是什么东西。

2）幼儿尝试操作并说出自己的感受。

4. 师生共同小结

师：今天大家用小手摸一摸、捏一捏，知道了××是冷的，××是热的，××是软的，××是硬的，××是光滑的，××是粗糙的。我们还可以到外面去摸摸其他的东西，再把自己的感觉告诉大家。

四、活动评价

布娃娃、板刷、海绵、塑料球等，这些都是幼儿经常接触的东西，利用它们作为科学探究的对象，会使他们发现和感受到周围世界的神奇，体验和领悟科学并不遥远，其实就在自己的身边。活动中，教师通过"奇妙的口袋"这个游戏，让幼儿触摸各种不同的东西，从而感受柔软、坚硬、光滑、粗糙，并尝试用自己的语言大胆地表述出来。

案例 5-4

各种各样的水果（小班）①

一、设计思路

秋天是水果最多的季节，幼儿不仅可以品尝各种美味的水果，还能深入探究和了解各种水果的不同特点，感受水果的多样性。

二、活动目标

1）了解和感受水果的多样性。

2）能根据水果的不同特征进行多角度分类。

3）初步了解水果的营养价值。

三、活动准备

1）各种当地能够买到或出产的水果，最好是外形和味道各不相同的，如苹果、梨、香蕉、李子、山竹、橘子、桃子、荔枝、桂圆、葡萄等10种水果。

① 刘占兰，2014. 幼儿园科学教育资源［M］. 北京：人民教育出版社.

2）成人要事先了解这些水果的名称、特点和特别的营养价值。

3）水果盘、安全的水果刀。

4）教师需要事先了解和把握的主要科学概念包括：植物的果实具有多样性；一些植物的果实可以作为我们的食物，不同的果实有不同的味道和营养价值；我们可以根据果实的相同点和不同点把它们分成不同的类别。

四、活动过程

1. 认识各种水果

成人和幼儿一起观察各种水果，说一说它们的外形特征，如形状、颜色、摸起来的手感等。把不熟悉或没吃过的水果挑出来。

2. 品尝不熟悉的水果

成人把事先查到的资料或准备好的图画书和幼儿一起阅读，了解这些不熟悉的水果的名称和特点，如味道和营养价值等。把一些水果洗干净、切开，观察它们的内部结构，品尝味道。

3. 将水果进行多角度分类

在幼儿通过探究、品尝等方式充分了解了各种水果的特性后，鼓励幼儿对水果进行多角度分类。请幼儿自己想一想、说一说可以怎样进行分类，如按形状、表皮的颜色、大小、手感、味道、种子的特点、果肉的颜色等分类。

五、延伸活动

1）阅读相关的图画书。丰富幼儿有关水果的知识和描述水果特点的词汇。

2）品尝和了解各种水果制品，如水果干、果脯、水果糖、水果罐头、水果酸奶、水果冰淇淋等。

3）结合活动中的真实情景和幼儿的实际经验，可以让幼儿学习和运用的科学词汇主要包括：水果、果实、接触到的几种水果的名称、水果的外形特征和描述外形特征的词汇、水果各部分的名称（果皮、果肉、果核、种子）、品尝、切开、切面、味道和形容不同味道的词汇、营养、多样性等。

六、温馨提示

1）在切水果时要注意幼儿的安全，可以由成人操作、幼儿观察。如果刀子比较安全，可以在成人的帮助下由幼儿切开。

2）在品尝水果时，还要注意事先了解幼儿对哪种水果（如杧果、荔枝等）过敏，避免因品尝而导致过敏症状。

案例 5-5

水的变化（大班）[①]

一、活动目标

1）初步感知“水变水蒸气”“水蒸气变水”的现象。

① http://y.3edu.net/dbqt/9391.html 改编.

2）观察实验，讲解自己的发现并提问。

3）了解冰的形成，知道水的三态变化。

二、活动准备

1）酒精灯、烧杯、玻璃片、玻璃杯。

2）幼儿收集关于雨、雪、露、冰的图片、文字等资料，了解有关常识。

3）课件“小水滴旅行记”。

三、活动过程

1. 导入部分

师：昨天，我们在活动室内放置了一杯水，并且记录了水的高度，现在我请一位小朋友来观察一下，水有什么变化。

2. 实际操作部分

（1）水由液态变为气态

1）幼儿讨论：水到哪儿去了？

学习科学的过程应该是幼儿主动探索的过程。孩子要敢于想象，在想象的基础上去操作，从而发现问题，解决问题。

2）演示实验：用酒精灯加热烧杯里的水，使其沸腾，请幼儿观察蒸汽上升的现象。

3）提问：水有了什么变化？水汽是从哪里来的？到哪里去？

在生活中你见过哪些水变成水蒸气的现象？（烧开水、煮饭等。）

幼儿的科学活动应密切联系幼儿的实际生活，教师应充分利用幼儿身边的事物与现象作为科学探索的对象。

小结：水遇热会变成水蒸气。

（2）水由气态变为液态。

为了让孩子“愿意与同伴共同探究，能用适当的方式表达各自的发现，并相互交流”，材料的提供是以小组为单位的。

1）出示玻璃片，请幼儿摸一摸玻璃片，再摸一摸热水杯，说出哪一个凉。

2）把玻璃片盖到热水杯上。

3）引导幼儿观察玻璃片上发生的现象。

在生活中你见过哪些水蒸气变成小水滴的现象？（对着冷玻璃哈气。）

小结：水蒸气遇冷会变成小水珠。

（3）播放课件

欣赏故事课件“小水滴旅行记”，理解“水”的奇妙变化。（增加科学活动的趣味性，激发幼儿对科学活动的兴趣。）

通过欣赏故事课件“小水滴旅行记”，使幼儿进一步了解水遇冷时的循环变化过程（水—水蒸气—水—冰—水）。

（4）活动延伸

1）请幼儿继续探究水遇冷还会变成什么。（相互交流展示收集的资料。）

2）了解雨水与人们生活的关系，说说雨水的好处和危害。（通过扩展部分，可以丰富幼儿的经验，让孩子平时注意收集各类资料，增加学习的主动性。）

（5）结束部分

师：我们知道了水的本领很大，它能够不断变化，又有那么多的作用，因此我们要节约用水，保护我们的水资源。

四、教学反思

1）本次教学运用现代多媒体技术正好解决了抽象和填鸭式教学这一难题，它可以使抽象、深奥的科学知识具体化、形象化、趣味化，从而激发幼儿对科学的兴趣，使他们主动观察、探索、思考。

2）多媒体技术交互性强，各主题页之间可以灵活转换，便于根据教学实际情况随意调整教学顺序，当幼儿对某一内容感兴趣或感到困难时，可灵活演示，拓宽了教学途径。这样我们看到了另一番景象：孩子们仿佛被一块强有力的磁石吸引着，一把新奇的钥匙正在开启孩子的心。

3）在这次活动中，小朋友观看了课件，通过观察，幼儿进一步了解了水遇冷时的循环变化过程（水—水蒸气—水—冰—水），这样，幼儿能够真切感知，不但容易理解活动内容，而且知识完整、印象深刻。

案例 5-6

影子（大班）

南京市北京东路小学附属幼儿园　王树芳

一、活动目标

1）知道什么是影子，初步了解影子形成的条件。

2）推测并验证各种蝴蝶的影子，初步理解影子是物体阻挡光线形成的。

3）能用语言表达自己对影子的认识，并注意倾听同伴的发言。

二、活动准备

1）经验准备：幼儿有猜测、观察记录的经验。

2）物质准备：三人一组，每组三种蝴蝶图片（有画花纹的，有粘贴花纹的，有镂空花纹的）；一个手电筒、一个纸盒；每人一张记录纸、一支笔。

三、活动过程

（1）教师通过谈话，了解幼儿对影子的已有经验

师：小朋友，你们见过影子吗？你知道影子是什么样的吗？怎样才能看到影子？

（2）通过操作观察蝴蝶的影子，初步了解影子产生的条件

1）教师出示一张蝴蝶图片，提问：怎样才能看到蝴蝶的影子？

2）幼儿讨论找蝴蝶的影子需要哪些材料。

3）教师请幼儿三人一组自由结伴，为其提供手电筒、纸盒、蝴蝶图片，幼儿探索找出蝴蝶的影子。

教师指导重点：三人一组轮流操作，找到蝴蝶的影子，比较蝴蝶图片和影子的特点。

4）幼儿交流找影子过程中的发现。

师：你找到蝴蝶的影子了吗？你是用什么方法找到的？

幼：电筒的光要对准蝴蝶图片照。

师：蝴蝶的图片和影子有什么特点？

幼：图片上有漂亮的花纹，影子是黑黑的，只有蝴蝶的轮廓。

（3）推测并验证各种蝴蝶的影子，理解影子是物体阻挡光线形成的

1）教师出示花纹分别用镂空、绘制、粘贴的形式制作的蝴蝶图片。

师：三只蝴蝶一样吗？哪里不同？你觉得它们的影子可能会是什么样的？把你的猜测记录下来。

2）幼儿记录三种蝴蝶图片可能会出现的影子图。

3）实验观察三种蝴蝶的影子。

教师指导重点：三种蝴蝶的影子有什么不同？和你猜测的一样吗？哪里不一样？把你的发现记下来。

4）分享交流实验的结果。

师：请你介绍自己的猜想和实验的结果。你把哪种蝴蝶的影子说错了，为什么会错？你现在知道画上去的、贴上去的和镂空花纹的蝴蝶出现的影子有什么不同吗？想一想为什么。

（4）小结

师生共同小结每种蝴蝶影子的特征。

四、活动延伸

关于影子的活动，我们虽然不要求幼儿知道影子形成的原理，但是找影子的过程中有很多有趣的现象可以让幼儿通过操作观察发现。例如，感知光线、物体和影子三者之间的关系。影子活动—会移动的影子。让幼儿通过变化光线的方向，移动影子。

五、温馨提示

在用手电筒玩“找影子”游戏时，要教育幼儿不要用手电筒照自己的眼睛，也不要用手电筒照别人，以免伤害自己或他人。

六、活动评价

影子是生活中一种常见的光学现象，是由于可见光在直线传播中，不能穿过不透明物体而形成的投影。幼儿在生活中发现影子的机会很多，对影子有着各种各样的感受，他们有的喜欢追影子，有的喜欢找影子，有的喜欢做手影，在玩的过程中幼儿对影子有一些零散的经验。但是影子有什么特点，物体和影子之间有什么不同，幼儿对此缺乏深入的思考。在影子教学活动中，让幼儿通过具体的操作、发现、交流、讨论，帮助幼儿进行整理，从而对影子有较为清晰的了解。

案例 5-7

保护环境（大班）[①]

一、设计思路

生态环境保护已成为人类共同关心的问题，它关系整个人类的生存，因此，把生态与环境保护列入幼儿科学教育内容是非常重要的。如何使幼儿从小就具有环保意识，知道大自然是个有机整体，人类既要改造自然又要保护自然环境，也是很有必要的。因而，在设计活动时着重从烟尘、污水两个方面让幼儿进行观察比较，组织幼儿进行讨论，进一步增强幼儿的环保意识。

二、活动目标

1）在实验操作的基础上，让幼儿了解烟尘会污染空气，会影响人体健康和动植物的生长。

2）引导幼儿关注周围的环境，增强幼儿的环保意识。

重点和难点：通过操作，让幼儿初步了解污染的环境对自然界的危害，培养幼儿的环保意识。

三、活动准备

1）清水、污水各一盆，香、房屋（幼儿用积木拼搭）。

2）录像：一间烟雾弥漫的屋子、动物远离喧闹的城市、汽车的尾气和废气等。

活动流程：引起兴趣—实验活动—看录像—幼儿讨论—延伸活动。

四、活动过程

（1）观看木偶表演，引起幼儿的兴趣

森林里，小动物们都在快乐地游戏着。它们在草地上捉迷藏，在树林里开演唱会，玩得真高兴。忽然，附近的工厂里排出大量的黑烟，它们一个个都显得无精打采，有的甚至昏倒在地，小动物们纷纷逃离了森林，躲到别的地方去了。

（2）实验活动

师：咦，小动物们为什么要逃走，躲到别的地方去呢？现在我们做两个实验。

1）出示一盆清水和污水，让幼儿从颜色、气味和透明度等方面进行比较，把两条小鱼分别放入清水和污水中，观察小鱼在清水和污水中的不同活动情况。

2）出示幼儿拼搭的房屋，用一个大的薄膜罩罩住它（封闭），然后在里面放入一根点燃的香，过一会儿让幼儿观察它们的变化，会发现房屋周围都是烟雾。

（3）观看录像

让幼儿进一步了解烟尘所造成的环境污染，知道它的危害。

1）观看录像：引导幼儿注意大街上汽车驶过飞起的灰尘；车尾排出的烟尘、废气，以及香烟弥漫的房子；动物们远离城市等。

2）提问：这些废气、烟尘给人们带来了哪些危害？

---

① http://y.3edu.net/dbkx/12022.html.

3）小结：动物和人需要洁净的空气。

（4）讨论活动

烟尘、废气会污染环境，怎样预防这些危害？

幼儿讨论，鼓励幼儿大胆说出自己的想法和见解。

小结：我们都需要洁净的空气，保持空气的洁净就是保护我们自己。

（5）延伸活动：谁是环保好娃娃

小朋友请讲讲下列图中谁是保护环境的好娃娃（教师出示准备好的图片），为什么，并给环境好娃娃画上一个五角星。

案例 5-8

手机（大班）①

无锡市荡口中心幼儿园　金英

一、活动目标

1）能用连贯、完整的语言交流自己收集的手机信息，体验分享的快乐。

2）能大胆表述对未来手机的设想，提高创造想象力。

3）产生对现代高科技产品的喜爱之情。

二、活动准备

课前请幼儿收集有关手机的信息，并用自己的方法记录，教师把这些信息布置在板上。

三、活动过程

1. 引出主题

1）最近，我们小朋友对手机很感兴趣，还收集了许多有关手机的信息，你们看，这些就是你们的收集。我们一起轻轻地走上来看看，和好朋友说说你收集的是哪一张？

2）幼儿自由参观。

2. 围绕主题交流信息

1）师：你收集到了哪些有关手机的信息呢？请你先和旁边的好朋友来交流交流，好吗？

2）幼儿自由讲述，教师指导。

3）个别幼儿讲述。

4）师：老师也研究了手机，还当记者做了一次采访，我们来看看。

5）观看录像。提问：听了王老师和徐医生的话，你认为手机好不好？为什么？

6）个别幼儿回答。

① http://y.3edu.net/dbkx/11958.html.

3. 了解手机的一些简单常识

1）师：既然手机有这么多优点，大家都喜欢使用它，那是不是在任何地方都能用手机呢？在什么地方什么时候不能使用呢？

2）个别幼儿回答。

3）教师小结。

4. 拓展提问

师：今天我们交流了这么多手机的信息，那你对手机还有什么不了解或不知道的地方吗？

个别幼儿提问，对容易的问题，请幼儿回答，对不能回答的问题，鼓励幼儿回家后继续寻找答案。

师：我有个问题想来问问你们，你们愿意帮助我吗？最早的手机叫什么？它是谁发明的？后来人们为什么不用它了？

幼儿交流自己知道的信息。

5. 设想未来的手机

1）师：假如请你来设计一只手机，你准备设计一只怎样的手机？

2）幼儿自由交流，教师指导。

3）个别幼儿回答。

6. 延伸活动

师：等会儿我们游戏课时就来设计你设想的手机，好吗？

第四节　区域性科学教育活动的设计与指导

一、区域性学前儿童科学教育活动概述

区域性学前儿童科学教育活动也称为非正规性科学教育活动（或区角科学教育活动），是一种让幼儿根据自己的水平、兴趣、特点和需要来选择材料进行个别性或小组性操作的活动，一般是指在自然角、数学角、科学活动区或专门的科学活动室中组织的科学教育活动，是充分发挥幼儿潜能和个性的组织形式，有着集体性科学教育活动所不能替代的教育效果。

（一）区域性科学教育活动的特点

区域性科学教育活动凸显了学前儿童个别化学习的基本特征，是幼儿园不可或缺的一种科学教育活动形式，具有以下特点。

1. 区域性科学教育活动是一种幼儿自主选择、自由探索的活动

在区域性科学教育活动中，教师将学习的目标和内容以活动材料的方式呈现给幼儿，幼儿就可以自主、自信、自由地开展活动。他们自主选择材料，自己决定操作材料的时间、

次数等，同时也可以完全按照自己的意愿选择参加小组或进行个人的探索活动，自主决定活动的内容和方式。幼儿通过对各种材料的操作来完成动作的内化，获得相关的学习经验，实现个性化学习，从学习活动中获得乐趣，提高发现问题与解决问题的能力。

2. 区域性科学教育活动是一种师生互动具有隐性的活动

在区域性科学教育活动中，教师的指导是一种个别化的、间接的指导，教师成了隐性要素，从过去的显性地位退居到隐性地位，师生互动更具有隐性。教育的要求是以问题情境的方式呈现给幼儿的，让他们在操作材料的过程中解决问题。在此过程中，教师基本上不干预幼儿的操作，只是在遇到困难、需要帮助时才给予一定的引导，或者在幼儿不遵守活动区规则、妨碍他人活动时，或者在可能发生危险等情况时，才会出面加以干涉。

教师成为活动的观察者和间接的指导者，教师的作用转化为问题的设置和结构材料的提供。教师的指导隐藏在活动材料的设计和创设问题的情境之中，而较少有直接的语言指导。

3. 区域性科学教育活动是一种更加开放灵活的活动

与集体性科学教育活动相比，区域性科学教育活动具有更大的开放性，不仅体现在空间上，而且体现在内容、形式、材料、评价等诸多方面。活动氛围宽松，幼儿心理压力小，能更放松地进行探索和操作，主动学习。时间上的灵活性也为活动的开展提供了便利，既可用专门的时间开展也可利用间隙时间开展。

（二）区域性科学教育活动的独特价值

1. 有利于促进学前儿童的主体性发展

区域性科学教育活动也称为选择性科学教育活动，幼儿根据自己的意愿和兴趣选择自己的活动、自己的游戏，不像某些活动那样明显地有教育教学的因素，更不像主题活动和学科活动那样是由教师设计和组织的。教师和幼儿共同准备区域活动所需的材料，并根据幼儿的兴趣增加或更换区域活动及材料，这样能激发幼儿参加活动的积极性和主动性。因此，幼儿无须调动就有着“原始”的兴趣，能体验和感受自我做主的快乐，从而促进主体性的发展。

2. 有利于促进学前儿童的个性化发展

区域性科学教育活动弥补了集体性科学教育活动的不足，在区域活动的设计、材料的投放中都会考虑不同兴趣需要的幼儿，使区域活动成为满足幼儿不同兴趣需要的理想场所。在区域活动中，幼儿可以根据自己的兴趣和需要选择不同的区角、不同的材料和操作方式。他们也可以根据自己的经验和水平选择适合自己的学习进程，采用适合自己的方式学习，使自己在原有水平上得到提高和发展，有利于提高幼儿的学习能力，保持持续的学习兴趣。在区域活动中，幼儿一般是独立操作完成任务的，通过独立操作、积极探索、获得发现、表达交流等环节，有利于幼儿独立能力的培养，有利于教师个别化指导，促进幼儿个性化发展。

3. 有利于促进学前儿童的社会性发展

区域性科学教育活动是自由宽松的活动，组织形式多为小组活动，幼儿有更多的机会与同伴自由交往，商量、合作、交流，促使幼儿语言表达和运用能力、交往能力得到提高，促进幼儿社会性发展。

二、区域性科学教育活动的设计简介

区域性科学教育活动的设计主要包括活动目标的设计、活动内容的设计及活动环境的创设等方面。

（一）活动目标的设计

活动目标是区域性科学教育活动的内容设计与环境创设的首要依据，也是检验和评价区域性科学教育活动效果的重要标准。

一般来说，教师可根据教学计划、本班幼儿的发展水平和兴趣爱好等来设计区域性科学教育活动目标，设计时应注意以下几方面。

1）其目标相对于集体性科学教育活动目标应更宽泛，更长远。

2）在活动过程中，教师要根据幼儿的操作水平和活动情况来调整活动目标。

3）在设计活动目标时要更重视幼儿的技能方法与情感态度等方面的发展。

（二）活动内容的设计

区域性科学教育活动内容的设计，一方面要与幼儿园科学教育计划保持一致，并注意与其他教育内容密切结合；另一方面要考虑具体科学活动区域的特点、幼儿年龄的特点，以及地方性、季节性等特点。

目前，我国大部分幼儿园开设的科学活动区域主要有室内（自然角、科技角、数学角、科学发现室）和室外（种植区、饲养区）等。

（三）活动环境的创设

1. 活动空间的创设要求

为保证幼儿的个性得到充分发展，教师应注意为他们创设一个宽松、自由、安全、平等的活动环境，让幼儿可以不受教师的支配，完全自愿地选择活动材料，自由地决定活动内容和合作伙伴，按自己的想法进行科学探索。

2. 活动材料的投放和设计

活动材料是区域性科学教育活动的物质基础，是幼儿积累经验、发展能力的载体，活动材料的投放与设计是否得当，直接影响活动目标实现的程度。

一般来说，区域性科学教育活动材料的投放和设计要注意以下几点。

1）活动材料要为实现活动目标服务。

2）活动材料要符合儿童的年龄特点和发展水平。

3）活动材料应数量恰当，突出层次化特点。

4）活动材料应定期更换、灵活调整。

三、区域性科学教育活动指导简介

虽然区域性科学教育活动更注重幼儿的自主活动，教师的指导比较少，但在实际活动中，教师应注意以下几个方面。

（一）建立必要的活动规则

科学活动区是幼儿自主学习、活动的场所，为保证环境整洁、有序、安全、卫生，需要建立适当的规则（或纪律）。但需要注意的是，活动规则不是用来限制和约束幼儿的主动活动，而是为了规范其行为，培养他们的自律性和责任感，创造良好的活动环境，提高区域活动的效果。因此，教师在制定活动规则时，可组织幼儿讨论协商，共同约定应该遵守的规则，讨论商量的过程也是尊重幼儿、宣传规则的过程。

（二）创设情境，激发幼儿参与活动的兴趣

良好的情境可以促进幼儿探究的主动性、积极性，并能激发幼儿长时间保持高度的探究热情，因此教师要有意识地为幼儿创设有利于他们进行探索活动的情境。这就要求教师精心布置周围环境，建立良好的心理环境，创设问题情境，引发幼儿的探索兴趣，帮助他们创造探究的氛围。

（三）进行间接指导

在幼儿探究活动中，针对出现的问题，教师应适时不露痕迹地参与到幼儿的活动之中，可通过提问的方式引导、启发幼儿，充当伙伴的角色，与他们一起讨论、分析如何解决问题，鼓励、帮助幼儿顺利开展活动，取得意想不到的活动效果。

（四）客观积极的评价

要重视评价的巨大作用，在活动结束时，教师要创设一个宽松和谐的环境，在良好的评价氛围下，换位思考。过程性评价应高于结果性评价，用艺术性的语言以肯定、鼓励为主，促进幼儿身心全面发展，对探究活动更加有兴趣并积极参与。

案例 5-9

调制泡泡水（大班）[①]

一、活动目标

1）让幼儿在实验探索中发现事物的变化。

2）引发幼儿用多种方式表现、交流、分享探索的过程和结果，激发幼儿进一步探究的欲望。

二、活动准备

小碗、水、汤匙、洗洁精、蜂蜜、积塑、吸管，示意图。

教师提出要求：看着示意图动手试一试，看看会变出什么。

① https://zhidao.baidu.com/question/536580883.html．改编．

三、活动实录

教师一介绍完新工作，四位小朋友（用A、B、C、D代替）就开始了操作活动。他们先围着看示意图，并看明白了要加水、加洗洁精，但看到第三步——加蜂蜜时，对“蜂蜜”两个字不认识，不知道是什么，再看看旁边有一只蜜蜂，A说：“好像是蜂蜜。”大家一致同意了。接下来看到最后一步时，对“吹”字也不太认识，C说：“好像是吃。”B马上反驳说：“不会吧，洗洁精又不能吃。”大家想了一会儿也没有一个结果，不知如何是好，这时一个教师在旁边做了一个吹起的动作，所有的幼儿立即领悟。于是几位幼儿开始操作。A边操作边帮助给每位幼儿的碗里加水，看看图，又加点洗洁精和蜂蜜，然后大家各自开始试着吹，吹不出就用积塑搅拌几下。当D吹出第一个泡泡时，开心地大叫起来：“哇，太好玩了。”A和C一直吹不出，看看别人的，又看看示意图，不知怎么办。这时，教师轻轻地对A说：“为什么吹不出来呢？是不是什么东西放太少了？”A立即醒悟说：“一定是洗洁精放太少了。”她又加入一些洗洁精，教师提示她搅拌之后试着吹，她试着一吹，真的吹出泡泡来了，A开心地笑了。然后她兴奋地告诉C：“你要多加点洗洁精就能吹起来了。”

四、活动分析

本次活动通过示意图的投放，引发了幼儿之间的讨论式互动。在活动中，教师所投放的引导性材料就是示意图，并通过材料的引导使幼儿之间发生互动，而教师并不需要提供语言的指点，幼儿只要按着内化在示意图中的“指路”线索进行操作即可。只有在幼儿遇到困难时，教师才介入，并通过“吹”这一简单的行为进行暗示和提醒。幼儿对于活动的操作过程和操作方法都是在与同伴的讨论式互动中形成的，并最终得以完成活动，达到教师预期的结果。但对于一些在活动中幼儿没有的知识技能，教师应课前丰富，如对汉字“吹”“蜂蜜”的认读。可见，材料的引导性对幼儿在试验过程中的成功与否是非常重要的。

案例5-10

好玩的水（大班）[①]

一、活动目标

1）在装水活动中，感知水的特征。

2）通过操作，知道物体的沉浮现象。

3）乐意参加玩水活动，积极进行探索。

二、活动准备

1）给瓶子装水：塑料瓶若干，几种装水的工具，如漏勺、勺子、碗、漏斗。准备几盆水，让孩子用提供的装水工具试一试给塑料瓶装水，看看怎样可以把瓶子装满水。

① http://new.060s.com/article/2013/05/02/743886.htm.

2）物体沉浮：在盆子里装好水，提供不同的材料，如塑料瓶、积木、泡沫、石头、硬币、积塑、各种水果等，幼儿观察物体在水中的沉浮状态，积累初步的经验。

3）指导要点：建议将该区游戏放在接近盥洗室的地方，方便孩子倒取水。

三、活动过程

1）介绍区域中提供的各种材料。

2）提出探索的要求。

① 分成两组进行探索（装水、沉浮）。孩子们自主选择，探索操作完可自由交换。

② 装水要求：把瓶子装满水。

③ 沉浮要求：看看这些东西放在水里会怎样？

3）观察、指导孩子的操作探索，根据幼儿的操作情况进一步提出要求。

① 装水活动：直接用瓶子装水可以吗？这些工具可以帮助你把瓶子装满水吗？怎样可以很快装满水？

② 沉浮活动：先猜一猜哪些会沉下去，哪些会浮起来。分一下类，然后实践一下，再分类。

4）交流操作探索的发现。讨论：你有什么发现？你是用什么方法装水的？哪些东西会沉下去？哪些东西浮在上面？

四、活动分析

1）孩子们对操作本身很感兴趣，能够专注地进行探索，对每一种材料都有兴趣，活动过程中也能动脑筋想各种办法，老师观察指导时的提示语能够促使孩子有目的地操作和探索。

2）小班孩子还不太能主动用几种工具搭配装水，他们往往都选择单一的一种工具进行，需要老师的引导和提示。

3）在沉浮活动中，由于提供的材料较多，又没有记录，所以孩子们对自己的操作发现很容易就忘记，建议可以设计一张简单的记录表，尝试用贴图片的方式进行记录。

第五节 一日生活中的科学教育活动设计与指导

一、一日生活中的科学教育活动概述

《纲要》指出："科学教育应密切联系幼儿的实际生活进行，利用身边的事物和现象作为科学探索的对象。"《指南》中也提出"理解幼儿的学习方式和特点。幼儿的学习是以直接经验为基础，在游戏和日常生活中进行的。要珍视游戏和生活的独特价值，创设丰富的教育环境，合理安排一日生活，最大限度地支持和满足幼儿通过直接感知、实际操作和亲身体验获取经验的需要，严禁‘拔苗助长’式的超前教育和强化训练。”教育向幼儿的生活回归是现代幼儿教育的一个重要趋势，所谓生活中的科学教育也就是利用日常生活的各个环节或者发生的一些突发性的事件或现象进行随机的教育。生活中的科学教育具有随机性和生成性的特点。对幼儿来说，在他的生活中的随机经验是最自然、最有意义、最具体、最容易了解，也最不容易忘怀的经验。例如，在户外游戏时，在草地上发现飞舞的蝴蝶，在大树下发现搬动饼干渣的蚂蚁，或者中午时突然下起了雷阵雨，这些生活中偶然发生的事件都会引起幼儿极大的好奇和兴趣。生活中的科学现象，让幼儿能自然而然地学习科学，获得有关科学的经验，日常生活中出现的这些科学现象和科学问题，大多是在自然状态下发生的，并且这些现象都会反复地、不断地出现，这就使他们能经常感受和体验科学现象与问题，从而形成科学经验。例如，空中的云朵为什么会走动；秋冬天时，幼儿在脱毛衣、梳头发时，时常有被微弱的电电到的麻麻的感觉，看到头发跟随梳子飘动起来；在超市购物时，商品与价格的一一对应关系等。

学前儿童科学是幼儿每天生活的一个部分，在生活中学习科学是幼儿科学教育实施的重要途径。教师应当具备敏锐的教育意识，要在幼儿一日生活的各个环节中进行科学教育，从幼儿的兴趣出发，引导幼儿的自发探究行为，更有效地开展科学教育活动。

日常生活中的科学教育，为幼儿提供了主动学习的机会，也促进了幼儿观察能力和思维能力的发展，培养了他们热爱生活的情感。所以说，生活教育是幼儿科学教育的一个不可缺少的途径，其重要性绝不逊于教学活动。儿童在生活中所做的一些看上去很平常的事情，其实都是他们建构知识的过程。那些经验是隐含性的，不细心观察的成人也许根本就不会察觉，然而它们对儿童的发展却具有重要的价值。“不积跬步，无以至千里”，教育对学前儿童的影响，正是通过日常生活中的点点滴滴积累起来的。

二、一日生活中的科学教育的设计与指导

应把科学教育渗透于学前儿童的一日生活中，包括来园、进餐、午睡、离园等活动。由于篇幅有限，本书仅就其中的散步、采集活动进行讨论。

（一）散步、采集活动概述

散步、采集活动是幼儿自由接触大自然、亲近大自然的一种活动，是对幼儿进行科学教育的有利时机。幼儿在散步、采集活动中能够亲身感触自然事物与风光，呼吸大自然的新鲜空气，既增长知识、陶冶性情，又锻炼体魄，因此，这些活动是十分有意义的。

1. 散步活动

散步活动一般是指在幼儿一日生活中抽出一定的时间到幼儿园内或者附近的绿地、花园、街道进行观察与游戏活动。幼儿对散步会产生非常强烈的兴趣，他们希望了解周围的一切，希望探究大自然的奥秘。飞舞的蝴蝶、嗡嗡叫的蜜蜂，随风飘落的树叶……都是幼儿十分关注的问题。幼儿可能会全神贯注地观察蚂蚁搬家，也可能议论蝴蝶是害虫还是益虫。幼儿在快乐之中、在潜移默化中接受教育影响，因此，幼儿的观察能力、口语表达能力、探究能力等都能得到提高，这是推动幼儿全面发展的一个重要环节。所

以，散步的作用不可忽视。教师要从幼儿生理、心理特点出发，高度重视这个环节，为幼儿提供认识周围事物与现象的良好环境与场所，特别要有目的、有计划地根据季节的变化找出典型的内容，引导幼儿去发展、去探究。例如在秋天，教师可以带领幼儿观察树木、花草的变化，捡落叶，通过给树叶找妈妈，增加幼儿对各种树木的感性认识，还可以把树叶带回活动室，进行观察比较，粘贴树叶画等。这种利用点滴散步时间进行的科学教育，适合幼儿以感性思维为主的年龄特点，会收到事半功倍的效果。

2. 采集活动

采集活动一般有两种形式，一种是与散步、远足相结合的活动形式；另一种是专门的采集活动，如为制作昆虫标本，外出捕捉各种昆虫等。幼儿都是十分喜爱收集物品的，大自然中五彩斑斓的叶子、石头等，都是幼儿收集的对象。采集活动本身是一种幼儿自发的活动，教师要充分利用其为幼儿科学教育服务。通过收集物品，幼儿能认识和比较不同的事物，这有助于观察力和思考力的培养，丰富幼儿的词汇。例如，大自然中的花五彩缤纷，教师可采集颜色相似的花瓣放到一起让幼儿辨认这些花瓣是什么颜色，要求幼儿尽量说准，说得越仔细越好，如都是红花，就提问：这种红和那种红一样吗？幼儿仔细观察后就可说出大红、橘红、粉红等不同的词。同样，辨认树叶时也能丰富如嫩绿、碧绿、墨绿等词。在采集的过程中，还能够启发幼儿的科学探究。例如，蚂蚁是怎么认识回家的路的？蜗牛有耳朵吗？在采集的过程中，幼儿不仅获得了知识，也加深了对大自然的了解和热爱，并能从中享受无限的乐趣。

（二）散步、采集活动的设计

虽然散步、采集这类活动的形式较为自由、松散，但仍需教师事先制订活动计划，并做好充分的准备工作，使活动与教育相结合。

1. 拟探究的问题

拟探究的问题包括在散步、采集活动中拟探讨的有关问题（幼儿想探讨的问题及教师拟引导幼儿探讨的问题等），还应考虑幼儿对有关问题已有的经验。

2. 拟开展的活动及程序

所谓活动及程序，是指散步、采集全过程的具体组织。每次散步、采集要视具体的活动内容（是赏景、调查还是采集）而灵活决定。通常先向幼儿进行活动目的地的整体介绍，然后采取集体移步换景的方法或“分组结伴调查”的方法对事先拟订的活动计划予以实施。这一步骤是幼儿积累新经验、验证已有认识的重要阶段。教师和同往的成人要视幼儿的年龄特点、兴趣、需要和具体情景进行相应的引导。例如，提示幼儿观察所见到的实物、事物的空间关系（临近相连的、分隔的、被包围的、有次序的）、人员、事件、流程等。为了获得更细致的观察内容和更清晰的记忆效果，教师可指导幼儿收集一些第一手的观察资料，如绘图记录、说明书、实物采集资料等。教师也可利用照相、录像、录音、笔记等手段记录远足的全过程及计划外的偶发事件。在活动过程中，教师或成人要采取建议的方式协助孩子进行记录、测量，提出新的问题，澄清原有的认识并及时把以后活动中可能会使用到的信息记录下来，同时，要密切关注全体幼儿的活动情况及个别幼儿的反应，预防突发事件的发生。

3. 拟采集的物品

幼儿主要观察能够获取哪些信息，以及能够因此而采集到哪些物品。例如，在海边采集小贝壳，在树林里采集树叶、石子，在公园散步采集散落的花瓣，家里用完的废旧报纸，穿不了的衣物等均可作为采集的对象。

4. 后续工作

散步、采集后应组织幼儿对所经历的过程进行回忆、讨论，整理布置采集来的资料。检查幼儿在散步、采集前提出的问题是否得到了解决，原有的错误认识是否得到修正。教师从中可以了解幼儿的进步和依然存在的问题以及新的困惑，从而引发下一步要研究解决的新问题。此外，还应组织幼儿及时将所获得的认识、感受表达出来，并对采集回来的物品进行分类、整理，仔细观察、比较，对遇到的问题可以通过查资料、做试验、讨论等活动进行进一步的科学探究。

5. 其他工作

散步或采集活动还会涉及其他的一些准备活动，如路线、地点、所需的时间。计划中的部分项目还可与幼儿共同商议制订简单的调查计划，如在准备工作中可以和孩子们讨论："需要带哪些物品？""要不要带水？""怎么拿？"……并让幼儿参与部分物质材料的准备工作。在制订计划时，要注意只要确定地点、时间和路途长短等即可，不宜制订过分详细而具体的要求，特别是散步的计划要粗而灵活，不然就有可能为了达到这些要求而生硬地执行计划，限制了幼儿的活动。幼儿的科学探究具有随机性，往往是在教师意料之外的内容，过分死板而具体的计划，不利于幼儿的主动发现和探究。

（三）散步、采集活动的实施与指导

1. 散步活动的实施与指导

（1）灵活地实施及调整活动计划

教师对计划的实施应灵活，如遇特殊情况，教师对计划的实施应因地、因时而异，以免影响幼儿探究自然事物和现象的兴趣。教师最好要事先进行探路，熟悉路线，记住沿途可能遇到的一些问题或障碍物，从而更好地为指导幼儿的科学探究做好充分的准备。

（2）明确散步的含义

幼儿的散步活动不是练习排队的手段，而是一种有效的教育形式。在散步的过程中，要给幼儿相对的自由，使其有时间、有机会进行观察，提出问题，讨论问题。要做到真正科学地散步，首先教师要转变教育观念。教育学家陶行知很早就已经提出："解放儿童的头脑，使之能想；解放儿童的双手，使之能干；解放儿童的眼睛，使之能看；解放儿童的嘴，使之能说；解放儿童的空间，使之能接触大自然和大社会；解放儿童的时间，不逼迫他们赶考，使之能学习自己渴望学习的东西。"散步既然是随意走动，就应该把

自由还给幼儿，让幼儿在户外尽情地探究、发现，主动提出问题。例如，让幼儿有机会自由观察自己感兴趣的东西。也许他们感兴趣的东西，正是具有共性的内容，幼儿在一起共同讨论时，会自发地形成一些问题。例如，“小蚂蚁迷路了!”“不对，小蚂蚁知道回家的路，它和我们一样在散步呢!”“那它是怎么认得回家的路的呢？”等等。在幼儿提出问题后，教师应引导幼儿仔细观察，共同探讨，寻找答案，但这一切还是应以保证幼儿的安全为前提。

（3）让幼儿了解散步的目的

在组织幼儿散步前，应向幼儿讲清散步的目的、散步地点，同时提醒幼儿散步时应注意的事情及观察的要求，这样可以培养孩子的自觉控制能力。幼儿阶段对外界事物的观察往往是毫无目的的，所以当幼儿有了明确的目标之后，就不会觉得无事可做。当他们看到了事物的变化或有了新发现时，要及时引导他们用语言表达出来或与同伴、老师交流。例如，春天来了，让幼儿寻找春天，通过周围景物的变化，进行科学发现，同时还可以进行语言活动。大自然的颜色五彩斑斓，夏天到了，桃园里的桃子熟了，这时可以让幼儿观察各种桃子的颜色、形状，这样不仅可以让幼儿知道许多桃子的名称，而且让他们认识了各种颜色，还可以培养幼儿的审美能力，激发幼儿美术创作的强烈欲望。

（4）在散步时进行随机教育

自然界的事物与现象是丰富多彩的，随着季节和气候的变化，经常会发生一些偶发的事情。意外的发现在幼儿一日活动的各个环节、任何时候都可发生。在组织幼儿散步时，随机教育的契机无处不在。例如在散步时，幼儿很自然地簇拥着老师慢慢走，忽然发现一部分孩子不走了，只见他们在草地上有的趴着，有的蹲着，这时他们一定是有了新的发现，如地上的蚯蚓、西瓜虫。此时，教师就要抓住时机，走过去与他们一起观察，共同讨论它们的外形特征和生活习性，从而更好地引导幼儿的观察和探究。又如，带孩子们在观察树的特征时，突然天空中飞来一架飞机，幼儿的注意力一下子转移了，他们不约而同地抬头望着天空，大声地呼喊：“飞机！飞机！”接着便热烈地讨论：“那是架什么飞机？”“飞机到哪里去了？”“飞机怎么看起来和鸟儿一样小？”这时教师可以积极加入幼儿的讨论中去，并加以引导：“飞机上的人能听见你们的声音吗？”“飞机为什么掉不下来？”“飞机真的很小吗？”这样既拉近了师幼之间的距离，又及时地抓住了幼儿学习的有利时机，丰富了幼儿的知识，开阔了幼儿的视野。

2. 采集活动的实施与指导

（1）采集工具

在准备采集工具与容器的过程中，既可以专门配备，也可以利用废旧材料自制。例如自制昆虫采集箱，可以把透明的塑料盒贴上厚纸，上面开一个昆虫的入口即可，也可采用现成的昆虫盒、放大镜等。

如果是自制的工具，还可以启发幼儿思考应该准备怎样的采集工具才最有利于采集，让幼儿一起动手准备，并在采集过程中指导幼儿应如何使用采集工具及怎样进行采集。

（2）启发幼儿采集他们喜爱的各种自然物

每个幼儿都有自己所喜爱的特殊的自然物，教师应当允许并鼓励他们去采集自己所喜爱的自然物。例如，拾树叶、果实，收集石子、贝壳、昆虫等。在采集的过程中，教师应引导幼儿仔细观察，搜集有差异的同类物品进行比较，培养幼儿的观察力。

（3）利用采集物进行各种活动

幼儿可利用采集来的自然物进行各种有趣、有意义的分类活动。例如，不同的幼儿会以叶子的不同特征（颜色、形状、新鲜程度、质地、气味、边缘或脉络图案）来给叶子分类，教师不必强求幼儿一致。特别是大班的幼儿，他们已经会自己制定标准来进行分类活动。同时，幼儿还会根据自然物的大小、颜色深浅等进行排序。

1）制作标本。幼儿采集来的树叶、昆虫等均可制成标本，供幼儿观察、欣赏与比较。例如，制作叶子的标本可分五个步骤：①采集：要采集完整的树叶；②压制：把叶放在厚书压平，每隔几页书压一片；③上台纸；④固定；⑤写明日期、制作物名称、制作人。

2）榨汁。把花或叶放在塑料袋里揉搓，将袋子剪个洞，可将里面的汁滴出来。利用自然物制作图画，如树叶画、石子画、种子构成的画等。

3）烘画游戏。在图画纸上，用橘子等酸性水果切成的片或榨的汁画圆，阴干，干透后用火可烘出字画（因水果汁脱水后使纸变焦，故能显出画，一般多用橘子汁、苹果汁、萝卜汁）。

4）展览会。用幼儿采集的各种自然物办一个展览，让全体幼儿交流、欣赏和评价。

案例 5-11

蚯蚓（大班）①

一、设计思路

对常见动物的探究是幼儿了解生物的基本特征，识别生物与非生物，建立生物与非生物的概念的基础。蚯蚓是比较常见的小动物，其大小适合幼儿观察，而且没有什么危险性，因此，它可以作为幼儿探究的对象。

二、活动目标

1）了解蚯蚓的生活环境，培养对动物生命的尊重。

2）了解蚯蚓的外形特征。

3）研究和发现蚯蚓的活动方式。

三、活动准备

1）活动应在适宜的季节，即蚯蚓比较多的季节进行。

2）为幼儿进行探究准备适宜的工具，如小棒、放大镜等，便于幼儿观察、记录和测量。

3）在条件允许的情况下，准备能饲养蚯蚓的工具。

4）教师需要事先了解和把握的主要科学概念包括：不同的动物有不同的身体特征；不同的动物有不同的生活环境；不同的动物有不同的活动方式等。

---

① 刘占兰，2014．幼儿园科学教育资源［M］．北京：人民教育出版社．

四、活动过程

1. 关于蚯蚓你知道什么

在进行探究活动之前，请幼儿充分调动自己的原有经验，说一说关于蚯蚓自己知道些什么，包括蚯蚓长什么样、吃什么东西、怎样行走、生活在什么地方等。

此时，幼儿的表达有些是基于自己的所见所闻，有些可能是基于自己的想象。无论幼儿的表达对与错，都应尊重。

2. 户外探究——寻找蚯蚓

1）出门前，请幼儿先猜想：在户外什么地方能够找到蚯蚓？蚯蚓喜欢生活在什么地方？

2）为幼儿准备适宜的工具，如小棒等。

3）提示幼儿要特别注意的问题：不伤害蚯蚓，保证它们的生命安全。

4）幼儿用语言和绘画表达、表现蚯蚓的外形特征和生活环境。

3. 为蚯蚓营造一个适宜的家

要把蚯蚓引入室内，首先要考虑的是蚯蚓在室内生活需要什么环境和条件，为蚯蚓营造适宜的家——一个与它们生存的室外自然环境非常相似的环境，以保证蚯蚓能够很好地生存。

成人要带领幼儿查找资料和访问相关人员，了解蚯蚓在室内生活需要什么环境和条件，根据这些需要和条件，进行充分的准备。一切准备就绪，再将蚯蚓带进室内。

4. 观察蚯蚓怎样活动

1）观察蚯蚓是怎样向前爬行的。

2）了解蚯蚓是怎样钻到土里去的。

3）在观察时鼓励幼儿用语言表达、用绘画表现蚯蚓的活动方式，以及在进行不同的活动时身体的变化。

5. 放生蚯蚓

在进行了上述研究之后，将蚯蚓放回到它们生存的自然环境中去。

6. 经过探究你现在知道了什么

经过一段时间的探究之后，鼓励幼儿回顾和讨论“关于蚯蚓，你现在知道了什么”。请幼儿将现在的认识与自己原来的想法相比较，明晰自己获得了哪些新认识。

五、延伸活动

1）阅读图画书。成人和幼儿一起阅读图画书《蚯蚓的故事》，讨论故事的内容。

2）自制图画书。成人鼓励幼儿自制图画书《蚯蚓的故事》。幼儿根据自己的探究经验，讲述自己创编的蚯蚓的故事，用图画表现出来，成人帮助幼儿将故事写在相应的画面旁边，制作成图画书。

3）探究蚯蚓的再生性。如果偶然遇到断了的蚯蚓，可以把它养起来，提示幼儿观察蚯蚓身体的再生性特点。

4）结合活动中的真实情景和幼儿的实际经验，可以让幼儿学习和运用的科学词汇主要包括：蚯蚓及其身体各部分的名称、外形、身体、爬行、生活环境、再生性、松土等。

六、温馨提示

我们应让孩子从小尊重生命，即使是很小的动物，也要学会尊重它们，不伤害动物的生命，尽量不打扰它们的生活。如果想在室内饲养某种动物，在让动物离开它们生存的自然环境之前，一定要为它们准备一个接近其自然生活环境的条件。

参考资料

蚯蚓小知识

蚯蚓被称为人类的帮手、地下耕耘者。蚯蚓没有眼睛，却善于钻土。蚯蚓一般在 10～30 厘米深的潮湿、疏松的土壤里生活；主要吃含有有机质的腐殖土和其他杂质。蚯蚓的触觉器官发达，对地面震动、噪声、光和黑暗都有敏感的反应。每年春秋两季是蚯蚓生长和繁殖的季节。蚯蚓的再生能力很强，在受伤或被切断（远离头的前部）以后，会产生一种似胚胎的间叶细胞，能分化成各种组织继续生存。世界有陆栖蚯蚓 2500 余种，我国约有 2000 种。我国最大的蚯蚓是巨环毛蚓，体长达 70 厘米。

第六节 整合性科学教育活动设计与指导

一、整合性科学教育活动概述

为了更好地发挥幼儿科学教育的功能，帮助幼儿获得对世界的完整认识，应提倡整合性科学教育活动，这样的科学教育才是适合幼儿的教育，才是能促进他们全面发展的教育。整合性科学教育活动的形式灵活多样，有时甚至没有特定的组织和时间限制，可以整合利用各种教育手段和教育资源，让幼儿从多个方面来获取对事物的丰富认识。整合既是一种活动形式，又是一种教育理念。在形式层面上，科学教育活动的整合，是指将科学教育活动与其他学科领域活动之间的交叉、联系和结合。在理念层面上，科学教育活动超越学科本身的视野，赋予幼儿更为丰富的眼光，使其不仅能从科学的眼光，还能从艺术的和人文的眼光来看待世界。因此，“整合”应作为一种观念融于幼儿科学教育活动中。

1. 整合是幼儿园课程的发展趋势

《纲要》指出：“幼儿园的教育内容是全面的、启蒙性的，可以相对划分为健康、语言、社会、科学、艺术等五个领域，也可作其他不同的划分。各领域的内容相互渗透，从不同的角度促进幼儿情感、态度、能力、知识、技能等方面的发展。”《指南》中也明确指出：“关注幼儿学习与发展的整体性。儿童的发展是一个整体，要注重领域之间、目标之间的相互渗透和整合，促进幼儿身心全面协调发展，而不应片面追求某一方面或几方面的发展。”

幼儿园的教育内容是全面启蒙的，这表明各领域课程的整合是幼儿课程发展的必然趋势。

2. 整合是幼儿健康和谐发展的需要

《纲要》指出：“发展幼儿的重要途径是通过互相渗透各领域的教育。”幼儿的课程应尽可能地促进幼儿情感、态度、认知、语言、社会性全面和谐的发展，培养和谐发展的完整人。教师应该认识到幼儿是个完整的人，儿童的生活世界是一个整体，他们认识世界的方式也是整体性的，所以幼儿园课程应给幼儿完整的教育，要从各个方面来考虑设计教育活动，通过完整课程来培养完整和谐的幼儿。总之，整合教育的理念实际上体现了一种完整意义上的科学观。

二、整合性科学教育活动的类型

幼儿科学教育活动整合的理念可以通过各种形式的活动来体现，主要分为两种类型的活动，即学科性活动和整合性活动。前者包含科学教学活动和其他学科性教学活动；后者包括主题活动和项目活动。

（一）学科性活动中的整合教育

这里所说的学科性活动，是指传统中的分科教学的活动，如科学活动、语言活动、美术活动、音乐活动等。在当今强调教育整合的大背景下，学科性活动的设计和组织也出现了一些变化，最明显的表现就是学科之间的联系更多了，教师利用其他学科的形式实现本学科目标的意识也更强了。从科学教育的角度看，学科性活动中的整合教育主要有两种形态：一是在科学教育活动中体现整合教育的理念，二是将科学教育内容渗透于其他学科领域的活动中。

1. 在科学教育活动中体现整合教育的理念

在科学教育活动中体现整合教育的理念，是指在坚持科学教育学科目标的前提下，同时关注其他学科的目标；或在坚持以科学探究为主的同时，充分利用其他学科的教育方法和手段，以达到活动整合的目的。比如，在科学教育活动中利用美术、音乐、舞蹈等艺术形式，发展幼儿的创造力和肢体表达能力，从而进行价值观的渗透教育等。

2. 将科学教育内容渗透于其他学科领域中

在上述活动中，科学都是以显性的方式呈现。而在其他学科活动中，科学则是以一种隐性的方式出现。我们说“科学无处不在”，不仅是说科学的问题和科学探索过程的无所不在，同时也是说科学认识的对象——自然界的事物和现象无处不在。在科学活动中，可以通过显性的直接的方式认识科学、理解科学；而在语言、文学、艺术等其他领域的活动中，则是通过一种隐含的方式来感受科学、表现科学。

（二）整合性活动中的科学教育

这里所说的整合性活动，是与学科性活动相对而言的，是指将科学教育的内容与其他领域的内容相结合，以主题或项目的方式呈现的活动类型。主题活动和项目活动的区别在于，前者基本上是由教师预设的活动，而后者则更多地强调活动的生成性。

1. 主题活动

一个主题，就是一个超越了学科和内容领域的统合概念。所谓主题活动又称“综合主题活动”，是指在一段时间内教师以幼儿发展所需要的某个核心知识经验为中心来组织的教育教学活动。在当前幼儿园的课程实践中，主题活动是一种普遍存在的课程整合途径。主题活动的设计可按以下步骤进行。

（1）主题单元的设计

综合主题单元的设计，要求以认识周围生活为基础，反映的是幼儿将要学习的关键经验，与幼儿生活中的自然事件紧密联系。同时，它要求从情感教育入手，着重培养幼儿良好的行为习惯，发展其语言和思维能力，促进幼儿的全面发展。主题单元的选择可以有多个出发点。

1）从课程的目标出发。课程目标的实现需要相应的教育活动加以支持，因此，可以从确定的课程目标出发，寻找相应的活动主题。例如，根据《幼儿园工作规程》提出的“萌发幼儿爱科学的情感”这一目标，可以选择“我是小小科学家”“奇妙的种子”“我家的电器”等主题，通过这些主题活动，让幼儿感受科学的奇妙，从而引导他们发现生活中的科学，感受科学技术带来的便利，以唤起他们对科学的兴趣。

2）从幼儿的兴趣和需要出发。幼儿感兴趣的事物中可能包含丰富的教育价值。比如，几个孩子偶尔发现自己的影子在一天的不同时间里是不一样的，感到十分惊奇。教师敏感地发现了其中的意义，于是“我和影子”的主题就产生了。

3）从现有的“内容”或“材料”出发。有些内容或学习材料会有规律地呈现，如“一年四季的变化”“与幼儿关系密切的节日”等。按照季节和节日这两条线索选择主题，发掘其中的教育价值是综合主题活动设计经常采用的方法。

（2）主题名称的确定

根据“幼儿是学习主体”的思想，教师要努力从幼儿的角度、站在幼儿的立场上来思考：周围的世界在幼儿眼里究竟是怎样的，并用幼儿自己的语言来给主题定名，如“气味真正多”“各种各样的纸”“神奇的太空”等。这不仅仅是语词表达的推敲，而且是从偏重“教师怎样教”到首先考虑“幼儿怎样学”的转移，反映的是教育观的转变。

（3）主题目标的设计

主题目标由主题的教育价值转化而来。一个有意义的主题，教育的价值是多方面的，因此要从促进幼儿身体动作、思维发展、社会性发展等诸多方面思考主题的价值，并立足于幼儿的行为变化确定主题的目标。在分析主题的教育价值时，以既定的幼儿教育目标为参照标准进行分析，并对照本园本班幼儿的发展状况进行。

（4）主题内容的选择

主题内容的选择就是主题可包含的具体活动容量，它决定着将以哪些类型的活动来组织幼儿的学习以及学习哪些具体的经验。一个涵盖课程领域较广的主题，有利于幼儿获得均衡的学习经验，也有利于安排各种不同类型的活动。如果主题本身涵盖的领域有限，可能会导致同类活动的重复。

2. 项目活动

所谓项目活动，是指幼儿在教师的支持下，围绕生活中某个大家感兴趣的“话题”或“问题”进行深入研究，在合作研究的过程中发现知识、理解意义、建构认识的过程。它和综合主题活动最大的区别就在于它的生成性，即活动计划和活动目标都不是由教师单方面事先设计好的，而是由教师与幼儿共同发展、共同建构、透过形成性的评估逐步发展起来的。因此，项目活动的“设计”与“实施”之间也没有严格的界限，项目活动的实施过程本身就是计划的设计、展开和生成的过程。

项目活动的结构由三个阶段组成，一个项目就像一个好的故事，有开始、中间和结尾。这种结构能帮助教师根据幼儿的兴趣及个人身心发展的程度来组织活动的进程。

（1）第一阶段：项目的开始——话题的提出

项目活动的第一阶段，也称为开始阶段，教师和幼儿开展一系列讨论，以选择和明确要调查的话题。话题可以由幼儿提出，也可以由教师提出。选择话题时，可以初步考虑几个标准，一旦话题被选择，教师就开始在和幼儿进行“头脑风暴”的基础上形成一张网或概念地图，形成关键活动的轮廓。教师还要分析后面工作的可能性并收集基本的资源等。每个幼儿回忆和话题有关的已有经验，表达对概念的理解。教师帮助幼儿形成在将来的调查中要回答的问题，并发微信（或写信）给家长，鼓励家长向幼儿分享自己的经验，和幼儿一起交流谈论该话题。比如，有的孩子家长是医生，恰好当天的话题是有关卫生的，那么家长就可以和幼儿分享自己的工作经验和技术。

（2）第二阶段：项目的发展——直接的调查

第二阶段是项目活动的核心，通常安排幼儿的各项工作及和专家谈话的机会。教师提供资源帮助幼儿调查某些地点、对象和事件，收集真实的物体、书本和其他的研究材料。教师建议幼儿进行各种不同的调查。每个幼儿可以在自己的水平基础上仔细地观察探索、预测、讨论和记录结果，并运用基本的技能，如建构模型、绘画、音乐、戏剧表演等，尽力表现所学习的内容。教师通过全班的、小组的讨论或展示，让幼儿知道大家的不同工作等。

（3）第三阶段：项目的结束——总结分享

教师安排一个总结活动，包括准备和提交对结果的报告，让幼儿和他人分享所学的东西，如向其他班级幼儿、老师、家长等讲述他们的项目故事。教师帮助幼儿选择分享的材料，使他们有目的地回顾和评价整个项目。教师还可通过艺术、故事和戏剧等想象的途径帮助幼儿内化新知识。最后，教师利用幼儿的想法和兴趣把已经总结的项目和下一个项目的话题联系起来。

三、整合性科学教育活动的设计与指导

（一）整合性科学教育活动设计

1. 整合性科学教育活动目标设计

在科学教育活动中体现整合教育的理念，是指在坚持科学教育学科目标的前提下，同时关注其他学科的目标；或在坚持以科学探索为主的同时，充分利用其他学科的教育方法和手段，以达到活动整合的目的。整合性科学教育活动的目标不仅应反映科学知识、技能要求，还应强调幼儿兴趣、情感、态度等方面的要求，因此，教师在设计活动目标时，要以促进幼儿的全面发展为根本，充分挖掘活动中所蕴含的认知、情感、审美等因素。例如，对现代科技产品的认可，就可以渗透科学技术造福人类的思想，而很多认识环境的内容，可以渗透人与自然和谐相处及可持续发展的价值观。当然，价值观的教育绝不可以演变为简单的道德说教，而只能以一种隐性的方式慢慢渗透。

2. 整合性科学教育活动内容设计

整合性科学教育活动的内容应打破传统的按学科、领域组织活动的做法，根据幼儿生长发育的特点，结合他们的生活实际，选择一些他们熟悉的、感兴趣的、有教育价值的活动内容，以主题活动的形式实现健康、语言、社会、艺术等多个领域内容的整合，为幼儿呈现完整的、系统的知识。比如，黄豆泡在水里会发生什么样的变化呢？孩子可以观察发现“黄豆变大了”。那么，“黄豆变大了多少呢？”这就要借助于数学了。我们可以通过计数或者测量的方法，来精确地认识黄豆的变化。在科学活动中，我们可以充分利用数学这个工具，让幼儿在获得精确地科学经验的同时，数学知识和技能也得到相应的发展。

3. 整合性科学教育活动形式设计

整合性科学教育活动的活动方法、形势和手段等的设计也应体现整合的教育理念。根据科学教育活动的目标和内容、幼儿的年龄特点和认知发展水平等，综合运用多种方法、形式和手段，使活动灵活多样、丰富多彩，富于变化，从而提高幼儿参与活动的积极性，促进整合性科学教育活动的顺利开展。比如，教师可以将美术、音乐、舞蹈等艺术形式应用到科学教育活动中，但是在开展此类活动时应注意，艺术在活动中只是作为一种表达的手段，用来展现幼儿的知识经验和情感，教师不宜在这样的活动中强调艺术技能、技巧，否则便会冲淡科学活动的主题。又比如，教师可以在开展科学教育活动的同时，发展幼儿的语言表达能力，应侧重于如何让幼儿将自己的想法和做法、发现和疑惑、问题和回答用自己的语言表达出来，而不是用限定的词句来束缚幼儿丰富的思想。

（二）整合性科学教育活动指导

根据幼儿的学习特点和认知发展水平，幼儿既在集体教学活动中、在更丰富的区域活动、生活活动中学习科学，也从环境布置中潜移默化地体验和感受科学。幼儿科学教育活动仅仅是其中的一种活动形式，而非全部。教师应当对幼儿学习科学的特点有准确的把握，恰当运用区域活动、生活活动和集体教学活动等多种生动活泼的形式实施科学

教育。这三种活动之间是完整的、不可分割的整体，其终极目标都是指向幼儿的探究与发现。应当树立整体观念，整合运用多种形式的科学教育活动。区域活动、生活中的科学活动、集体科学活动有各自的特点与优势，只有整合运用，使其互相配合与支持，才能最大限度地发挥其作用，支持幼儿的探究与发现，注重幼儿发展的多样性和可持续性，培养幼儿的基本科学素养。

同时，幼儿科学教育活动的形式是多样化和灵活的，可以是结构化程度较高的集体活动，也可以是结构化程度较低的区域活动，还可以是日常生活与游戏活动。三种活动是可以互相转换、互相支持、延伸和整合的动态关系。可以将集体科学活动延伸到区角活动中，如一些集体科学活动的内容受到幼儿的喜欢，幼儿有深入探究的愿望，可以把活动材料放置在科学活动区让幼儿自由选择和操作，相反，也可以将区域科学活动作为集体科学活动的前奏；同时，生活中的科学教育活动内容也可以转化为集体教学活动或区域活动的内容。

在当前教育实践中，教师应该注意避免运用单一集体科学活动形式开展科学教育的做法，注重区域活动、游戏活动、生活活动在幼儿科学教育实施中的适用，正确理解并灵活运用三种活动为幼儿发展服务。此外，更为重要的是，无论运用那种活动形式，都应当以幼儿生活中的科学为出发点，立足幼儿的主动探究与发展，激励并帮助幼儿体验和发现科学的奇妙和乐趣，使幼儿科学教育真正符合幼儿心理发展水平。

案例 5-12

月亮的变化（大班）

南京市第一幼儿园　张灵

一、活动目标

1）感知月亮的变化，知道这样的变化是有一定的规律的。

2）学会观察月相的变化过程，结合儿歌，感知月相的变化规律。

3）通过简单的观察学习，对天文学产生一定的兴趣。

二、活动准备

1）有关月亮的变化过程视频。

2）以图加文的形式呈现的儿歌、故事《月亮裁衣》。

3）月相图、圆形的饼干。

三、活动过程

1. 导入

师：吃月饼的节日是什么节？（幼：中秋节）农历八月十五是中秋节，你们知道农历吗？每个月的第一天，农历叫初一；第二天，农历叫初二……

2. 欣赏故事《月亮裁衣》

教师讲述故事并提问。

1）彩虹妹妹来帮月亮姐姐量了几次尺寸？（四次。）

2）第一次是什么时候？（初一。）月亮姐姐的身形像什么？（像条线。）

3）第二次是什么时候？（初五。）月亮姐姐的身形像什么？（像小船。）

4）第三次是什么时候？（初十。）月亮姐姐的身形像什么？（像半圆。）

5）第四次是什么时候？（十五。）月亮姐姐的身形像什么？（像圆盘。）

6）彩虹妹妹做的衣服，月亮姐姐为什么每次都穿不下？

3. 观察月亮变化的过程

1）师：月亮姐姐是不断变化着的，到底是怎样变化的呢？让我们一起来看一段短片。

2）师：你们发现了什么？（根据幼儿的回答出示月相图。）

3）小结：月亮是不断变化的，而且是有规律地变化着。

4. 学儿歌，掌握月亮变化的规律

师：月亮到底是按什么样的规律变化的呢？让我们一起来学一首儿歌《看月亮》。教师出示并朗诵儿歌，幼儿学习。

5. 游戏

1）师：接下来，请小朋友去洗洗小手，我们要做一个好玩的游戏。（出示饼干。）让我们像广告中的小明星那样吧，扭一扭，初一看……（平移。）

2）师：每个小朋友咬一口，大家注意要轻轻地咬，并咬出不一样的大小，有的变成初一的月亮，有的变成初五的月亮，还有的变成初十或者十五六的月亮，大家试试看吧！做完以后可以相互说一说你变的是什么时候的月亮。

6. 结束

师：小朋友们，我们今天的活动就要结束啦，了解月亮的变化是不是很有意思呀？其实天空中有趣的东西可多了，我们可以经常去关注一下哦！

四、活动评价

本节活动首先利用生动的故事导入来激发幼儿学习的兴趣，教师声情并茂地完整讲述故事时，幼儿听得专心致志；接着就是观看月亮变化的视频，让幼儿形象直观地了解半个月的时间里月亮的变化过程，使抽象的知识变得简单、易于理解和接受；再通过儿歌的学习，使幼儿初步了解月亮的形状变化和时间的关系，激发幼儿探索的兴趣；最后通过游戏模拟月亮的变化，使幼儿在轻松、愉快的气氛中自然地接受本次活动的教学内容。

附儿歌：

看月亮

初一看，一条线。
初二三，眉毛弯。
初五六，挂银镰。
初七八，像小船。
初九十，且半圆。
十五六，像玉盘。

案例 5-13

垃圾分类（大班）

浙江省舟山市普陀区实验幼儿园　刘权永

一、活动目标

1）给生活中的垃圾分类，让幼儿了解垃圾分类的方法，并运用到一日生活中。

2）介绍垃圾桶的分类标志，增强幼儿对垃圾分类的意识。

3）让幼儿懂得“垃圾分类”的意义，树立幼儿的环境保护意识。

二、活动准备

1. 经验准备

1）幼儿有初步的垃圾分类的知识，了解“可回收”“不可回收”的意义。

2）初步感受垃圾分类的重要性。

2. 物质准备

1）班级里的三个垃圾桶，三种垃圾桶的图片、勾线笔。

2）“可回收的垃圾”“厨余垃圾”“其他垃圾”的字条及白纸若干。

3）实物垃圾（易拉罐、牛奶袋、树叶、铅笔头等）。

三、活动过程

1. 结合生活经验，导入活动

1）幼儿回忆生活中看见过哪些类型的垃圾桶。根据幼儿的回答，教师逐一出示垃圾桶的标志（可回收垃圾桶、厨余垃圾桶、其他垃圾桶、电池垃圾桶）。

师：我们为什么要进行垃圾分类？

2）幼儿讨论：活动室每天都会产生许多垃圾。如果把活动室的垃圾进行分类，应该用几个垃圾桶？

分析：这一环节结合幼儿的生活经验和前期准备的经验，使很多对垃圾桶的种类不了解的幼儿得到启发，知道垃圾有可回收垃圾和不可回收垃圾之分；分析进行垃圾分类的原因，使幼儿认识垃圾分类的重要性，从而培养幼儿的环保意识。

2. 设计垃圾桶标志

1）利用墙饰中展示的分类垃圾桶图片引出问题：如何区分不同类型的垃圾桶？

教师小结：共有三种类型的垃圾桶，分别是：厨余垃圾桶（装水果皮、骨头、鱼刺等）、可回收垃圾桶（装废纸张等）、其他垃圾桶（装厕纸、擦鼻涕纸等）。它们的颜色不一样，红色的是厨余垃圾桶，绿色的是可回收垃圾桶，蓝色的是其他垃圾桶。

2）教师引导幼儿绘制垃圾桶标志。

师：颜色可以区别，可幼儿园其他的小朋友不知道垃圾中有哪些是可回收垃圾，我们怎样让他们一看就明白呢？

3）教师小结设计垃圾桶标志的方法。

4）幼儿设计垃圾桶标志。

① 介绍材料、合理分工。

② 教师引导幼儿讨论如何分工设计垃圾桶分类标志。

③ 幼儿动手设计垃圾桶标志。

分析：引导幼儿根据幼儿园生活中常见的垃圾，对垃圾桶标志进行有目的的设计，进一步巩固垃圾分类的知识。幼儿在设计标志的过程中，有的剪纸，有的绘画，一边做一边讨论活动室经常会产生的不同垃圾种类的画法。在培养环保意识的同时，幼儿的想象力和动手能力也得到了发展。

3. 开展“垃圾分类”小游戏

让幼儿把从家中带来的废旧物品放在分类垃圾箱里，并逐一解决游戏中碰到的问题，如易拉罐是否要扔？

分析：在游戏中幼儿自己动手将垃圾分类，活动的积极性高，教师先引导幼儿从探究更多的、分类明确的垃圾材料出发，然后探讨生活中没有定论的材料，再逐渐过渡到生活中常见的而又不仅仅局限于教室中的物品。

4. 延伸活动

给幼儿园其他班级的小朋友进行“垃圾分类”知识宣传，鼓励幼儿将活动中学到的知识带回家里，在生活中运用。

分析：这一环节要求幼儿把“垃圾分类”活动辐射到其他班级和家庭，让环保生活的理念有了更多的承载方式，也让更多的人参与到快乐的环保生活中来。

四、活动评价

本活动目标明确，围绕环保教育层层展开。活动过程的展开从前期铺垫，到设计标志及在生活中的运用很有层次性。活动符合大班幼儿的兴趣，通过让幼儿自己动手设计垃圾桶分类标志，充分调动了幼儿的积极性，让他们愉快地参与到学习中，轻松地认识垃圾分类的重要性并掌握垃圾分类的知识，培养了幼儿的环保意识。同时，教师发挥环境教育作用，将幼儿收集到的材料及在每次活动中积累的经验呈现出来，帮助幼儿梳理学习经验，并将有益的学习经验传递给其他幼儿，发挥了幼儿学习的主动性。

思考与实践

1．幼儿科学教育活动的特点是什么？

2．集体科学教育活动的特点是什么？

3．分析一份幼儿集体科学教育活动的设计案例，归纳总结其设计要素，并思考应该注意哪些问题。

4．观察一个年龄班的科学区域活动，分析幼儿与教师的互动状况，对其活动的组织开展提出建议。

5．区域活动时，材料投放的原则是什么？

6．观察某个年龄班的一日生活活动，分析其中蕴含的科学教育内容。

7．整合活动中的主题活动和项目活动有何区别？分别设计一份主题活动与项目活动案例。

8．选择适当内容，设计一个具有地域特点的集体科学教育活动案例。

第六章

学前儿童科学教育的资源与环境

学前儿童科学教育资源是开展幼儿科学教育活动的基础和前提，主要是指辅助开展幼儿园科学教育的各种环境资源、家庭资源和社会资源。著名教育家蒙台梭利认为：“教育的基本任务是让幼儿在适宜的环境中得到自然的发展，教师的职责在于为幼儿提供适宜的环境。”科学教育环境就是由教育者（包括教师、家长等）创设、规划的一种具有科学教育价值的环境，是教育者根据教育目标，着眼于幼儿身心发展的需要，充分利用各种资源而精心创设的“适宜”的教育环境。

第一节 学前儿童科学教育资源

学前儿童科学教育资源是幼儿园落实《纲要》和《指南》，实现幼儿园科学教育目标的基础。科学教育资源也可称为科学教育条件，通常指为保证教育活动正常进行而使用的人力、财力和物力的总和。从教育实践角度看，可以将学前儿童科学教育资源看作实施幼儿科学教育过程中所拥有的各种条件、环境，是小到玩教具，大到山川河流等能与幼儿产生积极互动的科学教育条件。

根据学前儿童科学教育资源所处环境的不同，可以将其分为幼儿园资源、家庭资源和社会资源，三位一体构成一个完整的幼儿科学教育资源库。

一、幼儿园资源（也称为园本资源）

《纲要》明确指出：“幼儿园应为幼儿提供健康、丰富的生活和活动环境，满足他们多方面发展的需要，使他们在快乐的童年生活中获得有益于身心发展的经验。”幼儿园应充分开发和利用一切可利用的园本资源，满足幼儿多方面发展的需要。

园本资源是学前儿童科学教育的主要资源，主要是指幼儿园教育中可利用的一切人力、物力和其他资源的总和。人力资源主要是指幼儿同伴群体和教师集体，物力资源主要是指幼儿园内的各项硬件设施和课程资源等。按照场所区分，园本资源又划分为五类：自然角、科学区、科学活动室、种植园地、饲养角。

1. 自然角

自然角，顾名思义就是大自然的一角，是幼儿亲近自然、观察自然、了解自然、学习科学的重要场所，一般设置在幼儿园活动室内向阳的角落、窗台或走廊，用一张桌子或一个分层木架，将一些适合在室内生长和照料的动物、植物，或收集来的非生物，有秩序地布置在上面（见图 6-1）。自然角是幼儿开展选择性科学活动的地方。

图 6-1　自然角

2. 科学区

科学区是指建立在幼儿园班级活动室的一角，使幼儿自由操作材料、自主探究科学、进行小实验的场所，是幼儿开展选择性科学活动的地方。

3. 科学活动室

科学活动室是指在幼儿园内提供一间屋子，让幼儿开展观察、操作、活动的科学场所。进行科学探究活动需要投放一些材料或设备，有些材料或设备体积比较小，在班级科学区比较容易摆放，但是体积比较大、种类比较多、难以摆放收藏的材料，就需要专门的一间屋子摆放，这样就有了科学活动室，其实它就是“放大的科学区”（见图 6-2）。科学活动室也称为科学探究室、科学发现室等。

图 6-2　科学活动室

4. 种植园地

种植园地是幼儿园选择适合的地点设置一块或多块土地，使幼儿通过亲手栽培、种植、管理、收获等活动认识自然物的场所。种植活动既能丰富幼儿对自然物的感性认识，培养其爱护植物的情感，又能培养幼儿的种植技能和爱劳动的情感。

5. 饲养角

饲养角是在幼儿园室外的一角，供幼儿定期饲养、喂食、观察、照顾小动物的地方。饲养角的创建为幼儿提供了一个可以亲近小动物的场所，利于培养他们对小动物的喜爱之情。

二、家庭资源

家庭资源是幼儿科学教育资源的基础性资源，主要是指能够促进幼儿身心健康发展的家庭物质资源与人力资源。家庭物质资源主要包括家庭中的各种经济支持、教育信息支持、环境支持和设备支持等；家庭人力资源主要包括家长的闲暇时间、职业、文化素养、兴趣和特长等。

三、社会资源

学前儿童科学教育的社会资源是指社会中可供学前儿童科学教育开发和使用的自然环境、人文环境、物质条件等要素的总和，是相对幼儿园和家庭而言的一种环境资源，是学前儿童科学教育环境的重要组成部分，主要包括自然资源、人力资源、物质资源和组织资源。

1. 自然资源

自然资源主要是指幼儿园以外的自然环境及部分人造环境，包括大自然中的水、空气、土壤、阳光、动物、植物、山川、河流、绿地、草场、气候、森林、名胜古迹、土特产等。

2. 人力资源

人力资源主要包括各领域的专家、社会知名人士、各行业的从业者及幼儿家长等。

3. 物质资源

物质资源主要是指科学教育活动所需要的各种物质材料和设备设施等。

4. 组织资源

组织资源是指社会中的各种组织机构，包括图书馆、博物馆、医院、少年宫、邮局、车站、超市、学校等。

第二节 学前儿童科学教育环境

环境是幼儿最自然的启蒙老师，也是学前教育的重要组成要素。《纲要》指出：“环境是重要的教育资源，应通过环境的创设和利用，有效地促进儿童的发展。幼儿园的空间、设施、活动材料和常规要求等应有利于引发、支持幼儿的游戏和各种探索活动，有利于引发、支持幼儿与周围环境之间积极的相互作用。”教师应有目的、有计划地创设良好的幼儿园教育环境并有效地利用教育资源。

一、幼儿园科学教育环境的内涵

学前儿童所处的环境是一个综合的整体，既包括物质环境，又包括心理环境；既包括幼儿园的环境，也包括自然、社会和家庭的环境。本章所讲述的科学教育环境，指的是在幼儿园里人为设计、选择并提供给学前儿童的科学教育环境，分为物质环境和心理环境两个方面。

二、科学教育环境创设的原则

（一）探究性原则

科学教育活动作为幼儿园五大领域活动之一，其本身所蕴含的自然科学属性使其相对于其他各领域活动而言，更加强调儿童自主探究和创新意识的形成。探究是指探索和研究，幼儿科学活动本身就是一种以幼儿为主体的探究性学习的过程。幼儿科学教育环境创设的首要原则就是要能激发儿童探究的兴趣，应尽量提供更多自由发挥和学习的空间，让幼儿尝试着自己去探索、发现内容。因而，教师可以通过呈现探究材料、创设一些情境、介绍背景知识等方式来提出探究的问题，或者引导幼儿自己发现和提出问题，提供幼儿想象和操作的空间。幼儿应在教师的指导下去发现问题，主动地提出问题并积极地寻求解决问题的方法。教师应促使幼儿在探究的过程中不断生成新的探究目标，得出自己的探究结论，从而达到自主探究的目的。比如，投放装有水的盆子、煮熟的鸡蛋、乒乓球、橡皮泥、石头、硬币、塑料杯子、积木等不同形状、不同大小、不同质量、不同材质的材料，让幼儿去探索什么东西能够浮在水面，什么东西会沉下去，如何让浮着的东西沉下去，如何让沉下去的东西浮起来。这样的材料投放体现了可探索性，又能激发幼儿主动探索科学的兴趣。

（二）主体性原则

幼儿园环境首先是幼儿的环境，是幼儿可以参与创设、有发言权的环境。幼儿园科学教育环境应由幼儿和教师共同规划设计、布置管理班级。不同年龄段的儿童受其身心发展条件的制约，参与环境创设的方式与程度也是不一样的。因此，教师要为不同年龄的幼儿创设自主选择和活动的区域环境，并给予恰当的引导。例如，在种植园地环境创设的过程中，小班可以组织幼儿收集种植园地需要的简单工具，如捕虫网、小桶、喷壶，小铲子等，使幼儿能够真正自己操作种植，与大自然进行接触和交流；中班可以让幼儿参与环境创设的整个过程，教师应该和幼儿一起讨论在园地中种植何种植物，如何种植，然后由幼儿收集种子，播撒种子，教师给予指导和帮助；大班可以让幼儿做种植园的小主人，负责种植园的布置、园地的划分及管理，如轮流负责制度、定期轮换小组等。教师在整个环境创设中，要热情支持，与孩子合作共创。

（三）启蒙性原则

幼儿科学教育是一种科学启蒙教育，其目的不是简单地知识灌输，也不是培养小科学家。启蒙性原则是由幼儿的年龄特点、认知特点和学前儿童科学教育的目标决定的。因此，科学教育中提供给幼儿的科学内容要与生活相连，其内容应该是浅显宽泛的科学知识，应该以幼儿的生活和周围的环境为出发点，其重点是激发幼儿对于科学的好奇心，激发幼儿对科学的兴趣、求知欲，进而引发幼儿的创造力、思维能力及对科学的探索精神。例如，引导幼儿认识“水”时，并不向幼儿讲授水的分子式结构或水的浮力等比较抽象的内容，而是让幼儿在玩水的过程中初步认识水的特性，如水没有颜色、没有味道，水可以流动，水加热了会变成水蒸气，当温度低于零度时水会结冰。由此，幼儿获得了关于水的科学经验，而这些科学内容是幼儿完全可以理解的。

（四）层次性原则

应根据幼儿的认识规律及思维发展规律来进行科学教育环境的创设。不同年龄班幼儿的可接受性不同，大、中、小班科学教育环境的创设要体现本班幼儿的年龄特点，要有层次，应体现在小、中、大各年龄班认识容量的增加与深度的提高上，按照由易到难、由简到繁的程度安排。小班可以提供一些可供幼儿认识的东西，让他们多观察，进行一些简单的操作，更多的是激发幼儿对大自然及身边事物和现象的兴趣；大、中班不仅提供观察的对象，还要提供一些动手操作的材料和探索的内容，培养幼儿初步的探究能力。

（五）趣味性原则

学前儿童的年龄特点决定了在进行科学教育环境创设时，应考虑幼儿的兴趣和需要，并能激发幼儿学科学的兴趣。选择环境创设的材料应从幼儿周围生活和环境中常见的事物入手，选择幼儿感兴趣的、易被接受的和生动有趣的材料，这样才能吸引幼儿的注意，使之产生浓厚的兴趣，从而积极主动地参与到科学教育活动中来。比如，在科学探索室的观察区，摆放幼儿感兴趣的观察材料，包括蚂蚁、瓢虫、蜻蜓、蜜蜂、甲虫、鱼、虾、乌龟等小动物标本，以及各种非生物物品，如贝壳、海螺、矿石、各种植物的种子等。

（六）安全性原则

幼儿科学教育环境的内容包括各种工具和材料、有生命的动植物和无生命的物质、室内场所、室外场地等。在选择与创设科学教育环境时必须考虑幼儿的年龄特点，保证安全、健康与卫生。在室内、室外种植的植物要考虑安全性，不能种植有毒、带刺的植物，如仙人球、夹竹桃、南天竹等。在室内饲养小动物时，一定要考虑是否会影响室内的卫生，应检查动物是否有传染病，在禽流感等疾病流行期间，应及时将其隔离。在科学活动中使用的工具、探索操作的材料，在选择和使用时要注意安全，避免尖锐、易碎、锋利的物品，要减少使用玻璃、陶瓷制品。使用过的材料和工具需要定期进行消毒，保证使用的卫生。

第三节 物质环境的创设

物质环境是学前儿童进行科学活动的有力保障，幼儿园物质环境主要是指幼儿园自然环境的充分利用、活动空间的合理布置及活动材料的科学投放等。

一、幼儿园科学物质环境创设的有效策略

1. 优化教育资源配置、充分利用、定期更换

环境的教育性和互动性体现在幼儿园的所有设施都应是可实际利用的，都是以幼儿

的发展为目标的。因此，环境内的所有设施应合理布置，从整体到局部都符合幼儿活动的需要。要注意设施的大小是否符合幼儿的身高，科学材料及设施的摆放位置是否合适，投放材料的数量是否充足，材料的可操作性是否适宜，安排的场地空间是否让孩子感到舒适。同时，创设的物质环境应经常向幼儿开放，让幼儿与其充分互动，使有限的资源得到最大限度的利用。充分利用每个班级的物质环境资源，如开展相同的主题活动时，平行班之间进行环境设置时可以各有侧重、各有特色，然后每天安排一定的时间向孩子开放。孩子们则可以自由选择、相互参观，这样可以避免资源的重复和浪费，提高物质环境的利用率。

幼儿园科学物质环境的创设要具有周期性的变化，活动区的内容和材料应该随着季节、活动目标等的变化及时更换，投放的科学材料要配合课程主题更换，如科学活动区设置内容的周期性更换、墙面布置内容的变化、幼儿游戏材料投放的变换、室外活动时间的更改等。投放科学材料的周期性更换可以增加幼儿参与科学活动的兴趣，提高科学活动的效果。

2. 重视幼儿的参与性与主体性

幼儿科学教育不仅仅要帮助幼儿掌握科学知识，更重要的是帮助幼儿掌握获得科学知识的方法，因此在物质环境的创设中要重视幼儿的参与性。物质环境的教育性不仅蕴含于环境之中，而且蕴含于环境创设的过程中。因此，要调动幼儿的积极性，让他们参与到环境创设的全过程中来，增强幼儿的主人翁意识，使他们体验设计与制作的快乐，享受成功的喜悦。比如，自然角的管理和布置都应该为幼儿提供参与的机会，充分考虑幼儿的兴趣爱好，并放手由幼儿自己来布置、照顾和管理，不能由老师包办代替。在幼儿照顾自然角的动植物的同时，也可以让幼儿轮流负责做好自然角的管理工作。对于中大班的幼儿，教师可以将建设自然角的任务交给幼儿，由幼儿自主讨论决定布置的内容与形式，使幼儿真正成为自然角的主人。

3. 追求自然朴素的科学环境创设风格

大自然是丰富多彩的，要充分利用自然物、自然环境，体现自然科学的特点，发挥其在科学教育中的作用，但由于种种原因，城市的幼儿与大自然接触的机会很少。因此，幼儿园物质环境创设的着眼点应放在“亲近大自然”上，注重朴实、自然及实实在在的生活场景，没有很多人为的装饰。活动场地可以是真实、自然的，如木屑地、草地和沙地等，开辟室外种植园地，使幼儿亲手栽培、种植、管理、收获等；多提供一些生活用具（水盆、扫帚、铲子、水桶、捕虫网等），方便幼儿进行建造、做实验、戏水、奔跑、挖掘和清扫等各种活动。在充分利用幼儿园自然环境的同时，还要想方设法把大自然搬到室内来，可以在自然角摆放或悬挂自然物（绿萝、干玉米棒、晒干的葫芦串、秋季成熟的南瓜等），让绿色陪伴幼儿，让幼儿更贴近大自然。

二、幼儿园科学物质环境创设的实施

引导幼儿爱护动植物，关心周围环境，亲近大自然，珍惜自然资源是幼儿科学教育的目标。幼儿科学教育活动的开展要在幼儿对环境直观感受的基础上进行，幼儿大部分时间是在幼儿园内活动，我们就应该创设适宜的室内外自然科学环境，让幼儿在环境中去体验、探索，积累科学经验，获得初步的探究能力。科学物质环境的创设可以从以下两方面入手。

（一）创设适宜的室外自然环境

幼儿园室外自然环境是儿童学科学的重要场所，要做好室外环境的绿化。树木、花卉、草坪是幼儿园室外环境中不可少的。在幼儿园的道路两旁以种植乔木为宜，而在幼儿活动室窗前则以种植灌木为好。在户外场地上可以设计不同形状的花坛，种植不同品种的花卉。在园舍合适的位置还可以为儿童开辟种植园地，种植当季的蔬菜和农作物，面积无须太大；也可以在户外建一个小长廊，在上面搭上葡萄架，幼儿可以观察果树从开花到结果的整个过程。总之，在创设室外自然环境时，应做到“春有花、夏有荫、秋有果、冬有绿”。

有的幼儿园建有喷泉、曲桥和风车，山石成景，儿童户外活动时兴趣盎然。幼儿园可以利用自然地形，也可以人工设置沙地、土坡、水池，供幼儿玩沙、爬坡、戏水，可以让幼儿体验爬山、玩水的乐趣，锻炼幼儿的运动能力；水池中可放养小鱼、虾、小蝌蚪等供幼儿观察，以激发幼儿对小动物的好奇心，增强幼儿的观察能力。此外，在园舍的僻静处可设置饲养角，饲养一些小动物。在幼儿园户外可设置垃圾分类箱，要求幼儿将垃圾分类投放。总之，幼儿园应根据园舍条件创设良好的室外环境，为进行科学教育活动创设条件。

1. 种植园地的创设

种植园地是幼儿园选择合适的地点设置一块或多块土地，供幼儿种植花卉、农作物所用的地方。在一般情况下，种植园地应选择在阳光充足、排水方便、距离水源相对较近的地方。种植的植物一般应挑选易种植、易管理并且能在短时间内见到成果的植物，如红薯、西红柿、蒜苗、大葱、茄子、西葫芦等，也可以在种植园地内种植一些花卉，如菊花、鸡冠花等。种植园地的大小可根据幼儿园的实际情况确定。有的园地是供一个班级的幼儿所用，有的园地虽然是以班级为单位，但尽量让每个幼儿自己种植一株植物，并且始终照顾它。

2. 饲养角的创设

饲养角是幼儿园室外的一角，是供幼儿饲养小动物的地方。在活动室的自然角内幼儿也会饲养一些体积特别小的动物，如金鱼、小乌龟、蚯蚓、蚂蚁等，但体型稍大一些的动物必须在室外饲养，所以大多数幼儿园都会建立饲养角。在饲养动物时，应考虑各年龄幼儿的特点，还可以结合课程、主题的需要，尽量选择一些活泼可爱、管理方便、比较温顺且幼儿能亲自照料的小动物，如鸽子、鹦鹉、兔子、刺猬、鸡、鸭、猫、狗、鱼等。幼儿在饲养角可以从事的活动有：观察动物、给动物喂食、打扫动物的窝、为动物搜集食物等。

（二）创设适宜的室内科学教育环境

1. 自然角的创设

自然角是指在幼儿园的室内、廊沿或活动室设置一角，用来饲养小动物、栽培植物、陈列幼儿收集来的小东西等用品的场地，是幼儿开展选择性科学活动的场所。自然角中可以放置的物品有很多。在室内可饲养小型温顺的动物，如金鱼、青蛙、蜗牛、乌龟、蚯蚓等；也可以选择在自然角种植水养植物，如黄豆、洋葱、白菜心、芹菜、萝卜等。盆栽植物能使幼儿观察和记录植物生长的全过程，可以满足幼儿观察的兴趣，整个过程能充分调动幼儿的积极性和参与性，这比死板的图片教具对幼儿的教育作用起到的效果好得多。盆栽植物的花盆可以利用废旧的罐子、杯子、瓶子、脸盆等。除了动植物以外，还可以放置一些成品标本或幼儿自制的标本，如树叶、花瓣、昆虫标本等，也可放置各种各样的卵石、贝壳及自制的各类工艺品、玩具。它俨然是一个微型的自然界，虽然只有方寸之地，却不乏自然界中的生机和活力。

自然角是幼儿学科学的一种重要而特殊的场所，具有以下功能。

1）集中地、真实地再现和反映自然环境中的事物，同时也使幼儿园的活动室增添一份自然美。自然角中的物品，可以是植物，如有家长购买一些罕见的花草和小朋友们一起种植，也可以是零星收集来的“小玩意”，如一个螃蟹壳或乌龟壳，或者是幼儿都喜欢的一类物品，如可以“羽化成蝶的蚕蛹”、温良乖巧的小兔子等，关键是它能给人带来大自然的气息。这样，即使室外是严寒之时，自然角放上一盆绿萝，也足以使人感到暖暖的春意。

2）方便儿童在日常生活中进行随机的和长期的观察活动。儿童在自然角，既不像集体教学，要依照某一特定主题在教师指导下进行活动；也不像科学发现室，要在某一特定时间分组、分班展开活动。自然角的创设，让他们随时都有机会去观察、触摸和探索各种物品，而且还可以根据个人喜好对某个对象进行长期的观察与记录。

3）能够激发儿童主动探索的兴趣和对周围事物的责任感。自然角里的动植物具有生命力，种植、喂养、采摘等体验活动可以激发幼儿好奇心和求知欲。幼儿在照顾动植物的同时不但可以培养动手动脑、探究问题、观察事物等方面的能力，还可以萌发对大自然的亲近和热爱的感情，在潜移默化之中，自然角就成为联系儿童和自然的一个独特的纽带。

综上所述，自然角是大自然的一个缩影，可使学前儿童了解自然世界，形成对自然科学的兴趣，培养他们的观察能力和科学的学习态度，另外，还能增强儿童对周围事物的责任感。

2. 科学区的创设

科学区是指建立在幼儿园班级活动室的一角，使幼儿自由操作材料、自主探究科学、进行小实验的场所，是幼儿开展选择性科学活动的地方。班级作为幼儿经常性的活动和学习场所，其科学区环境的营造对幼儿有着直接的熏陶作用，它能使幼儿根据自己的兴趣爱好自由选择活动，满足幼儿对科学的好奇心，发展幼儿的探索精神和动手能力。布置科学区应选择适合幼儿身高的柜子和桌子，材料分类放置，标志要清晰，便于幼儿取放。为幼儿提供的科学材料要满足幼儿多样化的探索需求。受班级空间的限制，不宜摆放比较大型的设备，而应摆放小型的设备和材料，如放大镜，三棱镜，凹凸镜，各种形状、大小的磁铁，塑料，棉花，木块，丝绸，小电扇，玩具汽车等。需要注意的是，在选择内容时要根据本班的空间条件和幼儿的兴趣，不要求全、求大，以免幼儿看得眼花缭乱而不知所措，从而无法开展探索活动。应该分班级、分时期地投放材料，不同班级创设的科学区应在科学区的内容上有差异并各具特色，同时应促进不同班级科学区角活动的开放和共享，保证幼儿始终对科学活动保持良好的探索兴趣。

3. 科学发现室的创设

科学发现室是幼儿园专门拿出一间屋子让幼儿进行科学探索、进行操作活动的场所。幼儿在此，通过与各种材料的相互作用，不断获得经验，掌握科学方法，培养执着的科学精神和探索兴趣等。科学发现室作为一个专门的活动室，面积比较大，材料很多，是各班级共享的学习场所，能保证每个幼儿都有操作科学材料的机会，也利于形成学科学的气氛。

科学发现室材料的提供与投放非常关键，在材料的投放上与科学区一样强调操作性、可玩性和教育性。可根据活动室的空间大小按照内容对科学发现室进行分类布置，做到充分利用空间，动静分隔，投放的材料应该多种多样、定期更新、不断充实。一般包含以下区域：观察阅读区、操作实验区、制作创造区、作品展示区等。

观察阅读区的材料以观察阅读的方式呈现，主要适用于无法提供实物让幼儿操作和实验，但对他们而言又是很重要的科学经验。例如，昆虫标本、人体模型、动物仿真标本、牙齿放大模型、地球仪、立体地图等；有关科学内容的挂图；科学知识类图书及音像资料。

操作实验区的材料主要是供幼儿观察、实验、操作和探索的材料，包括具有科学原理的成品和自制的实验用品，如放大镜、万花筒、天文望远镜、电池、机器人、电动发光发声玩具、磁铁、盒装封闭铁屑、指南针、沙漏、风车、风能发电玩具、气球、打气筒等。

制作创造区的材料是幼儿进行各种科技小制作所需要的各种工具和材料。例如，勺子、镊子、盘子、盒子、瓶子、杯子、桶、纸、硬纸板、沙子、石子、豆子、绳子、胶水、胶带等，以及各种安全无毒、可再利用的物品。

作品展示区陈列的是幼儿在科学发现室制作的作品、操作时的记录表等。

在科学发现室的管理上要面向全园各个班级，适应不同年龄段幼儿的认知水平和操作能力。科学发现室的开设使幼儿能够更加全面和深入地体验科学探索的氛围，也便于教师利用专门的活动空间，开展特定主题与内容的科学教育活动。

第四节 心理环境的创设

心理环境是幼儿进行科学启蒙教育的前提。《纲要》指出："为幼儿的探究活动创造宽松的环境，让每个幼儿都有机会参与尝试，支持、鼓励他们大胆提出问题，发表不同意见，学会尊重别人的观点和经验。”只有在幼儿感到安全可靠、舒适自然的环境中，幼儿才能消除顾虑，大胆尝试和探索。

幼儿园的心理环境主要是指建立良好的师幼关系和幼儿同伴关系，形成良好的教育教学活动秩序，进行广泛有效的信息沟通，营造和谐融洽的教育教学情感氛围等。心理环境是一种隐性环境，看不见、摸不着，但它却实实在在地影响幼儿的行为，对幼儿的发展特别是情绪情感、社会性、个性品质的发展起着重要的作用。一所幼儿园能否成为幼儿真正的乐园，心理环境是关键。为幼儿创设良好的心理环境，也是幼儿快乐成长的动力。如何为幼儿创设良好的心理环境呢？

1. 关爱幼儿，为幼儿创设安全自由的心理环境

爱是人类基本的心理需要，是造就儿童健全人格的关键因素。形成积极健康的心理环境的重要标志是：能使幼儿产生心理安全感和心理自由感，在心理安全和自由的环境中，幼儿的心情轻松愉快，无压抑感；在与周围环境的作用中，幼儿容易形成主动探索事物的意识。幼儿只有获得教师博大无私的爱，才能获得安全感。因此，教师应给幼儿家人般的关爱，应恰当地向每个幼儿表达亲热和亲近，满足他们希望被大人抚摸、搂抱的心理需求，这样，老师才能成为“孩子生活中的妈妈，游戏时的伙伴，困难时的老师”。在教师对幼儿进行科学教育活动时，教师一抹灿烂的微笑、一个自然的爱抚，传递着教师对孩子的爱；教师蹲下来和孩子说话的姿势、亲密柔和的语气、平视孩子的角度，都显示着师幼间的平等；教师的一句悄悄话、一个肯定的手势、一个不经意的帮助，渗透着教师对孩子的重视。孩子心情轻松愉快，才能大胆去发言，敢于去尝试，积极地进行科学探究活动。

2. 尊重幼儿，为幼儿创设宽松平等的心理环境

尊重幼儿，主要是平等、民主地对待幼儿，尊重幼儿的意愿。幼儿是具有独立人格的个体，在生理和心理上都有各自的特点，而且通常存在强烈的好奇心和探索动机，渴望对周围世界展开探究。教师在科学教育活动中应主动了解幼儿探究行为中的真实动机，要尊重每个幼儿，给每个幼儿表现的机会，聆听每个幼儿的心声，注意每个幼儿的言行，了解每个幼儿的个性特征，多从幼儿的角度出发，不可直接对幼儿的部分想法与行为予以批评，也不可不问是非直接予以制止，以免给幼儿心理上造成严重伤害，应努力为幼儿营造宽松、民主的氛围，获得幼儿对自己的信任。

3. 积极合作，为幼儿创设和谐融洽的活动氛围

良好的群体学习氛围有利于激发幼儿活动的积极性，满足幼儿展现自我的要求，并能形成互帮互助的良好风气。教师要善于为幼儿创造合作的机会。幼儿之间的合作会带给孩子们成功的体验和欢乐，使其感受集体的智慧与力量。在科学教育活动中，教师为幼儿提供的操作材料不再是人手一份，一个人可以完成的事情也可以尝试分小组来完成，重点是让孩子体验合作。

4. 认可幼儿，为幼儿创设鼓励支持的心理环境

幼儿园的孩子来自不同背景的家庭，他们有各自独特的学习特点和成长速度，有各自不同的优点和不足，他们在科学探究活动中的水平必然存在较大的差异。教师应该认真观察幼儿的科学活动，进行细致的分析，在评价幼儿的过程中，应运用发展的观点来评价幼儿的生长发育情况及能力大小，少一些横向比较，多一些纵向分析，对幼儿在原有水平上的进步应给予认可，鼓励幼儿进行积极健康的操作探究活动，使每个幼儿都能体会到成功的快乐和进步的喜悦，从而使每个幼儿在自己原有水平的基础上得到发展。

案例 6-1

合作真快乐（大班）①

一、设计思路

在幼儿园的一日生活中，孩子不合作现象相当突出，且其合作技能参差不齐。有些孩子在小朋友当中人缘好，朋友多，和小伙伴一起玩的时候能让着别人；有些孩子很“小气”，爱拔尖，不肯把自己的东西让给别人或听从他人的意见，和小朋友一起玩儿时爱打架、发生争执。因此，我们需要重视幼儿谦让、合作的教育，激发幼儿的合作意识，使其体验与别人合作的快乐。

“合作”对于幼儿个体全面发展是很重要的。《纲要》中也明确指出：“让幼儿在生活、游戏、学习中，形成初步的规则意识、合作意识和责任感，所以我们在幼儿时期就重视培养他们的合作意识是很重要的。”但这不是一朝一夕能做到的，这既需要老师的引导，也需要幼儿的主体配合。本案例的意义就在于引导幼儿在活动中初步理解合作的意义，探索合作的方法，并感受合作带来的乐趣。

二、活动目标

1）在活动中，学会与人友好合作，体验合作的成功和快乐。

2）初步理解合作的意义，知道生活中处处有合作。

3）初步学会探索的方法，学会与人友好合作。

三、活动准备

1）经验准备：幼儿已经学会了《蚂蚁搬豆》这首儿歌。

2）物质准备：“蚂蚁搬豆”图片、关于合作的相应图片（一个人睡觉、一个人跳绳、合作脱衣服、合作拉被子）。

四、活动过程

1. 儿歌导入

通过《蚂蚁搬豆》儿歌感知合作（出示图片）。

——小朋友们，你们看这上面画的是什么动物，它在干吗？

——之前我们一起学过了《蚂蚁搬豆》这首儿歌，我们再来念一遍好不好？

① https://wenku.baidu.com/view/1747183d7cd184254b353586.html.

——这只蚂蚁最后有没有把豆豆抬走，它是怎么样做的？（回洞口请来了好朋友们一起搬着走。）

——如果没有好朋友的帮忙，小蚂蚁能把豆豆抬回家吗？

——合作就是两个或更多的人，一起努力做一件事情，就像蚂蚁和朋友们一起合作搬豆豆。

——合作可真神奇呀，大家一起合作做事情，就会把事情做得又快又好，而且更容易成功！

2. 探究讨论，如何合作

1）搬桌子比赛：配班教师一个人，然后再请 6 个小朋友搬桌子，比一比谁搬得快。让幼儿说一说为什么他们力气比老师小，却比老师搬得快。

（合作就是大家一起努力做一件事，会把事情做得又快又好。）

2）看图片，幼儿分辨哪些表现的是在合作，哪些不是。

教师出示相应图片：一个人睡觉、一个人跳绳、合作脱衣服、合作拉被子。

3）教师给出几个情景，让幼儿思考应该怎么样合作（收拾玩具时、搬重的东西时、玩具不够时），再请幼儿想一想还有什么时候需要合作才能做好事情。进一步帮助幼儿理解合作，并了解合作的形式各种各样，生活中处处都有合作。

五、延伸活动

蚂蚁搬豆游戏。

第五节　自然资源的利用

一、自然资源在幼儿科学教育中的价值

1. 大自然能为幼儿提供丰富的教育资源

大自然千姿百态、气象万千、瞬息万变，蕴藏着巨大的教育财富，是一部具体、形象、生动、可感的“天然百科全书”。幼儿在自然中呼吸、成长、嬉戏、玩耍，大自然是幼儿最亲密的伙伴。苏联教育家苏霍姆林斯基更视大自然为“活的思想的发源地”“取之不尽的活水源头”，主张在“蓝天下的学校”开展儿童教育活动。陈鹤琴先生认为：“要扩大儿童眼界，丰富儿童的经验，要指导儿童向大自然、大社会取教材，在这广阔的课堂里，有着内容极其丰富、生动形象、富有生命力的活教材，这对于儿童认识自然、了解社会具有无法替代的重要作用。”大自然中的山脉、河流、海洋、湖泊、森林、沙漠等，都可以成为幼儿欣赏和感知的对象；一片树叶、一只昆虫、一根树枝、一汪水、一捧泥巴都能激起幼儿想象、创造的欲望；一年之中春夏秋冬，四季更替，风霜雨雪，花开花落，都可以帮助幼儿认识自然、适应自然、了解自然。因此，教师更应当牢牢抓住大自然这本最好的教材，尽可能地让幼儿在丰富多彩的自然界中去接受教育，这样才能

充分地激发幼儿的兴趣，取得良好的教育效果。

2. 大自然能够促进幼儿全面和谐的发展

促进幼儿全面和谐的发展是幼儿教育的目标。正如苏联教育家苏霍姆林斯基所说的那样："大自然不仅在智育中起着巨大的作用，同时，大自然在陶冶幼儿性情、使其欣赏诗歌、音乐，以及热爱周围世界，热爱祖国大地，热爱劳动和劳动者，即在丰富幼儿的精神生活方面也起着同样重要的作用。"

大自然的勃勃生机也赋予幼儿无穷的生命力和活力，他们可以无拘无束地展现活泼好动、天真好奇的天性，充分自由地发挥丰富的想象力和创造力。大自然中的许多事物以其形状、色彩、气味、声音吸引着幼儿的感官，给幼儿以美的享受。因而，他们的思维更加活跃，语言更加丰富，视野更为开阔，对事物有更贴切、生动的认知，探究事物更为积极和主动。

大自然的阳光、空气和水，是促进幼儿身体健康的天然因素；幼儿可以爬山、玩水、远足，这些活动能锻炼幼儿的身体和意志，强健幼儿的体魄；幼儿观察"春暖花开、夏日炎炎、硕果累累，白雪皑皑"四季的自然景色，感受"雨雪冰霜、电闪雷鸣"的自然奥秘，这些活动能开启幼儿智慧的大门，培养其善良的情感和美好的心灵，大自然给予幼儿的美好感知将会影响他们的一生。

二、自然资源的利用

1. 走进大自然、接触大自然、感受大自然

带领幼儿走进自然、接触自然、感受自然、认识自然、亲近自然、享受自然，是对自然资源最好的利用。在不同季节，教师可带领幼儿走进公园、绿地、野外，让幼儿亲近身边的动植物，认识它们的特性，感受季节变换和美丽景色。例如，在"认识秋天"的活动中，教师可以组织孩子们走出幼儿园，提出外出活动的主题"寻找秋天的颜色，听秋天的声音，尝秋天的味道"，孩子们可在老师的提示下，收集各种不同颜色的树叶，听一地落叶被踩在脚下的声音，到果园里品尝果实的味道。幼儿在真实的自然中获得了对秋天的感性认识，这种认识要比文字和图片令人印象深刻得多。

2. 利用自然环境中的天然材料

大自然给幼儿提供了丰富多彩的天然材料，如花草树木、卵石泥沙、水果蔬菜、鸣蝉游鱼等，凭借这些天然的材料，幼儿才能去认识世界、探索世界。在教师的教学活动中，捕捉并挖掘天然材料的教育价值，对幼儿的成长与发展有着重要的作用。不同的天然材料具有不同属性、质感，以及不同的肌理效果，能给儿童带来不同启示。例如，石头、种子、贝壳等都是孩子们探索、创作活动的好材料。石头是我们随处可见、取之不尽的资源，可以把石头搬进课堂，让幼儿尝试分石头、玩石头，在老师的带领下，用石头铺路、搭桥，在石头上作画等，通过这些活动让幼儿了解石头的性能和用途。在"美丽的树"的主题活动中，老师带领孩子们走进小树林收集形态各异的树枝和树根、不同纹理的树皮和各种颜色、形状的树叶，观察、触摸各种树木，孩子们不断提出自己的问题，如"树根为什么藏在泥土里？""树皮为什么是粗糙的？""树吃什么？""树枝折

断了还能再生吗？”“树叶为什么会变黄？”在老师的指导下，孩子们逐渐通过自己的观察找到问题的答案。同时，利用形状、大小各异的树叶可以进行排序、分类、比较等活动，进而给孩子们开展粘贴树叶画及“美丽的树”主题墙的布置活动。幼儿在操作天然材料的过程中，了解了不同物质的特性，获得了丰富的感性经验，体验到了创作的乐趣。

3. 因地制宜，充分利用本土自然资源

不同地区的幼儿园开发与利用课程资源存在很大的不同，不同地区的幼儿园要发挥当地资源的优势，在开发利用课程资源时不能一个模式，一刀切，不能一味地效仿城市的教育模式，使农村幼儿园出现城市化的倾向。《纲要》中明确指出：“城乡各类幼儿园都应从实际出发，因地制宜地实施素质教育，为孩子一生的发展打好基础。”

在农村这个广阔的天地里，有许多自然材料可利用。充分发挥本地自然资源的教育价值，带领幼儿走进自然是孩子主动学习的重要条件，不但能开阔幼儿的视野，解放幼儿的时间、空间，还能让幼儿在无拘无束的大自然中释放情怀，探索大自然的奥秘。农村幼儿园应利用本土自然资源，设计贴近农村幼儿生活的教学活动，丰富幼儿园课程。例如，以“小麦”为主题，让幼儿了解小麦的生长过程：种植、生长、收割；带领孩子观察农村的田野风景：房子，花、草、树等，让孩子们感受农村美丽的自然风光；在田间，请一位农民伯伯给孩子们讲解小麦的生长过程。小麦具有一定的生长周期，因此，主题活动也是随着小麦的生长而展开。在麦子丰收的时候，带领幼儿再次来到田间，观察农民伯伯的田间劳作，一起参与劳动，帮农民伯伯堆麦草、拾麦穗、踩一踩田埂，请农民伯伯介绍麦子的多种用途。回来后，再让幼儿边观看录像，边回忆自己的所见所闻，使幼儿的知识经验得以提升和巩固。

总之，无论是农村还是城市，都应根据当地的实际情况，充分利用当地的特色，发挥当地资源的优势，使幼儿园形成本土特色，以展示教师不同的风格，增进幼儿的学习兴趣，扬长避短，因地制宜地来开发、利用课程资源。

案例 6-2

有趣的皮影戏（大班）[①]

一、活动目标

1）欣赏皮影戏录像，感知皮影戏特殊的艺术风格。

2）观察《幼儿用书》和实际操作活动，发现光和影之间的变化，初步了解影子形成的原因。

3）细心观察，并能用语言表达自己对皮影戏的认识。

二、活动准备

1）收集一段皮影戏表演影像资料。

2）《幼儿用书》人手一册。

3）制作或收集表演皮影戏的剪影，如《孙悟空打妖怪》儿歌中的角色剪影。

① http://data.06abc.com/20101121/78503.html.

4）白色的布，强光。

三、活动过程

1）幼儿观看皮影戏录像，初步感知皮影戏这种民间艺术的表现手法。

2）开展讨论活动，进一步感知皮影戏的表现手法。

师：你喜欢看表演吗？这种表演手法叫什么？（皮影戏。）

讨论：你觉得这种表演与我们过去看过的表演比较，它什么地方比较特别？

3）引导幼儿阅读《幼儿用书》，感知皮影戏后面的秘密。

师：画面上有什么？人们在做什么？

师：为什么要有光？光源在什么地方？他们是怎样做皮影戏的？

师：你发现表演皮影戏需要哪些材料？你知道为什么要这样摆放材料吗？

4）引导幼儿观看表演的道具和后台表演现场，初步了解皮影戏表演的光学原理。

5）演示操作皮影戏的方法，感受特殊的艺术效果。

教师引导幼儿观察，先请两个小朋友在前面把白布拉起来，再请 2～5 个小朋友手拿剪影，边念儿歌边在白布的后面摆弄，教师在剪影的后面打开强光，让幼儿观察、感知皮影戏的基本特征。

根据本班幼儿的具体情况，可以分批让幼儿进行操作活动。

四、活动延伸

鼓励幼儿在区角中剪出各种形象，尝试运用皮影戏的方式表演给同伴们欣赏或自娱自乐。

案例 6-3

有趣的萝卜（中班）①

一、设计思路

秋天是萝卜丰收的季节，在农村，萝卜随处可见，取材方便。“有趣的萝卜”科学活动是某幼儿园“农村综合主题教育”园本课程中的一个乡土资源课程。当地萝卜品种丰富，有长长的白萝卜、橘黄色的胡萝卜、圆的、红色的卞萝卜、绿绿的水萝卜等。平时，孩子们虽然都认识了萝卜，但对萝卜的种类不太了解，对其营养也不甚了解，好多孩子不太喜欢吃萝卜。针对这些问题，特设计本活动，主要是引导幼儿在看看、摸摸、比比中感受萝卜的特征；分一分萝卜，表达分类的过程；演一演，体验萝卜生长的快乐；尝一尝，感知萝卜的味道和用途。通过小兔请大家看萝卜、分萝卜、吃萝卜等情境，引导幼儿积极主动地参与活动，从而获得新的感悟。

二、活动目标

1）幼儿在感知萝卜的基础上能说出萝卜的特征及用途，并能按萝卜的特征进行分类。

① http://www.muzhijy.com/lw/yjgz/239604.html.

2）在游戏中了解萝卜的生长过程，体验游戏带来的快乐。

3）幼儿乐于探索，能大胆表达，在活动中感受萝卜的有趣，从而产生爱萝卜的情感。

三、活动准备

物质准备：信号音乐；小兔毛绒玩具一只；实物萝卜、空篮子、萝卜食品每桌一份；教师小结用的萝卜一份；课件“萝卜的生长过程”；萝卜食品每桌一套，萝卜小制作 2～3 件；老奶奶头饰 1 个，老爷爷头饰 1 个，小狗头饰 1 个，小猫头饰 1 个，小老鼠头饰 1 个，大萝卜头饰 1 个。

经验准备：幼儿对蔬菜有一定的经验，对《粉刷匠》旋律有所熟悉。

空间准备：幼儿座位呈框形摆放，操作台呈半圆形放置于幼儿前面。

四、活动过程

活动流程：激发兴趣→自由探索→操作分类→游戏体验→品尝交流→活动延伸。

1. 激发兴趣（情节：小兔带来萝卜丰收的喜讯。）

1）教师利用小兔毛绒玩具宣布小兔带来的喜讯。

2）简单介绍观察萝卜的要求。

2. 自由探索（情节：看小兔的萝卜。）

1）幼儿去看一看、摸一摸、比一比，探索萝卜的特征。

2）围绕问题交流发现：你看到的萝卜长得是怎样的呢？

3）拓展幼儿对品种的认识。

4）小结各种萝卜的特征。

3. 操作分类（情节：帮小兔分萝卜。）

1）要求：小兔收了那么多萝卜，想请小朋友帮忙分一分。（小朋友按萝卜的特征来分一分、说一说。）

2）操作指导：允许幼儿尝试错误，自觉纠正，并用语言表达分萝卜的过程。

3）评价：小组代表介绍，集体评价，然后把萝卜送到小兔家。

4. 游戏体验（情节：幼儿扮演萝卜生长，体验拔萝卜的乐趣。）

1）商量讨论：萝卜是怎么长大的呢？

2）结合课件“萝卜的生长过程”，让幼儿了解萝卜从小到大的生长变化过程。

3）利用《粉刷匠》旋律，欣赏编好的《萝卜歌》，再通过唱一唱、演一演体验萝卜生长的过程，用身体的形态、动作创造一个个可爱的萝卜形象。

4）结合《拔萝卜》故事，让小朋友体验拔萝卜的游戏。

5. 品尝交流（情节：小兔请大家吃萝卜食品。）

1）联系实际讲讲萝卜的用途（吃法及营养）。

2）幼儿品尝萝卜食品：先尝萝卜食品，再分享各种萝卜食品的味道等。

6. 活动延伸（情节：看萝卜制成的玩具。）

用萝卜制成的玩具使幼儿产生审美愉悦，并激发幼儿动手尝试制作的愿望。

案例 6-4

我们去采摘（中班）①

一、设计思路

采摘是孩子们非常感兴趣的郊游活动。秋天，家长或老师带孩子们去郊外采摘，不仅可以让幼儿感受秋天的气息，认识一些秋天成熟的农作物，还能让幼儿感受和体验收获的喜悦，培养对大自然的热爱之情。

二、活动目标

1）认识几种常见的农作物，了解不同植物的果实长在植物不同的位置。

2）通过动手采摘，体验收获的喜悦。

3）学习采摘农作物，学会正确使用采摘工具。

三、活动准备

1）事先选好要去采摘的地方。采摘的目的地应有玉米、红薯（或马铃薯）、花生三种农作物。在选择采摘的地方时最好是成人先进行实地考察，也可以事先电话联系、详细了解。采摘的农作物（或水果）要具有多样性。

2）布制口袋、挖花生和红薯用的小锹、小铲等工具。用相机记录农作物的特点和幼儿的活动。

3）设计一张集体记录表，记录幼儿对农作物的猜想（外形特征、生长环境等）、查找资料的结果、实际采摘的情况、考察以后的结果等，如下表所示。

农作物	猜想	查找资料的结果	实际考察的结果
玉米			
花生			
红薯或马铃薯			

4）教师需要事先了解和把握的主要科学概念包括：植物具有多样性；植物具有许多相同的特征和不同的特征；生长着的植物体包括根、茎、叶、花和果实等几个部分；一些植物可以作为我们的食物，不同的食物有不同的营养价值。

四、活动过程

1. 猜想

1）教师告诉幼儿："我们就要去采摘玉米、红薯（或马铃薯）和花生了。"激发幼儿对采摘活动的兴趣。

2）鼓励幼儿回忆已有经验，说一说玉米、红薯（或马铃薯）和花生长什么样。

① 刘占兰，2014．幼儿园科学教育资源［M］．北京：人民教育出版社．

3）请幼儿猜想：玉米、红薯（或马铃薯）和花生各长在植物的什么地方？

4）成人和幼儿一起讨论怎样才能把它们摘下来而不损坏。

5）教师把幼儿的猜想记录在班级集体记录表上。

2. 查找资料

对于作为种子或果实的玉米、红薯（或马铃薯）和花生，幼儿一般都认识，但对于这些植物长什么样，这些种子或果实长在植物的什么地方，幼儿却不太清楚。在幼儿猜想以后，最好和他们一起查一查有关资料，看一看有关的图片和介绍。鼓励幼儿把从资料上找到的信息记录下来。

3. 实地采摘

到达目的地后，幼儿会很快投入采摘活动。幼儿感兴趣的东西并不一定是我们所期望的。此时，一定要先满足幼儿的好奇心，成人要鼓励幼儿各种自发的提问和探究活动。

在适当的时机，鼓励和引导幼儿看一看长着玉米、红薯（或马铃薯）和花生的植物长什么样，它们的果实都长在什么地方。和幼儿一起试一试、说一说怎样才能把这些东西采摘下来。

4. 品尝劳动成果

将幼儿采摘回来的果实用不同的方法做给幼儿品尝。成人还可以给幼儿介绍一下它们不同的营养价值。

5. 了解不同的食用方法

带领幼儿看一看这些物品不同的加工方法。在食品店里买一些不同加工方式的食品，让幼儿了解到同样的东西，可以有不同的加工方法、不同的口味。

五、延伸活动

1）幼儿园可以和家长共同组织采摘活动，以便更好地照顾个别幼儿和指导幼儿的观察认识活动。

2）可以在秋天组织幼儿采摘水果，了解不同果树的特点、水果生长的特点和环境。

3）结合活动中的真实情景和幼儿的实际经验，可以让幼儿学习和运用科学词汇，主要包括：植物、农作物、接触到的几种农作物的名称、植物各部分的名称（根、茎、叶、花和果实）、吸收、输送、营养、完整等。

六、温馨提示

1）采摘活动中要注意幼儿的着装舒适，工具适宜，还要特别注意幼儿在路途和采摘活动中的安全。

2）让幼儿品尝到采摘活动的成果，将幼儿采摘的玉米、花生、红薯等用不同的方法做给他们品尝。

思考与实践

1．学前儿童科学教育的资源有哪些？

2．简述创设学前儿童科学教育环境应遵循的主要原则。

3．请为4～5岁幼儿准备中班集体科学活动“沉与浮”的材料，并谈谈准备这些材料的理由。

4．科学教育环境创设的主要内容是什么？

5．观察幼儿园其他活动区的设置情况，分析其区角布置及幼儿活动情况，总结可用于科学教育的区角内容与活动。

6．调查您所在地区的自然环境状况，分析如何将其运用于幼儿科学教育中。

第七章

家庭与社区的学前儿童科学教育

影响幼儿学习与发展的因素不仅在幼儿园内部，家庭、社会也是促进幼儿成长的重要因素。随着家庭成员科学文化水平的日益提高、社会经济的迅猛发展、科技的飞速进步，家庭与社会对教育的影响越来越大，幼儿园已不再是学前儿童获得科学教育的唯一环境。

《纲要》指出："幼儿园应与家庭、社区密切合作，与小学相互衔接，综合利用各种社会资源，共同为幼儿的发展创造良好的条件。"当前，家庭教育已引起人们普遍的关注与教育界的高度重视，应发挥家庭在学前儿童科学教育中的作用，充分利用社区资源开展学前儿童科学教育，在家园之间形成教育合力，取得家长和社会对教育的理解与支持，建设和谐、高效、优质、可持续发展的育人环境，实施家庭、社区、幼儿园一体化教育，为幼儿创造一个良好的成长环境。

第一节　家庭中的学前儿童科学教育

家庭是学前儿童的第一所学校，是他们接触最早、生活时间最长、影响最大的教育环境。父母是学前儿童的第一任老师，所赋予儿童的教育影响是深远的、全面的。家庭科学教育是学前儿童科学教育活动的重要组成部分，在家庭中开展科学教育活动对儿童的成长具有特别重要的作用。

一、家庭在学前儿童科学教育中的作用

（一）家庭是学前儿童最早的科学教育环境

家庭是儿童最初接触的科学教育环境，也是最重要的生活成长环境。学前儿童科学教育的启蒙始于家庭，儿童自出生后，逐渐认识家庭中的人、家庭里的各种物品，幼儿的学习是在家庭日常生活的吃、喝、拉、撒、睡、玩、交往、探究等活动中进行的。例如，儿童呼吸新鲜的空气，看见形状各异和五颜六色的物品，倾听不同物体发出的声响，品尝食物的独特味道，闻到许多物体散发出来的气味，触摸不同质地的物体等。随着幼儿的成长，他们在帮助家长做力所能及之事的劳动中会认识许多事物。例如，在帮妈妈做饭时，幼儿会认识各种蔬菜，认识厨房里的各种调料；在帮爸爸种花时，幼儿就会认识一些花，知道花的生长需要土壤、水、养分和阳光这些条件，能进而认识种花用的工

具和材料并知道如何使用，由此产生浓厚的兴趣和好奇心。这些对物质世界直觉经验的获得都是在家庭生活中开始的，并逐步在幼儿的大脑里建构起对自然科学最初的认识。可以说，家庭是幼儿开始学习科学的园地，幼儿最早在家庭环境中形成的科学经验和探索能力将成为其以后接受幼儿园乃至学校科学教育的前提和基础。

家长是学前儿童第一任科学启蒙老师。孩子自出生后就与父母朝夕相处，父母潜移默化地影响孩子的一言一行，孩子最容易接受父母的影响和教育，其中自然包括科学教育。在幼儿认识世界的最初阶段，父母教他们说出看到的物品的名称，孩子通过看、听、摸、尝、闻、玩，有了对物质世界最初的认识，形成了直观的科学经验。家长在对幼儿进行语言教育的同时，也渗透着科学教育的问题。例如，春天，父母带幼儿外出时发现到处飘着柳絮，孩子会问："这是什么？"家长会告诉幼儿其名称，还会告诉他柳絮是白色的。幼儿看到柳絮被风吹着飘起来，会问"为什么柳絮会飞呀？"家长会告诉幼儿因为柳絮很轻很轻，有风吹来，它就会飞起来。在日常生活中，类似的科学问题时有发生。就是在这样潜移默化的影响中，幼儿获得了对世界的初步感知。幼儿入园后，幼儿园担负了相当部分的科学教育任务，但幼儿在园的时间并不太长。父母与幼儿的相处时间依然是最长的，与幼儿的关系是连续的、稳定的，他们是使幼儿受益终身的老师。同时，父母又是孩子最亲近的人，孩子可以无拘无束、自由自在地向父母提问，表达自己的想法和态度，父母能够针对孩子的特点进行有的放矢的教育。

（二）家庭生活提供了丰富的科学素材

家庭是学前儿童的第一生活环境，囊括了家庭成员的吃、穿、住、行、娱乐的一切生活必需品，幼儿对外界最初的科学经验和探索能力首先就来自对家庭环境中各种生活物品的感知。例如，辨别各种水果和蔬菜，观察它们的形状、大小、颜色，品尝它们的味道；感受衣服的薄厚、面料质地、颜色、图案；认识椅子的颜色、样式、材料，上下、左右、前后等位置关系，肥皂的颜色、形状、大小、气味、用途，锅、铲等厨房用具的材料、形状、大小、功能；体验水温、玩水，观察水烧开时的气化现象；了解各种电器的名称、用途等。家庭生活为幼儿提供了丰富的科学素材，幼儿在与家庭生活物品充分互动的过程中，才能建立对周围世界的认识和情感。

（三）家庭为幼儿园科学教育奠定基础，与幼儿园科学教育相互补充

学前儿童教育是一项系统教育工程，包含家庭教育、社会教育、集体教育三方面，而家庭教育是一切教育的基础。父母与幼儿之间特有的血缘关系、亲情关系和经济关系使家庭科学教育具有强烈的针对性和持续性，教育内容更加生活化，教育时间、地点更加机动灵活。幼儿进入幼儿园后接受正规的科学教育时，都是以家庭中获得的科学经验为基础的，进而吸收新的信息，建立新的科学认识结构。例如，3 岁幼儿认识水果时，会主动地联系在家庭中获得的有关经验：我吃过西瓜，它的皮是绿色的，里面是红色的，有黑色的籽，吃起来甜甜的；当教师提问鸡蛋可以做成什么样的食品时，幼儿说"妈妈给我做过水煮蛋""煎鸡蛋""我最爱吃西红柿炒鸡蛋"，等等。这些都说明，在家庭中所获得的科学经验，已经成为幼儿在幼儿园学习科学教育的基础。

家庭和幼儿园的科学教育紧密联系、相互补充。教师应根据幼儿的实际情况主动与幼儿家庭联系，提出在家庭中开展科学教育的建议和指导。教师可通过亲子活动、开放日、观摩活动、讲座等多种形式指导家长在日常生活中鼓励和支持幼儿的探索行为。这样，幼儿在幼儿园中所获得的新经验、进行的科学小实验、做的小手工、饲养种植技能都可以在家长的鼓励和支持下，在家庭中得到运用和练习。例如，幼儿在园进行磁铁能吸铁的探索活动之后，回到家里就可以用磁铁尝试探索新的物品，如保温杯、钥匙、凳子、窗帘、台灯、防盗门等，来证明哪些物品是可以被磁铁吸上的，哪些是不能被吸上的。当家长发现孩子的这些行为之后，可以适当地给予引导，扩大孩子操作物品的范围，如提出“厨房里的物品你试过了吗？”孩子进而继续探索和发现，试试勺子、筷子、锅铲、碗、炒锅、冰箱等，发现厨房里有更多的东西是可以被磁铁吸上的。通过幼儿园与家庭科学教育的互相补充，幼儿对科学内涵的认识不断丰富，外延不断扩展。

二、家庭中学前儿童科学教育的特点

（一）家庭科学教育具有个别性

幼儿园教育是集体教育，需要教师一对多地进行科学教育活动，而且教师在设计教学活动时，确定教学目标、选择教学内容的依据往往是“标准的教学大纲”“标准的年龄特征”及自身以往的经验，这或许能够保证幼儿的基本学习，能够照顾幼儿的“平均”水平，但幼儿是“非标准化”的、活生生的，是有不同兴趣、经验和理解水平的。按照统一的标准、统一的要求组织教学，难免会与幼儿的需求不完全吻合，导致机械、被动地学习，使其主体性难以发挥，个体差异难以受到关注。例如，有时幼儿提出的问题得不到及时回答，错误的知识得不到及时纠正，正确的回答得不到及时鼓励等，其发展需要难以得到充分满足。

家庭教育是一对一或者是多对一的教育，明显不同于幼儿园一对多的教育，具有幼儿园不可比拟的优越性。我国现在大部分家庭是独生子女家庭，往往是几位家长对一个幼儿进行家庭科学教育。在生活中，家长可以对幼儿进行一对一、面对面的指导，对孩子的每一次进步给予及时鼓励，也可以针对错误的问题及时给予引导、纠正。家长与幼儿共同生活，朝夕相处，能全面深入地了解幼儿的身心健康、认知水平、学习方法等诸多方面的状况，并且能根据幼儿的需要和爱好，适时恰当地培养他们的科学情感态度、科学方法及技能，拓展其科学知识。在充分地了解学前儿童的科学兴趣、科学经验、科学能力的基础上，选择行之有效的科学内容和方法，可以充分发展他们的个性和才能。家庭环境相对来说更加宽松、融洽，更加有利于进行高效的学前儿童科学教育。

（二）家庭科学教育具有灵活性、随机性

灵活性和随机性是指家庭教育可以随时随地进行，形式灵活，方法多样，内容广泛，不受时间、地点、形式的限制。在家庭科学教育中，没有任何明确的教育计划、目标、教材，那么也就无须通过专职的教师采取针对性的教学措施加以教育、评定。家庭教育本身完全可以随时随地地依据幼儿的相关表现、能力层次，灵活地加以调整，并且能够通过一切措施来使幼儿得到教育。在日常生活中，幼儿随时会遇到各种各样的问题，这

些问题涉及丰富的科学常识，父母须以此为契机，激发幼儿对科学现象的兴趣，尝试开展行之有效的科学教育。学前儿童家庭科学教育可以在家庭生活的每一个地方、每一个时间进行，同时，家长还可以充分利用家庭中现有资源开展家庭科学教育，如当幼儿洗澡时，让幼儿体验水温、玩水，进而讲述自来水的来历、水在家庭生活中的作用；当家长做家务时，可以向幼儿介绍家中的各种口袋，如塑料袋、布袋、网袋、纸袋、蛇皮袋、麻袋等，让幼儿了解各种口袋的材料、形状、功能及哪些袋子对环境有危害等，既增长了幼儿的知识，又培养了其在日常生活中的环保意识；当秋天来临，家长带着幼儿在树林中散步时，可以让幼儿去捡各种形状、颜色的树叶，引导幼儿细致观察，进而让幼儿根据树叶的颜色或形状进行分类，还可以根据树叶的大小进行排列及计数等，既亲近了自然，又能让幼儿感知生活中数的乐趣。科学是幼儿每日生活经验的一部分，每天发生的随机经验对幼儿来说是最自然、最具体、最有意义、最容易了解也最不容易忘记的。

（三）家庭科学教育具有连续性和持久性

和其他传统教育形式相比，家庭教育是最为稳定的，不论是孩子班级的提升、教育场所的更换，还是教学形式的变更，家庭教育的方式、风格、环境等基本上都不会出现明显的变化。这种极为稳定的家庭教育模式，能够连续地、持久地对学前儿童进行科学教育。

幼儿与家长朝夕相处，家庭科学教育是在有意和无意、自觉和不自觉的情况之下不间断进行的。在家庭环境里实施学前儿童科学教育，教育环境就是家庭，教育者可以是幼儿父母、祖父母、邻居等。不管家长以什么方式，在什么时间，都能够随时随地教育、影响孩子。幼儿持续地接受不同场合的科学教育，并不是一蹴而就的，而是在日积月累中慢慢发生作用，经过量变达到质变，它是一个持久的过程。家庭科学教育的连续性，往往会对家庭的多代人发生作用。家庭的科学氛围和成员的科学素养决定科学教育的质量，家庭科学教育的质量也在一定程度上反映了家庭的科学氛围，这种氛围与家庭其他各种素养综合形成家风。家风的好坏往往延续几代人，而且往往与家庭成员从事的职业有关，如教育世家、科学世家、杏林世家、梨园世家等。

（四）家庭科学教育具有潜移默化性和感染性

家庭科学教育不像幼儿园科学教育那样具有计划性和目的性，而是寓科学教育于家庭生活之中，带有浓厚的生活气息。学前儿童科学教育生动、具体的内容与过程应该是家庭生活的一部分。“随风潜入夜，润物细无声。”幼儿在熟悉的家庭氛围中，自然、轻松、兴致勃勃地和家长一起学习科学知识，培养科学能力。例如，每天早晨，父母帮助孩子起床穿衣，为了衣着适当，家长一般都要为孩子观察一下天气的阴晴、冷暖，或者听一下天气预报，其中既有家庭生活的内容，又有科学教育的内容，两者自然而然地结合在一起。家长经常地这样观察天气、收听天气预报，再加上一定引导，孩子就能逐渐地关心气象变化，并对气温产生兴趣。家庭科学教育的潜移默化性符合学前儿童身心发展的特点，容易收到良好的教育效果。

家庭教育本身是直接建立在孩子与父母之间的血缘关系之上的，这种天然的情感联系纽带，能够促使幼儿亲近自然，增加他们探索科学的兴趣。同时，家长本身对孩子的爱是无私的，为了能够促使孩子健康成长，家长都倾注了大量的心血、精力。因此，在孩子心目中，家长有着崇高的地位，其本身愿意得到家长的表扬和鼓励，这使得家长对幼儿具有更好的号召力、感染力。所以，家庭科学教育可以通过父母和幼儿间的互相感染来实现。父母的某些良好习惯和行为，如热爱科学、喜欢动手、经常阅读科技书籍等，会明显地影响幼儿对待科学的态度。在一个热爱科学，有良好科学氛围的环境里，幼儿会自觉地习得父母的科学人格和科学行为。因此，家庭幼儿科学教育要求家长不断地提高科学教育素养。

三、家庭中学前儿童科学教育的方法

家庭中的学前儿童科学教育除了采用幼儿园科学教育常用的方法之外，还应注意以下几方面的问题。

（一）采取多种措施保护幼儿的好奇心

保护和发展幼儿的好奇心，激发其求知欲是学前儿童科学教育中很重要的任务。和好奇心相联系的是幼儿对科学的兴趣，兴趣是科学探索和学习的强大动力，它不仅能使幼儿积极地投入科学活动中，而且还能保持幼儿在活动过程中的持续性。

好奇心是幼儿最初科学探索行为的动力。幼儿天生具有好奇心，当他们被某一事物或现象吸引时，常常表现得思维异常活跃，探索欲望特别强烈，同时也最容易接受成人的启发。如果家长尽可能提供相对安全而又开放的环境并持有宽容的态度，将有利于保护幼儿的好奇心。在日常生活中，幼儿在好奇心的驱使下，在亲密的亲人面前会无拘无束地探索，甚至“搞破坏”，也会毫无顾忌地提出各种问题，还会兴致勃勃地报告他们的发现和“杰作”。家长应引导他们做下去，而不是嘲笑他们，否则幼儿会终止自己的探究行为。另外，好奇心能否持续存在并有效地促进幼儿的发展还依赖于家长和教师的策略。家长要善于利用悬念和猜想激发幼儿的好奇心，鼓励他们猜测答案，让他们在渴求答案的心理状态下开始探索。

好问是幼儿探索行为的方向盘，它不仅能引发幼儿的探索行为，而且能引领他们探索的方向，让幼儿保持探索的兴趣。幼儿经常会对家长提出“是什么、为什么”等的问题。例如，“月亮上有人住吗？我们可以到月亮上去吗？”“为什么上楼梯这么累，下楼梯却很轻松？”“飞机为什么能在空中飞？”“天黑了，太阳跑到哪里去了？”“小鸡是从哪里来的？为什么我们吃鸡蛋的时候没有看到小鸡？”“为什么车轮是圆形的呢？”“下雪了，为什么地面会很滑？”等等。

这些问题涉及面广，包括自然、人体、文化、社会、环境和科技的方方面面。家长应当关注幼儿在日常生活中提出的问题，对待幼儿提出的问题，应该始终持鼓励、支持的态度，具体做法是：有一些问题是孩子无法通过动手操作和探索获得答案的，可以给予孩子直接的回答；对于一些可以直接探索获得答案的问题，可以引导幼儿通过自身的探索去思考、找出答案；有时，幼儿的问题千奇百怪，常常会难倒家长，这时家长面对孩子的提问，不能不懂装懂，胡说乱编，而要承认自己对这个问题也不懂，引导幼儿通过阅读书籍来了解这方面的知识。家长要让孩子懂得书是最好的老师，培养孩子喜欢书、爱看书的好习惯；有些问题因为孩子幼小难以回答，碰到这类问题，可以告诉他“你提的问题真有趣，你长大了好好学习就会知道了”[①]。

（二）引导幼儿学会观察

观察是运用多种感官对周围世界的事物和现象进行的有目的、有计划、有思维的知觉活动。观察活动为幼儿提供了直接与周围世界接触的机会，使幼儿获得最直接、最具体的反映客观事物的经验，把幼儿带入科学之门。家庭环境和丰富多彩的家庭生活可以为幼儿提供观察的事物，如庭院中的花草鸟虫、天空中的月圆月缺，不管是自然事物还是自然现象，幼儿都对其具有强烈的好奇心和探索欲，幼儿借助于各种感官，通过观察，开始初步探索其中的奥秘，逐步学会发现新问题，提出新问题，从而进一步培养了探索周围事物的兴趣。

当幼儿对周围事物表现出兴趣时，不论幼儿观察什么，家长不仅要有意识地引导他去注意和发现周围事物的不同之处，还要注意鼓励幼儿对将要发生的事情进行猜测，对目前的现象提出形成的原因，预想未来的状态，根据观察到的现象试着提出合理的解释，这样可以将幼儿的科学经验整合起来，帮助幼儿从观察“发生了什么”到思考“为什么发生”或“说明了什么”这一思维过程的深入。例如，在引导幼儿对指纹进行观察之后，总结出每个人的指纹都是不同的这一常识，由此让幼儿理解通过指纹可以鉴别不同的人。

在观察过程中，还要尽量引导幼儿运用眼睛以外的其他感觉器官去观察。例如，通过耳朵感觉声音的大小和高低，以及不同乐器发出的不同的声音；通过嘴巴品尝食物的酸、甜、苦、辣、咸；通过双手去感受不同物品是光滑的还是粗糙的，是冰凉的还是温暖的；通过鼻子感觉物品散发出的不同气味等，使大脑接受的信息来自视觉、听觉、嗅觉、味觉等各种途径，在大脑皮层建立多通道联系，使幼儿对所看到的东西有一个更为全面的认识。此外，还应教会幼儿一些正确的观察方法，并帮助幼儿用语言及其他方式来表达观察的印象和感受。

（三）激发、鼓励幼儿的探索行为

探索行为是幼儿满足好奇心，找到问题答案的必由之路。好奇、好问是幼儿进行探索的动力和前提，而动手操作才是幼儿探索的真正开始。幼儿好奇地摆弄物体，探索物体和材料，试图通过各种动手动脑的方式解决问题和寻找答案，这都是幼儿喜欢探索的表现。自然的、身边的、熟悉的、生活中的事物是幼儿最感兴趣的，对这些事物的探索最能激发幼儿亲近自然、喜欢探究的热情。

家长应该让幼儿经常接触大自然，为幼儿提供一些有趣的探究工具。幼儿在探索活动中，经常需要一些必要的物质条件，如一盆水、几枚硬币、一个乒乓球、一根细绳、两粒纽扣、一个挖沙铲、几个瓶子、一个小壶、塑料块、木块等，只要这些要求不涉及安全问题，家长都应尽量予以满足。

家长应保护幼儿的好奇心和探索兴趣，为幼儿的探索活动提供精神上的鼓励与支

① 施燕，2014. 学前儿童科学教育与活动指导［M］. 3版. 上海：华东师范大学出版社.

持。幼儿在进行探索活动时往往会翻找东西，爬上爬下，甚至挖土、冲水，多数家长会认为这是孩子调皮，于是轻则置之不理，重则训斥，甚至抢走、扔掉孩子正在进行探索的东西，严厉制止孩子的探索活动，其实这些都是不正确的态度和做法。家长可以适时询问孩子发现了什么，或者适当鼓励；家长还可以提出要求，激发孩子进一步的探索行为。

教育家陶行知先生有一位朋友。一天，他怒气冲冲地来找陶行知，他说："今天，我狠狠地揍了一顿我的儿子！"陶行知忙问："为了什么？"朋友说："这个淘气的孩子，他把我的一只很名贵的金表给拆坏了。"陶行知听后，叹了一口气说："中国的爱迪生今天让你给打没了。"朋友感觉很奇怪，急忙请教陶行知，陶行知说："小孩子拆开你的表，是想知道手表为什么会嘀嗒嘀嗒地走，并且标明时间，你那一顿不分青红皂白的痛打把孩子的好奇心打没了，以后孩子会变成对世界漠不关心的人。"朋友顿悟后悔，问陶行知有无补救措施。陶行知说："这很简单，你只要将你的孩子和表一起送入修表铺，这样修表铺变成了课堂，修表匠成了老师，你的孩子接受了一次生动的教育。[①]"

家长应参与孩子的探索活动。孩子在探索活动中，往往会遇到一些困难，或者在探索过程中需要同伴与他们一起探究，在与同伴或家长交流、探索、合作的过程中，同伴之间进行分享，倾听同伴的意见，或进行讨论、争论，达成初步共识，这样的过程，有助于发展幼儿的合作能力。同时，家长在探索活动中，可以引导幼儿发现事物之间的关系，让孩子感觉到家长对其探索活动的支持和鼓励，从而更积极地学习科学。

（四）注重进行随机科学教育，培养幼儿的科学探究兴趣

充分利用家庭资源，随时进行科学教育。平日的家务劳动中、周末外出游玩、甚至串门走亲戚时，都可以渗透科学教育。家长应注意多让孩子自己观察、探索，并鼓励孩子表达。家长可以结合幼儿园的科学教育，带孩子进行各种参观活动，进行家庭科技实验活动，或利用家庭生活用品进行科学解剖活动，或让孩子进行有益的家庭劳动，鼓励孩子根据自己的需要自主寻找材料、自主制作或自主尝试。

选择适宜的科普读物，开展亲子阅读，培养幼儿的科学探索兴趣。为了增强幼儿理解和解决问题的能力，家长可适当引导孩子阅读相关的科普读物，学会使用检索工具。如果能够与孩子共同阅读这些儿童科普读物，则更能培养幼儿的科学探索兴趣与习惯。帮助幼儿了解科普知识还包括带幼儿去公园玩、参观博物馆、看科普节目，甚至包括选择具有科学探索意义的玩具，如有轮轴的机械玩具、不同尺寸的磁铁、放大镜、棱镜等。这将大大地丰富幼儿的科学探索经验，促使其形成良好的科学探索习惯。

四、家园互动与家庭资源的利用

家园互动是指家长除了在家庭中利用各种机会向幼儿进行科学教育外，还可以在幼儿园的设计与安排下，参与幼儿园的科学教育活动，以及在幼儿园的指导下，开展家庭科学探索活动。挖掘家庭中的各种有效教育资源，利用家庭资源开展幼儿科学启蒙教育活动，可以促进幼儿科学素养的早期养成，以使幼儿全面和谐的发展。

---

① 陈虹，2013．幼儿科学教育与活动指导［M］．北京：高等教育出版社．

（一）搭建家园互动平台开展科学教育活动

幼儿园可以利用一些时间，以讲座的形式向家长宣传家园互动、共同培养对提高幼儿科学素质的重要性及作用，并通过科技教育宣传栏宣传科学常识及开展科学教育活动的方法；还可根据在园幼儿的实际情况，采用“家园联系栏”“家园联系册”“家园联系群”等形式，搭建教师、家长之间互相交流科学教育信息和经验的平台，达到资源、信息共享。

科学技术的快速发展、网络的出现使人们之间的交流越来越便捷，而家园联系群的建立将家园沟通引向一种新的模式，如家园 QQ 群、家园微信群。现如今，家园联系群是幼儿园最常见的一种家庭与幼儿园、家长与教师之间通过网络发送图片、视频、语音、文字，支持多人群聊的一种沟通方式。教师及时上传信息可以帮助家长了解幼儿在园的生活和学习状况，加强教师与家长的沟通，同时还能激活家长的教育资源。

以幼儿园的科学活动为例，幼儿园即将开展“海洋生物”的主题活动，需要家长与幼儿共同收集许多有关海洋生物的模型、图片、图书、音像资料等。幼儿园可以通过“家园联系群”向家长介绍幼儿园即将开展的科学活动主题内容，这些活动的开展需要家长活动前的物质准备和经验准备，包括对幼儿的鼓励，或者在材料方面的支持等。家长在了解主题活动内容后，根据老师的要求和幼儿共同收集资料，投放到班级科学区，与其他幼儿分享。

案例 7-1

“家园联系群”主题活动

尊敬的家长：

您好！

5 月春光明媚，鸟语花香，是孩子长身体的黄金季节，也是孩子欣赏大自然、了解大自然、认识大自然的最好时机。

节日期间，您能够有机会、有时间、有条件陪伴孩子，和他一起外出游玩，踏青赏花，一起发现动植物的变化，激发幼儿热爱动植物的情感，分享亲子共同活动的快乐。

教您几招：

带孩子外出游玩时，请为孩子准备一个小背包，装些纸巾、零食、水瓶等物品，让孩子自己背着，他会满怀欣喜地承担起这份原本就属于自己的责任。

去公园游玩时，可以让孩子保留好门票，拍些照片，以便回来引导幼儿回忆看到、听到、感受到的所有事物，培养他的记忆力，发展他的语言表达能力。

如果可能，可喂养一两条小鱼或一两只乌龟等动物，指导孩子日常照料，逐渐养成观察兴趣，同时萌发爱的情感，还可以在家里种植一些植物，如水泡芹菜心、白菜根等，请孩子观察、照顾。

（二）家长充分利用家庭资源开展科学教育活动

幼儿科学教育的启蒙始于家庭，幼儿很多的科学知识和经验来自家庭。幼儿出生后，逐渐地认识家庭中的人、家庭里的各种物品。随着幼儿的成长，他们在帮助家长做力所能及之事的劳动中认识了许多事物，在和家长一起游戏、散步、旅行的过程中获得了丰富的感性经验。在家庭中也可以利用各种生活用品进行一些浅显、有趣的实验或制作活动，或让孩子进行有益的家庭劳动，并从中感知事物的属性，了解其用途。比如，家长准备：长方形大托盘一个，干净小口塑料瓶一个，勺子、小碗、纸，一小碗黄豆，家长对孩子说："宝贝，你能不能把黄豆装到瓶子里去呢？试一试吧！"幼儿可能会用手一粒一粒地装，或者用勺子或小碗往瓶子里倒，但结果不是速度太慢，就是很多黄豆会撒出来，效果都不好。这时候，家长拿出纸折成一个圆锥形的漏斗，并把它放在瓶口上，对宝贝说："试着把你的黄豆倒在这个纸做的漏斗上吧！"宝贝自己动手试一试，发现这个纸漏斗真好用，豆子装得快还不会撒出来。宝贝也试着自己做纸漏斗，再次试验。家长充分利用家庭生活中的资源调动幼儿动手动脑的积极性，让幼儿去探索、去发现，才能使其从家庭生活中获取丰富的科学经验。

（三）充分利用家庭资源来配合幼儿园科学教育活动

要"引导幼儿对身边常见事物和现象的特点、变化规律产生兴趣和探究的欲望"，光靠幼儿园的教育资源是难以实现的，因此，要充分发挥家长的配合与支持作用，要善于利用家庭的科学教育资源。

1. 请家长收集材料，配合开展科学活动

幼儿园开展的各种科学教育，如集体科学教育活动、主题中所渗透的科学活动、区角中的科学活动等，往往需要各种材料的支持。教师一般都会请家长和幼儿来协助准备与提供材料，即教师通常所说的"带东西"。家长协助收集材料，不仅可以减轻教师的负担，还可以丰富幼儿园的科学教育资源。

2. 家长助教活动

幼儿家长具有不同的职业、经历、爱好、特长，这是一种非常有用的教育资源，可以让家长充分发挥自己的专长为幼儿园科学教育服务，采用"走出去，请进来"的方式开展家长助教活动。

在"请进来"的活动中，可以让不同职业与专业技能的家长来园参与科学教育活动。例如，某幼儿的一位家长在大众汽车公司工作，他来到幼儿园给孩子们开展科学教育活动，带来了多种汽车模型，准备了丰富的多媒体材料，还拍摄了汽车生产过程的视频，在他讲解的过程中，幼儿非常认真地听讲。他还让孩子们看录像，讲汽车相撞以后气囊是怎样打开的，小朋友们很感兴趣。教师从中发现了幼儿的兴趣，并生成了"汽车"这个科学活动主题；还可以请做医生的家长介绍人体的结构和功能，让幼儿知道爱护并锻炼身体的重要性；请做司机的家长向幼儿介绍各种交通工具；请做交通警察的家长向幼儿介绍交通规则、进行交通安全教育；请在消防队工作的家长来园讲解防火灭灾知识，进行现场表演，增强幼儿对火的感性认识；请做物理教师的家长来园指导"磁性""沉浮""电"等科学小实验。丰富的活动形式让幼儿受教育的同时，也使幼儿有新奇感，增添了活跃的气氛。

3. 幼儿园亲子参观活动的组织与开展

幼儿园为活动的组织者，家长与幼儿共同参加的"走出去"活动是深受家长和幼儿欢迎的一种活动形式。这一活动融合了幼儿园、自然、社会、家庭各方面的教育资源，以亲子活动的形式展开，其内容丰富多彩，形式可以是郊游、参观、采摘等。一般幼儿园会结合季节、气候和节日来做相关活动的安排，也有配合主题活动开展的外出活动。

在“走出去”的活动中，可以让教师和家长共同带领幼儿去园外进行参观、郊游或者采摘等活动。例如，带幼儿去参观气象台，观察、了解天气预报制作的常识及如何进行天气预报等；带幼儿去科技馆参观，带领他亲手做实验；带幼儿参观印刷厂，了解现代印刷过程，并与我国古代印刷术进行比较，使其感受祖国科技的飞速发展。这些活动不仅激发了幼儿的探究欲望，也激发了幼儿热爱科学探究、尊重劳动人民的情感，开拓了幼儿的视野，引发了幼儿探究科学的愿望与求知欲①。

4. 家长配合幼儿园开展亲子活动

亲子游戏活动是家园合作的载体，也是促进幼儿发展的重要途径之一。

在家园合作过程中，应努力使家长明白一个重要的道理，即幼儿的科学探究活动需要家长参与，家长的支持、鼓励和积极参与对幼儿科学探索活动是十分有利的。同时，要使家长明白“学习的过程”和“学习的结果”一样重要，既要关注孩子学会了什么，也要关注孩子是怎么学会的。因此，开展科技性的亲子活动，有助于家长在参与中提高对幼儿学习特点的认识。例如，开展“亲子科技创作展”活动，家长与幼儿共同利用废物制作溜溜球、拉力器等玩具；还可开展“家长技能大展示”主题活动，有厨师爸爸做的菜肴，有蛋糕师妈妈制作的蛋糕，有牙医妈妈介绍保护牙齿的知识等。双向有效的互动可以提高家长对科学教育的认识，转变家长的家教观念和教育方法，融洽亲子之间的感情，发展幼儿的综合能力。

幼儿园应定期举办开放日活动，邀请家长参加幼儿园科学启蒙教育活动，一起参与孩子的小实验、小制作，与孩子一起观察、选择材料、动手操作、讨论交流，让幼儿感受科学活动的快乐与成功的喜悦，让家长可以观察孩子在活动中的表现，感受科学启蒙教育活动给孩子们带来的影响和变化，了解并学习教师启发、引导、鼓励幼儿的教育方法。幼儿园还可以通过家庭科学启蒙教育经验交流会，使家长在相互交流、相互影响的过程中不断提高教育能力。

案例 7-2

亲子秋游活动②

一、设计思路

秋高气爽，风轻云淡，气候宜人。秋天丰富而多彩，它是个丰收的季节，是个充满喜悦的季节，是个处处都蕴含教育契机的季节。在这美丽的季节里，大自然是孩子们最广阔的教室，赋予孩子们取之不尽的源泉。在金色的秋季，我们需要让孩子回归大自然，在大自然中增长孩子的知识，开阔孩子的眼界，启迪孩子的智慧，让孩子在大自然这个知识的海洋里遨游成长。新鲜的空气及阳光能增强孩子的体质，提高孩子对外界的适应能力。自然界是个大课堂，让我们携起手来，领着孩子共同走近秋季，去追赶秋天的脚步，到大自然中沐浴阳光，看看蓝天白云，去倾听鸟儿的美妙歌喉、虫儿的窃窃私语吧！让孩子们在快乐秋游活动中，开阔眼界，增长见识，锻炼意志，培养团队意识，增进同伴与师生之间、家长与家长之间的友情。本学期经家委会一致

① 叶钟，2006. 家园互动开展幼儿科学教育活动［J］. 幼儿园教育教学，(1).

② https://wenku.baidu.com/view/62bc7ff7011ca300a7c39028.html.

通过，我们秋游的目的地是华南植物园。华南植物园拥有热带、亚热带植物 5000 多种，既是热带、亚热带珍稀濒危植物的科研基地，又是普及植物科学知识和参观游览的园地，还设有面积达 7600 平方米的大型热带雨林景观区，被誉为永不落幕的“万国奇树博览会”，有“中国南方绿宝石”之称。这应该是一个很好的活动天地。

二、活动目标

1）让幼儿走进自然，欣赏秋天的景色，感受秋天的气息。

2）发展幼儿的观察力、想象力及审美能力。

3）培养幼儿的团队意识，使其体验活动的快乐。

4）通过各家庭之间的相互联系，增进亲子互动。

三、活动时间

10 月 28 日（星期天）8:30～16:00。

四、活动地点

华南植物园。

五、活动时间

8:30 前来园，8:45 开车前往华南植物园。

六、活动准备

园区内幼儿活动方案（体能老师准备）及活动所需物品：泡沫棒（半天班）、滑溜布（小班）、彩虹伞（中班）、长绳（大班），急救用品。

七、活动过程

1）幼儿 8:30 在幼儿园 A 区大操场集合，在各班老师处签到，要求各班级清点人数，强调活动要求：教育幼儿注意安全，注意言行文明，要讲普通话，爱护公物，不随地乱扔垃圾。

2）8:45 准时开车，在车上，老师应教育孩子们按座位坐好，注意安全，引导孩子们留意车外的景色，感受城市变化，感知秋天大自然的景色变化。

3）9:15 左右到达，各班在门口点好人数，老师向家长和小朋友简单介绍园内情况与游玩过程中所需注意事项，之后入场。

4）9:30 大家首先来到园内参观新奇的植物展览，游览各个主题园区，观赏不同地区风格的特色植物。

5）10:00 在大草坪集合，进行体能拓展和早操展示活动，由专业体能男老师和各班老师组织，以班级为单位进行。草坪可选择中心大草坪或温室大草坪。根据各自班级的活动方案，组织幼儿在公园里活动，同时教育幼儿爱护花草树木。

6）11:30 教师组织家长、幼儿在合适的地方自由地活动、休息、共进午餐。各班用自带的午餐，分班进行厨艺大比拼活动（班主任老师连同家委会成员准备活动方案）。家长们自备桌布、食品，到时进行现场分享会，如评比哪个家庭的水果拼盘、寿司拼盘最好看，哪个家庭的盐焗、卤水等小吃最美味，哪个家庭准备的节目最富创意等，以班为单位评出最受欢迎、最具用心、最有创意等奖项，幼儿园准备一些小礼物颁发给小朋友留念。

7）13:30餐后继续活动，来到温室群景区参观。这里集植物保护、科学研究、科普游览于一体，展示了各种植物的生态景观，共有五个不同地理环境的展区，是亚洲最大型的植物景观温室群。随后可自行选择参加机动游乐项目或乘坐电瓶车观赏中心大草坪一带景观。

8）15:30全体在大门口集合上车，各班清点人数，做好家长、幼儿上车回程工作。返回幼儿园后，孩子由家长带回家中休息。结束愉快的行程。

八、安全保障措施

1）加强管理和监督措施。制定秋游活动应急预案，园务会对各个环节的安全防范措施做到层层落实，责任到人。各班老师是班级安全工作的第一责任人，全面负责幼儿出游的安全工作，组织好幼儿活动。除此以外，各级配行政人员（安排到4个级组），以保障出游的安全工作。

2）班级教师对幼儿进行秋游活动安全教育，增强幼儿安全防范意识和自我保护能力。

3）保健医生携带好急救用品，以防幼儿突发状况。

4）秋游活动期间一切行动听指挥。

九、注意事项

1）请家长按时和孩子们一起回到幼儿园集中。

2）请不要给幼儿穿系带的鞋子，鞋子的大小、软硬要适中。

3）请家长为幼儿带上幼儿园的书包（放幼儿替换的衣服），给幼儿穿上黄色的运动服（长裤长衣）。

4）请为幼儿准备防蚊子的药水。

5）请为幼儿准备一个垃圾袋。

6）请为幼儿准备湿巾纸一包，用来擦手和嘴。

7）配合老师对幼儿进行安全教育。活动时要紧跟老师和家长，一旦找不到老师了，要停留在原地，不要到处乱走，更不能跟陌生人离开。

8）旅游当天紧急联系人的电话一定要保持畅通。

案例 7-3

幼儿园亲子科技周活动方案[①]

一、设计思路

幼儿园为推进幼儿园科学启蒙教育，提高幼儿对学习科学知识的热情，以科学发展观为统领，以普及科学知识、倡导科学方法、传播科学思想、弘扬科学精神为重点，努力创建科技教育工作区域特色和品牌活动，引导幼儿主动寻找生活中的科学，了解科学小知识，并为家长提供一个了解幼儿园科技活动的平台，使家长共同参与幼儿园科技活动。

① http://www.docin.com/p-1181254325.html.

二、活动主题

体验、探索、成长——携手启航。

三、活动时间

5月。

四、活动对象

主要为幼儿园中、大班幼儿。

五、组织领导

为确保科技节活动规范、安全、有序开展，特成立活动领导小组，负责科技节的统一管理、宣传和协调工作。

成员：中、大班主班教师。

六、活动安排

（一）宣传发动阶段

1）制定方案。我园按照××区科技节活动领导小组的统一部署，制定具体、可行的工作方案。

2）广泛发动。我园进一步提高思想认识，充分利用晨会、主题班会、科技宣传栏、广播和网络、环境创设、倡议书等形式，开展科技节活动主题宣传。

3）落实计划。我园将根据科技节活动方案，将各项科技活动、主题教育活动等内容认真落实，确保全园幼儿都参与到科普教育活动中。

（二）组织实施阶段

幼儿园组织实施时间为3月28日～5月10日，具体内容安排如下。

1. 开展形式多样、内容丰富的科普宣传与教育活动

（1）参观科学室

形式：园内安排出时间表，中、大班分别参观科学研究室，了解各类器械的名称及玩法，并尝试探索与发现，提高幼儿科学教育的实践能力。

（2）我讲科学小故事

形式：教师请幼儿阅读各类科学图书，听科学小现象的故事磁带，看多媒体课件，循序渐进地给予孩子更直观、更科学的经验，激发幼儿讲科学小故事的兴趣。每班教师按幼儿年龄段特点安排活动内容和形式。

（3）科技环境创设

1）科普主题宣传栏：选材合适，有科技含量。

2）板块展示：倡议板块、科技小知识板块、七巧板美工板板块。

3）班级主题创设：要求结合科技节活动，创设丰富的主题环境。

4）成果展示：现场掠影板块、科技小报展、科幻绘画展、科技小发明制作展。

（4）亲子科普竞赛

形式：中、大班各一场，一个班级为一队，每班4～5对亲子家庭组成一队。每队回答必答题20道，抢答题10道，参加两个科学趣味游戏，累计得分，以高分者为胜。知识问答的内容由各班家长、教师收集日常生活中的科学常识，如十万个

为什么等，教师先进行汇总、筛选，再下发，要求家长在家庭中先给孩子介绍相关知识。知识问答先在班级内开展，选出参赛家庭再参加园内竞赛活动。

（5）宣传展示

设立幼儿园网站的“快乐科技节进行时”宣传栏目，及时记录、报道孩子们在各项活动中展示的风采。

2. 组织多层次、全方位的科技动手实践活动

（1）亲子废旧材料制作

幼儿园事先选择并告知家长制作内容与要求，家长在家庭中与孩子设计好，自带材料，现场制作10分钟左右，进行作品展示并介绍，当场评分。

（2）趣味游戏

开展2～3个趣味科学游戏，如吸乒乓球等，时间10分钟左右，根据获胜情况得分。

（3）环保主题科幻画（每班交5幅）

活动目的：积极参与科普活动，用手中的笔描绘科学幻想的世界。

参赛主题：“低碳环保、节能减排”。

参赛要求：①参赛作品要求符合主题，充分体现对科学的幻想；②参赛作品尺寸规格一律为4开（54cm×38cm）的纸，横竖画不限；③将一份申报表贴在作品背面左下角。

参加对象：中大班幼儿。

案例 7-4

幼儿园家长开放日活动方案①

一、活动目标

1）通过活动让家长了解幼儿在园的一日学习生活情况。

2）加强家园联系，增进家长与老师之间的沟通，以使家长更好地了解幼儿在园的情况。

3）通过亲子游戏活动，提供一个增进幼儿与家长之间感情的机会。

二、活动时间

5月17日上午8:30～10:30。

三、活动地点

幼儿园中班活动室。

四、具体安排

07:30～08:20　　晨间活动

08:20～08:35　　晨间谈话

08:35～09:00　　早操锻炼

① https://wenku.baidu.com/view/76dcbd29b4daa58da1114a03.html.

09:00～10:10　　教学活动与家长助教活动

10:10～10:30　　亲子游戏活动

五、活动内容

1. 晨间活动

活动名称：捉带子。

活动目标：培养幼儿四散追逐跑的能力，提高幼儿对体育的兴趣。

2. 教学活动

活动名称：小船儿悠悠。

活动目标：

1）学习用长方形的纸折出小船，提高动手能力。

2）在活动中感受玩小船的乐趣。

活动准备：

1）《小朋友的书·美工》。

2）教师操作用纸，小红船操作步骤图一张。

3）盛水的大水盆一个。

活动过程：

1）谈话引题。

师：你们划过小船吗？你见过怎样的小船？

2）出示“小红船”。

师：这是什么，是用什么折成的？你们想知道它是用什么形状的纸折成的吗？

教师一步一步把船还原成一张长方形的纸。

3）结合《小朋友的书·美工》示范操作小纸船。

师：小船打开后，老师就折不回来了，让我们一起来看步骤图，看着步骤图就能学会折小船。

出示小红船操作步骤图。

师：请小朋友看着折纸步骤图，说说折纸船一共需要几个步骤。

结合小红船操作步骤图，教师边讲解，边示范折出小船。引导幼儿注意观察折纸的步骤图，提醒折的时候，注意边和边要对齐。

师：最难折的是第几步？

重点示范第 6 步、7 步、8 步：从中间拉开，里侧向外翻，小心地先翻左边，再翻右边。

4）幼儿操作，教师巡回观察指导。

5）玩小船。

① 将折好的小船放入水中玩。

② 玩小船负重游戏，看谁的小船装的物体最多。

3. 家长助教活动

活动名称：漂亮的印花。

活动目标：对印花感兴趣，感受印花的乐趣。

活动准备：印花的各种材料工具。

活动过程：

1）展示家长助教的花衣服，引导幼儿观察。

师：小朋友们，今天我带了一件漂亮的花短袖衫，你们喜欢我的花衣服吗？

师：花衣服上有什么？这是什么花纹？有哪些颜色？你也想有一件这样美丽的衣服吗？

2）介绍印花的压印方式与印花工具，家长助教进行讲解示范。

① 出示印花工具与材料。

② 介绍印花工具、印花材料。

③ 怎样用印花工具印出漂亮的花纹呢？家长助教进行讲解并示范，幼儿观察。

第二节 社区中的学前儿童科学教育

学前儿童科学教育不仅依赖于家庭环境、幼儿园环境，还要依靠社区的力量和环境。社区是幼儿认识世界的重要场所之一，蕴含丰富的科学教育资源，能为幼儿的科学教育提供天然的、富有挑战性的支持。与社会生活紧密联系的幼儿科学活动能开拓幼儿的眼界，让幼儿从多方获取科学经验，促进其科学兴趣和探索习惯的养成。同时，幼儿对科学经验和科学方法的运用，也需要与社区生活相结合并在实践中得以验证，从中很好地认识“科学就在身边”。

一、社区资源

社区是指在一定地理空间内的人群及其社会性活动的总称。从幼儿园自身角度来看，幼儿园总是处于一定的地域范围即社区之中，因而社区是幼儿园生存和发展的基本环境，是幼儿教育和管理活动面临的社会现实。社区及其公众也是幼儿园公共关系的重要客体，社区包含丰富的教育资源。学前儿童科学教育的社区资源是指幼儿所在地区和邻近地区中可被幼儿科学教育利用的一切人力、物力与社会组织等，一般可以分为三类，即人力资源、物力资源、社会组织资源。这些资源都是对幼儿进行科学教育的活教材，是幼儿园科学主题活动的重要来源。

（一）人力资源

人力资源是指能够对幼儿园科学教育活动有所帮助的各种人士，一般包括社区内的管理者、企事业人士、专家学者、社会各界的先进人物、知名人士、各类专业特长的居民等，社区内的多种职业人士中有不少热心人士愿意用自己所学的科学知识及职业经验为幼儿园科学教育出一份力；他们中的部分人士还是幼儿园孩子的家长，愿意帮助幼儿园收集资料、制作材料、开展科学小讲座及探究活动[①]。他们就是社区教育资源的“生命载体”，是幼儿园开发和整合社区教育资源的基本力量。

（二）物力资源

物力资源主要是指科学教育活动所需要的各种物质材料和设施，主要是当地的各种物质，包括当地的各种产品，如农产品、矿产品及工业产品等，还包括当地的各种设施，如活动中心、博物馆等，如西安的大雁塔、城墙，陕西的大枣、柿子和核桃等。

（三）社会组织资源

社会组织资源是指当地可以用来对幼儿进行科学教育的各种组织机构，包括海洋馆、动物园、科技馆、图书馆、植物园、农博园、公安局（或派出所）、医院、航空公司、银行、超市、消防队、牛奶厂、养鸡场、农产品种植基地、农田、果园等。在这些资源中，自然博物馆能够为幼儿收集、陈列、展示多种多样有关自然物和自然现象的科学内容，如各种动物、植物的标本和实物，可供幼儿参观和观察。当幼儿处于这些资源中时，他们往往在好奇心的驱使下，学习热情高涨，学习速度也更快。因此，利用社会组织资源可以弥补幼儿园教育资源的不足，从而使幼儿教育成为开放式教育。

二、社区资源在学前儿童科学教育中的意义

（一）利用社区资源进行学前儿童科学教育，是家庭、幼儿园科学教育的补充

1. 利用人力资源，提供有力保障

社区人力资源在幼儿科学教育中发挥着特殊作用。幼儿园应充分发掘社区人力资源为我所用。例如，在幼儿园“消防安全”主题活动中，请社区消防队的武警叔叔讲讲消防知识，和幼儿一起模拟练习防火的技能等；幼儿园可以吸收社区中有专长并热心幼教的有识人士到幼儿园，发挥其智力优势，协助老师组织幼儿活动，或者教授专门的技能，以扩大孩子们的社会认识，增长见识。比如，有的社区街道发挥退休教师的余热，让他们担当幼儿园保教指导、培训新教师或者为地域内儿童及家长做幼教咨询、家长培训，宣传科学育儿的知识、方法。社区通过这样的方式为学前儿童科学教育提供了智力资源。

2. 利用物质资源，丰富活动材料与活动形式，拓宽科学教育内容

社区中物质资源的引入，可以使学前儿童科学教育活动不再局限于幼儿园和家庭之中，而真正面向自然和社会。幼儿园有些内容是难以展开的，如大型鱼类、野兽等的观察，有时只能用图片代替。在博物馆、科技馆、动物园等地方，幼儿可以从展示的内容中，了解这些在幼儿园和家庭中无法观察到的自然界的事物与现象，这将带来科普读物和口头讲解所不能得到的效果。家长和幼儿教师应该经常组织幼儿参与各种社区教育与公益活动，了解各行各业的工作情况，领略大自然的不同风貌，这样既丰富了科学教育

---

① 蔡英英，2011．社区资源在幼儿科学教育中的运用，[J]．教育学刊，(6)．

的活动材料与活动形式，又拓宽了科学教育的内容。

社区教育资源还能改善幼儿园的办学条件，加强幼儿园和社会的联系。幼儿园应该充分利用社会资源，向所在社区宣传自己的教育理念，介绍幼儿园的教育活动，使社会各界人士关心、支持幼儿科学教育。例如，空间场地狭小的幼儿园可以利用社区公共设施等环境条件，如社区街道、广场、儿童乐园等，开展户外活动；农村幼儿园可以利用得天独厚的自然环境，带孩子在广阔的田野、麦场中活动，生动有趣、能有所发现的活动都可以激发幼儿科学探索的兴趣；社区各部门或者企事业单位的闲置或剩余资源，如无用的边角料，可在符合幼儿园卫生和安全的前提下变废为宝，作为孩子们的活动材料[①]。

（二）利用社区资源进行学前儿童科学教育，促进儿童社会交往能力的发展

人是社会的人，人的生存和发展离不开社会。将社会资源引入学前儿童科学教育之中，对儿童来说，也是给他们提供一个接触社会的机会。家长和幼儿教师带领学前儿童进入社区中，去观察、发现、探索丰富多彩的科学事物，不仅是为了让幼儿了解周围的环境，也是为了让幼儿学会如何与幼儿园以外的人进行交往，鼓励幼儿把在家庭和幼儿园中学到的社会常识运用到社区环境中去。例如，参观海洋馆时，当走到一个热带鱼的展柜时，正好有一名工作人员潜在水里做清洁工作。教师抓住这个机会，对小朋友说，“小朋友可以和叔叔打个招呼哦！”小朋友看到潜水的工作人员都很兴奋，纷纷向他问好。大约过了一分钟左右，这名工作人员从水里浮出来，他摘下面罩向小朋友问好。教师鼓励小朋友说：“看看哪个小朋友勇敢，去问问叔叔在干什么呀？”接着就有一名幼儿对着工作人员说，“你在干什么呢？乌龟不咬你吗？”在社会资源丰富的大环境中，幼儿不但可以体验成人的劳动，而且可以在社会交往中增强语言表达能力，扩大视野，丰富内心世界，从而促进社会性发展。

（三）利用社区资源进行学前儿童科学教育，有利于培养幼儿的探究能力

《纲要》中提出，科学教育的价值取向不再是注重静态知识的传递，而是注重儿童的情感态度和儿童探索解决问题的能力、与他人及环境的积极交流与和谐相处。多数学者认为，自主探究应成为幼儿园科学学习和科学教育的基本方法。社区环境为幼儿提供了了解和接触世界的机会，为幼儿的科学学习营造了轻松愉悦的氛围。幼儿在这样的环境中更容易主动获取鲜活的信息，并在与真实世界的互动中进行自主探究[②]。例如，为了让孩子们能拥有直观的感知经验，可以带领他们到菜市场认识各种各样的蔬菜，重在了解各种蔬菜的营养，与卖菜者交流，幼儿可在直观感知中获得相关知识，同时也学会了尊重劳动者、爱惜劳动果实。又如，在认识水果的活动中，教师带领幼儿走出幼儿园，来到幼儿园所在小区，那里有一家小小的水果店，水果店前摆放着各种各样的水果。幼儿在教师的指导下认水果，闻气味、识颜色、辨形状、比大小。同时，老师还会提出问题：“小朋友吃过什

---

① 马林，2014．试析学前儿童科学教育资源的类型与功能［J］．湖北第二师范学院学报，（5）．

② 孙姝婷，2009．幼儿园利用家庭、社会资源进行科学教育的现状与建议［J］．幼儿教育（教育科学），（3）．

么水果，吃过的水果味道是怎样的？”幼儿兴奋地交谈，踊跃回答问题。幼儿看到一些不认识的水果还会与售货员阿姨交流寻找答案。活动既有趣又生动，幼儿从中认识了多种水果的特性，对他们来说这是一个有趣而印象深刻的探究式学习过程。

三、利用社区资源开展科学教育的要求

（一）要熟悉社区的各种资源，做好资源运用的准备和安排

社区有着丰富的物质和人力资源，教师要根据幼儿科学教育内容所需，观察社区内有哪些资源，并对资源进行分类整理。待熟悉和掌握社区资源后，要对资源进行“需要评估”，在考察本园本班幼儿的年龄特点和科学教育活动开展的需要后，对社区资源的适宜性、安全性、幼儿园的承受能力等因素做好全面的评估。

教师在基本筛选了适宜的社区资源作为幼儿科学教育活动的载体后，在利用社区资源对幼儿进行科学教育时要有计划，要写明每次活动中资源运用的具体操作步骤，包括活动目标、活动准备、活动过程、延伸活动、活动评析等，只有这样才能保障科学教育活动有条不紊地进行。另外，教师对于什么时间开展什么活动内容，所利用的社区资源相关知识，以及自己采取什么方式才有效等，都应做到心中有数。

（二）能符合学前儿童的身心发展特点，激发幼儿的兴趣，引导幼儿持续学习

幼儿科学教育是一种启蒙教育，教师所选的社区资源要符合幼儿的年龄，即与幼儿的认知水平、经验相符合，有些场馆确实很好，但由于内容过于深奥，幼儿无法理解而不适合幼儿活动。此外，相同的社区资源对于不同年龄和发展水平的幼儿，在使用方式上也要有所不同。例如，开展科学探究活动“春天”时，小、中、大班幼儿分别到社区绿地、花园或小山丘中，他们所探究的内容和深度有着各自不同的特点和方向。教师须在多种活动形式如集体、小组、个别活动中灵活运用社区资源，使幼儿自然地投入科学活动中。

教师所选的社区资源要充分考虑幼儿已有的知识储备和科学经验，要能调动幼儿的积极性，引发其浓厚的探究兴趣和需要，有利于幼儿的直观感知和操作。良好的科学教育资源不仅在一次教学活动中发挥作用，还将持久延续下去，引发幼儿继续关注，使其保持对科学的探索精神。例如，某大班幼儿对恐龙非常感兴趣，幼儿园内的资源又十分有限，教师可以带领幼儿到博物馆去参观恐龙化石，观察恐龙模型，这些活动要比幼儿看图片更直观、更形象，恐龙模型庞大的身躯给幼儿以强大的视觉震撼，从而在幼儿头脑中留下深刻的印象。

（三）因地制宜，合理恰当地选择资源

我国现代学前儿童教育的奠基人陈鹤琴先生倡导“活教育”的思想，在这一思想指导下，发展灵活多样的学前科学教育形式，广泛动员并组织协调社会各方面力量，为适龄幼儿及家长提供多种科学教育服务。在科学教育过程中，所选取的社区资源不一定多么奢华昂贵，但是一定要最有效果。即便是廉价、普通的材料，只要能为幼儿科学教育服务，都是可以的。例如，某幼儿园与社区管理委员会取得联系，申请参与认养社区内植物的活动。在征得他们同意的情况下，班级幼儿认养了一棵樟树。为了让幼儿更加了

解樟树的特性，学习养护樟树的基本技巧，教师邀请了社区的绿化负责人与幼儿互动，生成了科学活动“美丽的樟树”[①]。

教师所选的社区资源要符合当前的教育目标和教育内容，如果在社区资源中科学内容很多，应预先选择要活动的区域及内容，不用也不应该对整个场所游览一遍，这种走马观花的方式并不适合幼儿，也不适合科学教育活动。对社会资源的利用应当结合幼儿园的实际，因地制宜，合理利用，珍惜社会资源，尊重和热爱社会机构。

四、充分利用社区资源

幼儿科学教育不仅依赖于家庭资源、园本资源，还要依赖社区资源，对社区丰富教育资源的积极开发与充分利用，不仅可以开阔孩子的眼界，丰富孩子的经验，还可以弥补幼儿园教育资源的不足，拓展课程的内容。多样的社会设施为幼儿提供了学习科学的机会和场地，幼儿可以在多种社会资源中，了解平时无法观察到的事物，并能在社区设施中通过实践、操作，进行科学实践，从而培养良好的科学态度、科学方法及广博的科学知识。

（一）组织幼儿到社区中开展科学教育活动

社区既包含丰富的植物资源，也包含动物资源，孩子们对动植物都特别感兴趣。比如，在开展科学探究活动“千姿百态的树”时，带领幼儿到幼儿园周边的绿地和树林里去，引导他们观察、认识、比较各种各样的树，收集多种树叶，并以此开展一系列教学活动：认识多种形状、颜色、质地的树叶，树叶分类、制作叶脉书签等，孩子们在轻松愉快的氛围中与实物进行互动，学到了有关树的科学知识，培养了对植物的探索兴趣，发展了观察、分类等多种能力。

社区中的很多公共场所同样在幼儿科学教育中发挥着独有的功效。为了丰富幼儿的日常生活经验，丰富幼儿的社会性情感，幼儿园可以把主题活动延伸到户外进行。例如，在认识“奶牛”的主题活动中，教师带领幼儿到奶牛场进行参观，在参观的过程中，饲养员给幼儿介绍奶牛的外部形态特征，奶牛最喜欢的食物，如何挤奶，还可以让幼儿参观全自动化挤奶的过程；可以带领幼儿参观银行，了解银行人员的工作流程；带领幼儿走向菜市场，亲自感受买卖时的讨价还价；带领幼儿走进超市，仔细观察收银员的工作过程；带领幼儿参观理发店、小吃店等，让幼儿感知多种职业角色，通过与社区内人员的语言交流，培养幼儿的口语表达能力和社会交往能力。社区资源的充分利用，大大激发了幼儿的学习兴趣，使幼儿调动多感官参与观察，身临其境，生动有趣，给他们留下了深刻的印象。

（二）把社区资源引入幼儿园，配合科学教育活动的开展

社区中有多种职业人士，如医生、老师、作家、警察、科学研究人员、演员等，在这些人中，有不少热心人士愿意用自己的科学知识及职业经验为幼儿园科学教育出一份力。

① 蔡英英，2011. 社区资源在幼儿科学教育中的运用［J］. 教育导刊，(6).

例如，班上一位小朋友的家长在环保局工作，在幼儿园开展的“家长助教”活动中，可以请这位家长开展“环保小卫士”的主题教育活动。家长助教展示了丰富的多媒体资料，并耐心地解答孩子们提出的疑问。这不仅满足了幼儿的求知欲望，更弥补了教师相关专业知识的不足，保证了教学活动顺利开展。教师和幼儿在活动中不仅对环境的认知更为丰富、科学，还增强了环保意识。

（三）与社区合作建立科学教育基地，实现资源共享

幼儿园应该与社区密切合作，通过对社区资源的开发与利用，逐渐建立起一批固定的或相对固定的科学教育基地，如以农业博览园、自然博物馆、消防队、海洋馆等为主的科学教育基地。以农博园为例，每年都可以安排农博园的专业园艺师走进幼儿园，讲解他们栽培的工作经验，包括常见农作物的播种、浇水、松土、除草、追肥、收获、留种等内容，指导幼儿在种植园地开展种植蔬菜的主题活动。同时，幼儿园也应定期带幼儿走进农博园，看各种植物和农作物的生长，认识各种蔬菜瓜果。同样的活动还可以有很多，如请海洋馆的驯兽员给幼儿介绍海洋动物知识，请消防员和幼儿一起进行消防演习，请交通警察给幼儿介绍交通规则、进行交通安全教育等，幼儿园以这种互动方式实现资源共享，给幼儿带来的益处远比在幼儿园单一的学习多。

案例 7-5

大班科学社会活动——参观奶牛场[①]

一、设计思路

奶牛对幼儿来说既熟悉又有些陌生，幼儿带着好奇的心理，想了解奶牛的外形特征和生活习性。

二、活动目标

1）通过参观，幼儿知道牛的种类很多，奶牛是其中之一。

2）通过观察了解牛的外形特征、生活习性及其与人们生活的关系，教育幼儿爱护动物。

3）知道东北塘是养牛最多的地方，被称为“奶牛之乡”。

三、活动准备

1）与奶牛场取得联系，明确参观的活动内容与流程。

2）接送车的安排、医药箱。

3）牛奶若干、奶制品。

四、活动过程

1. 参观前的谈话

师：小朋友们，现在我们要去参观一个地方，大家排好队，听老师的指挥，上汽车的时候要小心，不要推挤，注意交通安全，知道吗？

① http://rj.5ykj.com/html/35155.htm.

2. 了解牛的外形特征和生活习性

师：这是什么地方？你们是怎么看出来的呢？你们看见了什么动物？（奶牛。）

师：这些牛是什么样子的？

鼓励幼儿自由谈论，教师引导幼儿观察牛的外形特征。

师：你们知道牛喜欢吃什么吗？

引导幼儿观察饲养员喂食。

3. 引导幼儿看牛产奶

师：我们小朋友吃的牛奶从哪里来的呢？

引导幼儿看牛产奶。（饲养员用吸奶器吸奶。）

4. 了解牛与人们生活的关系

师：牛对人们有什么作用？（奶可以吃，奶可以做成奶制品：奶粉、奶糕、奶片、奶茶……牛的肉可以吃，牛的皮可以做皮衣、皮带、皮鞋、皮包等，牛的粪便是最好的肥料。）

师：正因为牛有这么大的用途，它的全身都是宝，所以人们要养奶牛，东北塘是养牛最多的地方，被称为"奶牛之乡"。

五、活动反思

幼儿带着兴奋又好奇的心情来到奶牛场，通过观察及饲养员的介绍，幼儿对奶牛的外形特征和生活习性有了进一步的了解，知道奶牛是人们喂养的动物，它与人们的生活有着密切的关系，生活中少不了它，产生了爱牛的情感。活动过程中，幼儿好奇心强，人人给牛喂草，看牛吃食物的样子、睡觉的样子，有的幼儿还模仿牛的叫声，整个活动中幼儿兴奋不已，收获匪浅。

案例 7-6

大班科学社会活动——参观消防队[①]

一、活动目标

1）组织幼儿参观消防队，通过观察、互动等形式帮助幼儿了解各种消防器具及消防员叔叔的训练、生活情况。

2）激发幼儿对消防员叔叔的敬佩、热爱之情，增强防火意识。

二、活动准备

1）和消防队联系，明确参观的活动内容及流程。

2）车辆的安排。

3）让幼儿明确参观的内容和要求。

4）安排、确定摄像人员。

① http://www.jy135.com/kindergarten/shehui/2014/0528/58167.html.

三、活动过程

1）组织幼儿上车。

2）参观活动。

① 神气的消防员叔叔——观摩队列。

指导重点：学学消防员叔叔神气的样子。

② 神勇的消防员叔叔——观摩高楼救火、救生训练。

指导重点：如果发生火灾，我们该怎么做？

③ 神秘的消防车——消防车大揭秘。

指导重点：鼓励幼儿大胆向消防员叔叔提问。

④ 消防员叔叔的生活——参观寝室、食堂、休闲室等。

参观消防员的寝室，观看他们叠被子，观看消防队员穿消防服。

观察重点：消防员叔叔的东西整理得怎么样？

四、活动延伸

主题活动区域：利用幼儿共同收集的有关消防的资料和图片，教师和幼儿共同布置主题活动区域。

五、活动评析

在这次参观活动中，孩子们观看了消防队员的很多消防实战演习，一系列的活动让他们惊叹不已，通过参观活动，他们不仅了解了各种消防车及防火的一些知识，还了解了消防员战士的辛苦及其危险，并萌发了对消防员叔叔的热爱。教师也抓住了幼儿的心理特点，从幼儿的兴趣出发，引导、鼓励幼儿大胆向消防员叔叔提问，通过这种互动形式，培养了幼儿的观察能力、思考能力、语言交流能力、社会交往能力，锻炼了幼儿当众讲话的胆量。

通过参观消防员叔叔的生活区，孩子们感受了部队严谨的纪律和消防队工作的高效性。本次活动让幼儿在实践中体验到了消防在我们的生活中所发挥的重要作用，也对幼儿的安全教育进行了一次实践性的强化。在消防队里，孩子们再一次聆听了火警自救的安全知识，进一步增强了自我保护的意识，提高了自救的能力。

思考与实践

1. 简述家庭中学前儿童科学教育的方法。
2. 家长在创设家庭科学教育环境时应注意哪些问题？
3. 思考如何开展家园互动。
4. 社区资源在学前儿童科学教育中的作用有哪些？
5. 设计一个利用社区资源的学前儿童科学教育活动。
6. 调查所在社区的资源（如博物馆、科技馆、图书馆），分析如何将其运用于幼儿科学教育中。

第八章

学前儿童科学教育评价

学前儿童科学教育的评价是学前儿童科学教育的重要组成部分，隶属于学前教育评价，在具体运用上又具有其特殊性。学前儿童科学教育评价的目的在于了解学前儿童科学教育的适宜性、有效性，从而调整和改进学前儿童科学教育，使其最终有利于学前儿童的发展。要对学前儿童科学教育开展有效的评价，就要了解评价研究的一般动态，明确评价的主体、对象、内容和方法等；还要关注与学前儿童科学教育实践密切相关的部分，如怎样评价学前儿童科学能力发展状况、怎样评价科学教育活动等，学习制订科学教育评价的方案，并能在实践中运用。

第一节　学前儿童科学教育评价概述

一、学前儿童科学教育评价的含义

（一）教育评价

评价是指对某项活动的成效进行价值判断的过程。教育评价是依据一定的教育价值观，用科学的方法，对教育现象、教育实践进行价值判断的过程。这种评价在整个教育系统中起着自我监测和调节的作用，有利于教师认识和调整自我的教育教学工作。

（二）学前儿童科学教育评价

学前儿童科学教育评价是教育评价的一个分支，是教育评价在学前儿童科学教育中的运用。具体地讲，它是依据儿童发展的相关理论、《纲要》和《指南》、已有的相关研究结果及各国科学教育评价标准等，采用科学的评价技术和方法，对学前儿童科学教育中的相关要素进行分析、测定，从而做出价值判断的过程。就评价内容而言，主要涉及学前儿童科学发展状况与能力的评价和学前儿童科学教育活动过程及效果的评价。例如，评价教师对学前儿童科学教育活动的设计是否符合幼儿的年龄特点，活动目标是否体现知识、技能与情感态度的内容；评价教师教学方法的运用效果及幼儿在科学活动中的探索兴趣和探究程度；评价教师与幼儿的互动情况及幼儿在活动中的表现等。

通过学前儿童科学教育评价，教师可以了解自己工作的成果和活动的价值等。这种评价可以是某一方面的，也可以是全面的、综合的。例如，它既可以是对某一个活动目标设计或实施情况进行的单一评价，也可以是对幼儿园某学期科学教育活动计划进行的全面评价。

二、学前儿童科学教育评价的意义

学前儿童科学教育评价既是促进幼儿积累科学教育经验的重要途径，也是控制学前儿童科学教育质量的手段。它在改善教育教学质量、促进教育活动的有效开展方面起着重要的作用。从评价的意义来看，主要体现在以下几方面。

（一）鉴定与反馈学前儿童科学教育的质量

评价具有鉴定与反馈的功能，即通过学前儿童科学教育评价，使评价者获取科学教育活动中诸多要素的基本信息，从而对各要素的相互关系及其功能的发挥做出鉴别与判定。例如，对科学教育活动目标定位和达成程度的鉴定；对教育活动中师幼互动及幼儿活动状况的鉴别与评定；对教师利用环境、运用材料开展各种活动的效果的鉴别与判定等。对科学教育活动各要素的评价，可以帮助评价者对科学教育质量进行基本的判断和评定，有利于进一步改进学前儿童科学教育的质量。

（二）诊断与提高学前儿童科学教育的质量

评价的诊断功能是指通过对教育结果的鉴定和判断，对其成因进行分析，对教学过程中存在的缺陷、矛盾和问题进行诊断，以有效提高教育质量。评价的主要价值不在于对教育活动的结果做过多的横向比较，而在于对教育活动做更多的纵向的、动态的比较。通过比较来发现问题、诊断问题以便找到问题的症结，从而提出进一步解决问题的方案，并在此基础上进行有针对性的补救及改进。对教师而言，不仅可以帮助他们判断教学目标的实现程度，而且能找出教学效果不良的原因，找到改进的措施，从而进一步提高学前儿童科学教育的质量。

（三）引导教师积累学前儿童科学教育经验

如前所述，通过评价可以发现学前儿童科学教育中存在的问题，从而对这些问题进行及时的改进，以确保科学教育活动有效进行。在这个过程中，被验证有效的一些具体的科学教育活动，又可作为经验保留、积累，为日后的科学教育提供有益的参考。对教师而言，通过对教育教学活动的评价和自我反思，可以积累很多学前儿童科学教育经验，促进自身专业化发展，从而进一步提高其教育质量。

总之，学前儿童科学教育评价是学前儿童科学教育中不可或缺的一部分，它对教师的教学和幼儿的学习都是至关重要的。

三、学前儿童科学教育评价的理念

（一）评价主体多元化

《纲要》指出，管理人员、教师、幼儿及家长均是幼儿园教育评价工作的参与者。

评价过程是各方参与、相互支持与合作的过程。可见，评价主体应该多元化。管理人员、教师、幼儿及家长对同一个教育现象所持的价值观也许存在差异，但是主体之间可以通过平等的对话，对事实进行全面的评价。当然前提是，评价人员都具备正确的儿童观、教育观和评价观，这样才能更好地促进儿童的发展、教师的进步及课程实施的改善。

管理人员（教育行政官员、园长）作为评价的主体之一，可以通过观察科学教育活动的组织情况和活动效果来评定教师的表现，进而对教师教学提出建议，必要时可以调整教学管理方式。

教师作为评价的重要主体之一，需要运用专业知识审视教育实践，发现、分析、研究、解决问题，同时促进自身成长。

家长是教育评价的重要合作者，如在幼儿园定期开放的家长接待日里，家长被邀请参加幼儿园的活动，一方面可以了解幼儿的表现；另一方面也可以评价教师的教育活动，提出自己的见解。

幼儿也应是评价主体之一，只是因为年龄尚小，很难做出有效的评价，所以他们在评价中的作用经常被忽视。事实上，对学习态度的监控、对学习科学的策略调整、对科学问题的疑问、对所从事活动过程的反思等，都离不开幼儿的自我评价。幼儿的自我评价一开始较多依赖于成人的启发和提醒，以后逐步过渡到自觉进行评价，在这个过程中，幼儿逐步学会了独立自主的学习，不仅可以培养自我评价能力，认清学习目的，养成反思的思维习惯，形成对自己的学习负责任的意识，而且还可以通过对自己学习能力和阶段的认识，更好地计划下一步的学习。

总之，管理人员、教师、幼儿及家长都可以是评价的主体，多主体参与的评价将使评价更客观、公正、多元和开放。

（二）强调过程性评价，关注幼儿发展的过程

传统评价过分关注评价结果，片面强调幼儿在经过某段时间的学习后，是否达到评价标准，而忽视了对学习过程的评价。过程性评价观不仅关注学习结果，更关注幼儿发展变化的过程。因此，教师在学前儿童科学教育过程中，要多次、即时、动态地评价幼儿，要把形成性评价与终结性评价有机结合起来。也就是说，不仅应关注幼儿获得了什么，而且应记录幼儿参加了哪些活动、投入程度如何、在活动中表现如何、进步大小等情况，要动态观察幼儿在学习过程中的表现，细心了解其内心活动的变化，记录幼儿的每一点进步，并与过去相关记录进行比较。这样能有效地激励和调控幼儿的学习，进而促进幼儿科学学习能力的发展。

（三）重视发挥评价的激励、诊断和促进发展的功能

学前儿童科学教育评价要改变传统评价过分强调甄别与选拔的功能，要重视发挥评价的激励和诊断、促进幼儿全面发展的功能。通过学前儿童科学教育评价，要促进幼儿在科学知识经验、方法技能、情感态度等方面的全面发展；发现幼儿的潜能，了解幼儿的需求，使其能看到自己在发展中的长处和不足。

四、学前儿童科学教育评价的类型

根据教育评价的不同功能，以及它们的运行时间，可将学前儿童科学教育的评价分为三种类型，即诊断性评价、形成性评价和终结性评价。

（一）诊断性评价

诊断性评价是在开展科学教育之前，对教育对象进行的预测性评价，其目的在于充分了解教育对象的发展基础，发现存在的问题，以便在制订教育计划和实施教育时有的放矢。

诊断性评价可以在学期开始时进行，也可以在一个活动开始时进行。前者通常是比较正式的评价。通过诊断性评价，可以对幼儿已有的发展水平有所了解，为制订学期的教育目标提供依据。例如，从小班开始，科学教育的一个重要目标就是培养幼儿的观察能力。但是刚入园的小班幼儿在观察能力方面发展的如何？受过学前教育的幼儿和没有受过学前教育的幼儿在观察能力的发展上有没有差异？要了解这些问题，就必须进行诊断性评价。

在开展某一个教育活动之前，教师也可以通过各种方法对幼儿进行诊断性评价，以了解幼儿知识、能力和态度上的准备。这样在设计和组织活动时就能根据幼儿的发展水平调整教育目标和内容。比如，某中班教师计划组织一个“认识昆虫”的活动。她原先设计的活动目标是让幼儿认识各种各样的昆虫，概括昆虫的共同特征并形成昆虫的概念。在进行这一活动之前，为了了解幼儿对于昆虫已经具备了哪些知识，他们心目中的昆虫概念是什么，她进行了一番调查。结果发现，幼儿知道很多种昆虫，但是对昆虫的理解却是五花八门的，更谈不上对昆虫的共同特征的关注。根据这些了解，教师就改变了原先的设计，把目标的重点从认识昆虫的名称及其共同特征改为和幼儿谈论各种各样的虫子，包括“你知道哪些虫子？它们是什么样的？生活在哪里？你喜欢它们吗？为什么？”等。

（二）形成性评价

形成性评价一般都是非正式的评价，它是在教育过程中持续进行的评价，其目的在于及时了解教育活动的反馈和成效，以便及时调整教育策略，优化教育过程。

在一个持续时间较长的教育过程中，教师需要及时了解幼儿的发展情况，以便根据这些反馈信息来计划和组织下一阶段的教育，此时，就需要开展形成性评价。例如，在一次“认识海洋动物”的主题活动中，教师组织了各种形式的教育活动：首先，讨论、交流各自知道的有关海洋动物的知识，其次，集体参观“海底世界”里的动物，参观归来交流心得，提出问题，并分头收集资料，寻找答案，最后进行集体交流，汇报自己的发现等。整个活动历时几周。在这个过程中，教师不断地了解幼儿的情况，做出评价，并根据评价的结果有意识地引导幼儿深入探究。

在活动时间较短的教育活动中，教师的评价形式是多种多样的，其中教师对幼儿的反馈，就是发生在活动中的形成性评价。幼儿语言的表现是最容易被教师注意到的，幼儿通过语言来表达他们的发现、困惑和其他情绪体验。教师通过倾听幼儿的语言，就可以了解幼儿的学习情况，如他们知道了什么，他们的认识有何不足之处，还有什么疑问等，进而对幼儿的语言进行评价。

教育活动中的形成性评价虽然多是非正式的，甚至是隐性的，但却是非常重要的。从最广泛的意义上说，教师在教育活动中的一言一行，一举手、一投足，对幼儿都具有评价的作用。

（三）终结性评价

终结性评价一般都是正式的评价，它是在完成某个阶段的教育活动之后进行的评价，其目的在于了解这一阶段的教育效果，对达成教育目标的程度做出总结和鉴定。

终结性评价是一种事后的评价，是针对幼儿的学习结果进行的评价。它一般只关注结果，基本不涉及对过程的评价。终结性评价可以通过对幼儿的测试、调查进行，也可以直接评价幼儿的作业或作品。例如，为了了解一学期来幼儿在好奇心方面的发展，在学期末进行一次终结性评价，可以创设一个具有新异刺激的情境，观察幼儿在其中的行为反应，并加以评判；还可以将终结性评价的结果和学期初的评价结果相对照，以了解幼儿是否有进步和发展。

第二节 学前儿童科学教育评价的内容及标准

学前儿童科学教育评价的内容是指评价什么；评价标准是指对学前儿童科学教育质量要求的具体规定，即针对内容怎样评价，或者说是评价的尺度。学前儿童科学教育评价的内容与标准构成了整个学前儿童科学教育评价指标体系，它的设计是一个专业而复杂的过程，在此不作具体阐述，仅对学前儿童科学教育评价的内容及相关评价标准进行简单介绍。

一、对学前儿童科学教育活动的评价

对学前儿童科学教育活动的评价主要是对幼儿园教师科学教育工作过程和效果的评价，主要包括对活动计划、活动目标、活动内容、活动方法、活动过程、活动资源，以及活动中的教师与幼儿互动关系等方面的评价。

（一）科学教育活动计划的评价

学前儿童科学教育活动计划包括幼儿园的科学教育计划，各年龄段的科学教育计划，班级的科学教育计划，各班每学期、每月、每周的科学教育计划等。虽然各层次的科学教育计划的具体评价内容和标准不尽相同，但评价时都应注意以下几点。

1）计划中是否体现我国的教育方针和正确的教育思想，体现学前儿童科学教育的总目标。

2）计划中是否贯彻全园、全班教育计划及课程计划的精神和要求。

3）计划是否根据上一阶段科学教育的不足，提出本阶段科学教育的任务要求，是否体现科学教育循序渐进的连续发展性。

4）计划是否符合本班幼儿的实际情况，是否符合其年龄特点和实际发展水平。

5）计划中是否包含专门的科学教育活动和整合的科学教育活动，既规定整体的重点培养要求，又注意个体的差异，提出个别幼儿的教育内容。

6）计划中是否提出完成科学教育目标的具体方法和措施，明确规定科学教育活动所采取的形式和完成计划的日期。

7）计划是否体现了与家庭、社会教育相结合等。

（二）科学教育活动目标的评价

科学教育活动目标是指教师期望活动所达成的教育结果，其评价标准主要包括以下几方面。

1）活动目标与学期目标、年龄阶段目标与学前儿童发展的总目标是否一致。各层次的目标是为实现总目标而制订的，其目标表述越低，层次越具体，但应在内容上与总目标保持一致。每一个科学教育活动目标的积累都构成一个阶段目标；而每一个阶段目标的实现都是向总目标迈进一步。

2）活动目标是否符合本班幼儿发展的整体水平和已有经验，并兼顾个体发展的需要。每个班级在总体上体现该年龄段幼儿的一般发展水平，但各班、每个幼儿会有不同的实际情况，因此评价科学教育活动的目标时，要将其与上一级目标及本班幼儿的实际情况结合起来，看其是否合理。

3）活动目标的构成是否包含科学知识经验、方法技能、情感态度三个维度方面。科学教育的总目标包含知识经验、方法技能、情感态度三方面的要求，因此具体活动目标也应包含这些要求。需要注意的是，每一次活动的具体情况不同，对于三方面的目标有所侧重是可以的，也是合理的，但不能偏废任何一方面。

4）活动目标是否有利于幼儿的终身学习和发展。科学教育活动要注重激发幼儿对科学探索活动的兴趣，培养他们乐于思考、勇于创新的精神，教会他们进行科学探索的方法，这些都有利于幼儿的终身学习和发展。

5）活动目标的表述是否精练、具体、具有可行性。每一次活动的目标都应结合该活动的具体内容提出精练的、具体可行的目标，这样有利于教师对活动的把握。

（三）科学教育活动内容的评价

1. 科学教育活动的内容

活动内容的选择：从科学教育所涉及的内容范围中选取合适的内容。

活动内容的设计：针对所选内容，确定学习的深度和范围。

2. 科学教育活动内容的评价标准

1）活动内容的选择是否与活动目标相一致。科学教育活动的内容非常多，选择活动内容的首要依据就是活动目标。因此，科学教育活动的内容应紧紧围绕活动目标，从而有利于活动目标的实现。

2）活动内容是否具有科学性。学前儿童科学教育活动中向幼儿传递的知识应该是准确的，所选择的活动内容应是能被幼儿所感知的、可靠的材料，教师对活动中的知识应是经查阅、验证为正确的。

3）活动内容的选择是否体现时代性。科学教育活动要反映科技发展成果，让幼儿体会科技给人们带来的便利。因此，要注意选择一些体现现代科技的内容。

4）活动内容是否贴近幼儿的生活。科学活动的内容应来自幼儿的生活，这样才能保证活动符合他们的天性，有利于引起他们的兴趣，拓展他们的经验。

5）活动内容是否适合幼儿的现有水平。活动内容太难或太简单都不利于幼儿科学经验的积累和兴趣的培养，因此，活动内容既要适合幼儿现有发展水平，又要有一定的挑战性，以促进幼儿的发展。此外，活动内容的处理应能够突出重点、详略得当；活动的时间要恰好，不要出现过多或过少的现象。

6）活动内容是否能让幼儿直接参与活动。探究是幼儿学习科学的主要方式。因此，教师选择的活动内容应该是具有探究性的，能够使幼儿在活动中手、脑并用，亲身参与科学探究和发展的过程，真正成为活动的主体。

7）活动内容是否体现整合的理念。幼儿园各领域的教育内容之间存在一定的内在联系，各领域之间相互渗透、有机结合才能更好地促进幼儿的全面发展。

（四）科学教育活动方法的评价

科学教育活动的方法，既包括教师指导的方法，也包括幼儿学习的方法。科学教育活动方法使用是否得当，直接影响活动目标能否实现，对科学教育活动方法的评价标准，主要包括以下几个方面。

1）活动方法是否适合幼儿的年龄特点。活动方法应尽量直观生动、形象、灵活，这样更符合幼儿的年龄特点，使他们更易于接受，对科学教育活动更感兴趣。

2）活动方法是否做到因地制宜。幼儿园的实际情况不同，教师要根据幼儿园的环境、设备和条件选择合适的方法，做到因地制宜发挥特色。

3）活动方法是否恰当运用现代的科技手段。现代科技手段（如多媒体教学、立体打印等）可以让幼儿多角度、立体化地观察和探索，因此，恰当运用一些现代科技手段可以得到良好的教育效果。

4）活动方法是否体现幼儿的主体性。幼儿是一切学前儿童科学教育活动的主体，教师应注意充分调动他们的积极性、能动性和创造性，使幼儿亲历探索发现的过程，主动地获取科学知识和经验。

5）在一次活动中，是否采用多种合适的方法。活动中的各种方法作用不同，教师要综合运用多种方法才能起到良好的作用。例如，启发性的提问、准确的示范、有趣的设疑、适宜的材料、多种感官的刺激、恰当的建议、具体的指导、欢快的互动等。

（五）科学教育活动过程的评价

对科学教育活动过程的评价标准主要包括以下几方面。

1）活动过程的结构是否严密。科学教育活动的每一个步骤应该是紧密联系的，前一个步骤是下一个步骤的基础，后一个步骤是前一个步骤的深入，整个活动过程的结构应该是严密的，层层递进，环环相扣。

2）活动过程是否围绕着活动目标而进行。活动目标确定后，整个活动的过程应围绕活动目标展开，如活动顺序的安排、教师的提问，都应紧密围绕活动目标。

3）活动过程是否充分接纳和尊重幼儿的个体差异。活动过程有时既要面向全体，又要注意对幼儿的个别指导。因此，活动应采取集体、小组、个别活动相结合的形式，让每个幼儿都能通过适合自己的方法参与科学探索活动。

4）活动过程中教师与幼儿是否充分互动。在活动过程中，教师是指导者、帮助者，又是合作者、支持者和观察者，教师作用的发挥，要通过与幼儿的融洽交流与互动来实现，教师肯定的眼神、饱满的情绪、生动的语言等，都能极大地激发幼儿探索的积极性，从而达到良好的活动效果。

5）活动过程是否做到灵活掌握，动态调整。每一次活动的开展都有其具体发展情况，有时需要对活动时间、组织形式、方式方法、设疑问题等做出适当调整，以适应具体情况。

（六）科学教育活动资源的评价

科学教育活动的资源（包括环境、材料等）是实践活动目标的物质保障，其评价标准主要包括以下几方面。

1）是否能达成科学教育活动目标。活动资源是活动目标的物化，只有精心选择和设计才能确保幼儿通过观察、操作等理解教育的内容，达成科学教育活动目标。

2）是否适合科学教育活动的开展。合理利用空间，创设科学的物质环境（如设立自然角、科技角等），特别是在每项活动前一两周内，教师应对相关环境进行布置，如张贴挂图、准备材料和用具等，从而使周围环境有利于科学教育活动的开展。

3）是否适合幼儿操作。科学教育活动所用的材料要安全（包括没有危险和保证清洁两方面）、科学、具有可操作性，这样才是适合学前儿童操作和使用的，要在保证他们安全的前提下进行智力开发和能力培养。

4）是否最大限度地利用资源。供科学教育活动使用的资源多种多样，教师在组织活动时要掌握好材料和用具的数量、品种，注意使材料和用具得到最大限度的利用。

（七）科学教育活动中教师与幼儿互动关系的评价

科学教育活动中教师与幼儿的良好互动关系，在一定程度上可以保证活动取得尽可能好的效果。师幼互动关系的评价标准主要包括以下几方面。

1）是否正确发挥了教师的主导作用，如教师在活动中的提问是否得当，是否引起了幼儿的兴趣，是否调动了幼儿的积极性，是否对幼儿有所启发，是否鼓励每一名幼儿积极地参与活动等。

2）是否创造条件使幼儿成为活动的主体，如幼儿是否在宽松的心理环境下主动地参与科学活动、自主探索和发现等。

3）教师与幼儿的交往是否和谐融洽。教师与幼儿的交往要做到积极主动、和谐融洽，如教师对幼儿采取关心、接纳、尊重的态度及理解、支持、鼓励的方式等。

4）幼儿参与活动的态度如何。幼儿要能够积极主动地参与活动，而不是被动参与和仅仅旁观。

二、对学前儿童科学能力发展状况的评价

根据《纲要》和《指南》的要求，对学前儿童科学能力发展状况的评价可从科学知识经验、方法技能、情感态度等方面来进行。

（一）学前儿童科学知识经验的评价

对学前儿童科学知识经验的评价主要包括：幼儿通过学前儿童科学教育活动是否获得了相应的科学经验，是否在此基础上形成了初级的科学概念等。一般可以通过有计划的测量、家长问卷、观察、作品分析、谈话等了解情况，然后再对这些情况进行分析，从而做出间接评价。幼儿是否获取了对周围物质世界的广泛的科学经验，或在感知经验的基础上形成了初级的科学概念，可以从以下几方面加以评价：其一，是否具有常见的自然现象（如季节、气象、理化等自然现象）及其与人类、动植物有关系的具体经验或初级的科学概念；其二，是否具有关于周围环境（有生命物质和无生命物质，包括人类自身）及其相互关系的具体经验或初级的科学概念；其三，是否具有与幼儿自己生活有关的科技产品及其对人类有影响的具体知识。评价幼儿科学知识和经验可用三级标准去评定，如表 8-1 所示。

表 8-1 学前儿童科学知识经验的评价[①]

项目	内容	等级标准	
自然知识	季节	2	能知道夏季或冬季的最明显特征（热、冷）
		4	知道四季的名称和明显的季节特征
		6	知道四季的轮换顺序和季节特征
	动物	2	能说出一两种常见动物的名称和主要习性（吃什么、怎么叫）
		4	能说出数种常见动物的名称及明显的外形特征
		6	能把常见动物按家禽、家畜、野兽分类
	植物	2	能说出常吃的蔬菜、水果名称各一两种
		4	认识常见的蔬菜、水果各两三种；区分花、草、树
		6	能将常见的水果、蔬菜分类；认识周围常见的花、草、树，并说出其名称

教师应了解幼儿已有发展水平和已获得的知识和经验，为制订以后的集体性科学教育目标提供依据，也便于以后针对不同幼儿的具体情况进行指导。

（二）对学前儿童科学方法技能的评价

对学前儿童科学方法技能的评价主要包括幼儿探索周围世界的智力技能与方法的

① 郑美玲，1996. 幼儿园教师评估手册［M］. 上海：上海科学技术出版社.

发展水平。例如，幼儿能否使用各种感官有顺序地观察，能否对一些物体进行比较、分析，抽象和概括；能否用非正式的量具测量物体；是否具有遇事思考的良好习惯；能否用语言、姿势、绘画等手段进行表达和交流等。

学前儿童不同能力的发展可以用不同的等级标准进行测定和判断。学前儿童分类能力发展的评价可以分为六个等级，如表 8-2 所示。

表 8-2　学前儿童分类能力发展的评价

等级	0 级	1 级	2 级	3 级	4 级	5 级
具体描述	不会分类	会按一种特征分类	会按一种特征迅速分类	会按两种特征分类	会按两种特征迅速分类	会按两种以上特征分类

（三）对学前儿童科学情感和态度的评价

对学前儿童科学情感和态度的评价主要包括幼儿对周围世界的好奇心，探索周围世界和学习科学的兴趣，以及幼儿关心、爱护自然环境的积极情感和态度。例如，是否对环境中的新奇刺激产生兴趣，并积极地观察、操作、提出问题，寻求答案；是否对自然界和科学活动感兴趣，是否喜欢观察、探索，乐于参加科学活动；是否关心自然界，爱护、保护动植物和周围环境等。

一般来说，学前儿童科学情感和态度养成的评价标准，应从幼儿与材料的关系、与同伴的关系及幼儿活动的倾向与干劲等方面来设计。例如，某幼儿园对学前儿童科学情感与态度养成的评价分为五个等级，如表 8-3 所示。

表 8-3　学前儿童科学情感与态度养成的评价

等级	学前儿童与材料的关系	学前儿童与同伴的关系	学前儿童的活动倾向与干劲
1 级	探究材料时犹豫不决	只会独自无拘束的操作	草草完成或者根本没有完成活动要求
2 级	探究材料的方法有限	能在别人的带动下活动	探究一会儿又去做别的事
3 级	能做到教师所期望的	能与别人合作活动	能保持稳定的状态
4 级	能寻找独特的方法	能提出可为别人接受的活动建议	能专心致志地、热切地探究材料
5 级	能寻求教师没有提供的材料	会支配或告诉别人干什么	能提出下一次活动的建议

综上所述，对学前儿童科学能力发展状况的评价要注意以下几个问题。

1）明确评价的目的。对学前儿童发展状况的评价不是给每个幼儿贴上等级的标签，或者给他们排队，而是为了让教师了解自己的教育工作成效，以便根据幼儿发展的需要，有针对性地选择教育内容的指导策略，最终目的是促进每一个幼儿科学素养的提高。

2）尊重幼儿的个体差异。评价要注意每个幼儿的纵向比较，发现他们的进步，而不能用统一的标准评价不同的幼儿，要慎重采用幼儿之间的横向比较。

3）评价方法要自然。不能只在活动前后进行评价，必须将评价贯穿于活动过程中，以幼儿真实的日常活动为基础，全面反映幼儿的发展情况。

第三节 学前儿童科学教育评价的方法

在学前儿童科学教育评价中，无论是对于科学教育活动还是学前儿童科学能力的发展状况，都需要用科学的方法来进行评价。

一、学前儿童科学教育评价的步骤

为了保证评价工作的顺利进行，使评价更具有科学性和有效性，对学前儿童科学教育的评价要有可行的步骤。

（一）明确评价要素

明确评价要素主要包括明确评价目的、确定评价者、明确评价内容等。

1. 明确评价目的

评价是一项有目的的活动，因此进行评价工作前，首先要确定评价的目的，即为什么评价。例如，评价者要明确当前评价的直接目的是什么，是衡量教育效果是否达到质量标准，还是进行比较和鉴别？是为了对幼儿进行选拔，还是为向家长提供所有幼儿的发展情况？是为了发现和诊断问题，还是为了改进教学？目的不同，评价的具体实施也就不一样了。

2. 确定评价者

评价的目的不同，评价的实施机构和人员也不同。如果是为了对幼儿园的科学教育质量进行评估定级，就需要由权威的评价机构或者上级教育行政或业务主管部门组织实施。如果是幼儿园内部为检查科学教育效果而进行的评价，则可以由幼儿园的管理人员组织实施，各班教师配合。如果是教师在科学教育过程中为了诊断和改进教学而进行的非正式的评价，则可以由教师、家长联合进行。

3. 明确评价内容

评价的对象和具体内容直接取决于评价的目的。在教育评价中，既要全面完整地反映评价对象的事实面貌，又要从实际出发，在条件允许的情况下，选择可行的、能够真正说明问题的内容进行评价。

科学教育评价的内容涉及各个方面。根据评价对象的不同，可以把它分为课程评价、幼儿发展评价和环境评价等。

课程评价，就是从课程的角度，对科学教育的实践进行整体性的评价。它包括对科学教育的目标评价、内容评价及实施评价。在发展一个新的课程时，或者对一种课程模式的框架进行整体评估时，就需要进行全面的评价。

幼儿发展评价以幼儿为评价对象，对幼儿发展的评价包括知识掌握情况的评价、技能获得水平的评价、情感态度的评价等。依据不同的评价目的，可以对其中的某一方面或全部方面进行评价。

环境评价也是科学教育评价的重要内容之一。环境是幼儿学科学的重要条件，它包括物质环境和心理环境。丰富的物质材料是幼儿探索科学的物质基础，而轻松的心理环境是幼儿探索科学的安全“基地”。

（二）设计评价方案

评价方案是指整个评价工作的总体结构和工作计划，是根据教育活动和评价活动的一般规律，对评价的目的、内容、范围、方法和程序等方面加以规范的基本文件。一般而言，评价方案的设计包括四个方面的工作。

1. 明确评价所依据的目标

在科学教育的评价中，就应该以科学教育的总目标作为依据，对教师的教学、幼儿的发展状况进行评价。

2. 设计评价指标体系

评价指标体系是教育目标的具体化，是评价活动的直接依据。它是把评价内容中各个有关因素集中在一起，按照一定的层级和权重组成的一个指标体系。

3. 确定收集资料的方法和步骤

建立了评价指标体系，就可以选择适当的收集资料的方法。收集资料的方法有很多，如观察分析法、问卷调查法、访谈法等，应该根据不同的评价内容选择不同的方法。必要的时候，对同一评价内容还需要采用不同的评价方法，以便相互印证，提高评价结果的可靠性。

4. 准备评价记录表格与文件

在设计评价方案时，应该根据计划采用的评价方法，设计好相应的表格和文件。例如，在运用观察法时，就要准备好观察记录的表格（包括原始记录表格和分析整理表格）、评价标准；在运用问卷调查法时，要设计好调查问卷；在运用访谈法时，要准备好访谈提纲等。

（三）实施评价方案

实施评价时，评价人员要以评价方案为依据，根据收集的多种材料和信息，对评价对象进行价值判断。在具体实施评价方案时，还须做必要的组织和发动，以保证所收集评价资料的可靠性和真实性。

1. 收集评价资料之前的工作

评价正式实施之前，要做一定的宣传发动工作。评价的组织者有必要对评价所涉及的对象，如教师、幼儿、家长等人员做必要的解释。尽可能避免以下情况：有的教师害怕自己的教学评价结果低于同行，就对班上的幼儿进行训练，甚至猜题押宝，在评价过程中对幼儿进行提示、泄题等；有的家长担心自己的孩子在评价中落后于他人，也用各种方法进行“补课”，人为地影响了评价结果的可靠性。

2. 收集评价资料的过程

在收集评价资料的过程中，很多时候都是由教师担任评价者，负责收集资料。这就要求教师平时勤观察、勤记录，全面准确地收集资料，完整地保存和积累资料。如果评价资料需要以文字记载的方式加以收集，教师应特别注意记录的客观性。应以纯描述性的文字加以记载，避免一切带有主观色彩的词汇。比如，“他对自然角很有兴趣”就属于一个带有主观推断的评价，而客观的记录应该是：“他在每天早晨来园以后，都会到自然角中去观察。每天观察自然角平均有××时间。”

另外，教师在评价幼儿的过程中，不要随意发表议论和评论，如“×××很好”，“×××不行”等，这样既会对幼儿产生不利的影响，也会影响自己记录评价资料时的客观程度。

3. 获得评价资料之后的工作

在获得评价资料以后，要及时对评价资料进行汇总和统计整理。这一阶段的工作需要认真、精确地分析资料，如将评价资料加以归类并汇总。

（四）分析处理评价结果

在获得评价信息和资料后，评价者要对其进行全面、认真的分析，形成对评价对象的综合性评判意见，做出评价的结论。教育评价的结果，要通过评价报告的形式提供给有关的对象，或者反馈给教师，供其改进教学，或者报告上级，使其了解情况。

二、获取评价资料的方法

常用的获取评价资料的方法有观察分析法、访谈法、问卷调查法、测试法、作品分析法等。

（一）观察分析法

观察分析法就是在自然状态下，对评价对象的行为进行有目的、有计划的现场观察或测量，并根据观测结果进行分析、做出判断的一种方法。该方法既可以用于幼儿行为的观察，也可以用于教育情境中教师与幼儿互动的观察，按具体的操作方法不同，可分为以下三种。

1. 自然观察法

自然观察法又称事件详录法，是指调查者对幼儿在日常生活中，自然状态下的行为进行观察，详细记录某种特定行为或事件的完整过程并加以评价。具体操作时，要求观察者在观察前明确观察行为和事件的类型，观察时只需等候行为或事件的发生，并做记录。

案例 8-1

一个幼儿在某次科学活动中的行为实录

在中班的一次主题为“宝贵的土壤”的科学活动中，教师把幼儿带到户外的场地中，让每个幼儿寻找土壤里有什么。某男孩就埋头寻找，发现了一只小小的西瓜虫。于是他把西瓜虫捡起来，放在手心里，一会儿看看远处的老师和小朋友，一会儿看看自己手心的西瓜虫，但是他并没有把自己的发现告诉别人，也不再去寻找土壤里的东西了。在集中谈话的时候，他对教师的问题也没有反应，一心注意他手心里的西瓜虫，西瓜虫在他的手里也慢慢地爬动起来。当西瓜虫快要爬到手掌边时，他马上用另一只手接过来。这时教师开始注意到他的举动，就走到他面前，终于发现了他的“发现”，就对他说：“等会儿把西瓜虫放到班上的自然角里，好不好？”他点点头，依然低头看着他的西瓜虫。

分析：从上面的事件详录中，可以具体地看到该幼儿的探索行为，他的发现，他对小动物的兴趣和态度等。

案例 8-2

自然观察法的应用

某幼儿园小班教师在一次活动中做了如下记录。

教师发出指令：“请小朋友们给每个杯子里放一支吸管。”

苗苗（女，3 岁）拿起一个吸管放到一个杯子里，又抓起桌子上的几根吸管放到另一个杯子，然后把几个杯子放在一起，拿起一根吸管放在嘴里咬着玩。

迪迪（男，3 岁半）先是把桌子上的吸管都拿起来放到一只手里，然后，一根一根地分别放到杯子里，放完后，剩余 3 根吸管，然后用 3 根吸管在桌子上摆成各种形状。

分析：该教师通过观察以上两名幼儿的操作过程，可以做出评价，苗苗小朋友还没有掌握一一对应的概念，迪迪小朋友已经掌握了一一对应的概念，且能够用独特的方法自己探索。

自然观察法的优点是便于教师灵活地记录日常观察到的幼儿行为，不受时间间隔的限制，只要事件一出现便可随事件和行为的发展持续记录，而且所获得的资料生动、具体，更能完整地反映幼儿的行为面貌；缺点是对观察者的要求较高，没有现成的记录表格，完全靠事件发生时的速记。

2. 情境观察法

情境观察法是由评价者创设一个特殊的情境，通过观察幼儿在整个情境中的行为反应来获取评价资料的方法。例如，在“沉与浮”科学探索活动课上准备半盆水，以及一些木块、铁钉、纸张、小瓶（有空的、有装半瓶水的、有装满水的），观察幼儿对“沉与浮”现象的兴趣和认识，尤其是对纸张和三个小瓶的沉浮变化情况的反应等。

案例 8-3

运用情境观察的方法，评价幼儿好奇心的发展

评价者向幼儿演示一种新奇的玩具（根据教师了解，幼儿平时没有见过这种玩具）。当幼儿明确了所见到的现象以后，主试问他："你想不想玩？如果你想玩，那你就玩吧。你想怎样玩就怎样玩。"如果幼儿明确表示不想玩，则说明他对新异的刺激没有好奇心，计零分。如果幼儿想玩，则观察其在规定时间（5 分钟）内的探索行为并予以评分。如果幼儿在 5 分钟之内提出不想玩了，也可根据其在这一段时间中的表现予以评分（见表 8-4）。

表 8-4　评分的项目及权重（满分为 20 分，每项 5 分）

分项目	好（5 分）	中（3 分）	差（1 分）	无（0 分）
探索时间	在规定的 5 分钟时间内一直探索，直至观察者让其停止	探索行为坚持 3 分钟以上	探索行为维持 1 分钟以上	不愿意探索
探究动作	明确表现出探究和解决问题的行为	表现出不同的探究动作	探究动作很少或单一	无探究动作
语言表现	有较多语言伴随其问题及发现	有较多语言	有少量语言	无语言表现
所提问题	能主动提出问题，或在主试询问时能提出两个以上和探索对象相关的问题	在主试询问时能提出两个和探索对象相关的问题	在主试询问时能提出一个和探索对象相关的问题	没有提出问题

分析：评价者根据好奇心的概念："好奇心是对新异刺激的积极的反应倾向"，确定了好奇心的操作定义，即以一系列行为表现作为好奇心的指标，如接近新异刺激，观察刺激物，摆弄刺激物，自我发问，提出问题，长时间不愿离开等。在评价过程中，设计了一个情境，让幼儿置身于新异刺激的环境中，观察幼儿在其中的行为反应，并做出评价。

由于情境观察是在有控制的情境中进行的，因此其优点是能排除一些无关因素的干扰，观察的效率较高，而且能够测量幼儿发展水平的不同层次，缺点是难以创设一个能完整的体现评价目标的情境。

3. 行为检验法

行为检验法又称行为核对法，是指在观察前根据评价的内容确定观察目标，并编制观察检核表，调查者根据观察到的事件或行为对检核表中的条目逐条检验，并在适合的条目上做出记号。

该方法实施起来比较简便，但须注意检核表中所列行为必须和想要评价的内容相吻合，行为必须具有一定的代表性。

案例 8-4

通过现场观察进行行为检核的评价实例

在科学发现室中放置小鸡和小鸭，观察幼儿对它们的行为反应，同时用行为检核表记录幼儿的行为，对其行为反应做评价，如表 8-5 所示。

表 8-5 幼儿对小鸡和小鸭的行为检核表

姓名	从远处看	走近看	用手抚摸	用手抓捏	用语言逗引	模仿其叫声	喂食	主动和伙伴谈论	说出其特征	发现鸡、鸭的不同	显露高兴的表情	其他行为

注：在以上对应的项目上打“√”，表中未提到的，补充在其他栏。

分析：通过现场的观察并填写行为检核表，我们可以了解幼儿的好奇心、对小动物的兴趣、对小动物的感情，以及幼儿的观察能力等。

案例 8-5

通过面对面的测试进行行为检核的评价

为了评价幼儿感知能力的发展，向幼儿出示两个不同的水果：苹果和西瓜，让幼儿说出它们有哪些不一样，说得越多越好（见表 8-6）。

表 8-6 幼儿对苹果和西瓜的感知、比较检核表

姓名	视觉		触觉				嗅觉	味觉	听觉	其他
	大小	颜色	形状	软硬	轻重	光滑	气味	味道	声音	

注：在幼儿说出的项目上打“√”，表中未提到的，补充在其他栏。

分析：在上面的行为检核表中，根据不同的感觉器官列出若干项目，当幼儿说出其中一项时，就在上面做一个记号。通过观察分析，可以评价幼儿是否能够主动运用各种感官进行观察和比较。

（二）访谈法

访谈法是指评价者通过直接和访谈对象进行交谈来获取有关信息的一种收集评价资料的方法。该方法的优点是获得的资料更为真实可信，也更为生动具体；形式灵活方便，能拉近教师与幼儿之间的距离；富有人情味儿和个性。但是通过谈话获得的资料难以标准化，而且进行谈话费时费力，难以取得大量被调查者的资料。因此，该方法普遍用于定性评价，或用于验证其他方法所获得资料的真实性，也常用于补充其他方法所获得资料的不足等。

值得一提的是，对幼儿来说，访谈是最让幼儿感到轻松的方法。在一种平等的气氛中进行访谈，幼儿可以表露出他的真实想法。所以，在科学教育的评价中应该充分利用访谈的方法获取评价资料。

案例 8-6

教师利用访谈法了解幼儿心中的“正方形”概念①

教师手持正方形小卡片，和大班幼儿进行交谈。

师：这是什么形状？（手持正方形小卡片）

幼：正方形。

师：好，那……这是什么形状？（将小卡片当幼儿面旋转 45°）

幼：菱形。

师：菱形？可是你刚刚跟我说这是正方形，现在又告诉我这是菱形，到底是什么形状？（手摇晃小卡片，最后又回到原状）

幼：正方形。

师：好，这是什么形状？（将小卡片旋转 45°）

幼：不知道。

师：不知道？（手指着旋转了 45°的小卡片）

幼：这样就是菱形。

师：这样就是菱形哦！好，那么怎么样叫正方形？

幼：这样子就叫作正方形（将小卡片转回原状）

师：哦！那么这样子呢？（将小卡片转回 45°）

幼：菱形。

师：这张卡片，你刚刚告诉我是正方形，现在你又告诉我是菱形，到底这张卡片是正方形还是菱形？（手摇小卡片）

幼：正方形。

师：可是你刚刚又跟我讲是菱形？

幼：这样本来就是菱形啊！（将卡片旋转 45°）

师：这样本来就是菱形啊！好，谢谢！

分析：从这个访谈记录中，我们可以看出，幼儿并不认为正方形旋转了 45°以后仍是正方形，也就是说，他还不具备图形守恒的能力。

使用该方法时应注意以下几点。

1）教师要对谈话的内容非常熟悉，要具有较强的语言表达能力和敏锐的洞察力，善于理解学前儿童的言行和态度。

2）谈话前，教师要做好充分的准备，列好谈话提纲（包括程序、基本问题、附加

① 根据 http://www.chinajiaoan.cn/lunwen/2013/lunwen_11195.htm 中的案例改编.

问题等），谈话中的问题不宜太多，尽量避免和主题无关的问题。

3）访谈的过程中，千万不要急于纠正幼儿的错误，因为访谈的目的在于了解幼儿的想法（尤其是错误的想法）。如果在访谈中，幼儿感觉到老师是在“考”他，往往就会想着什么样的答案更迎合教师的要求，而不能进行正常的思考。所以，谈话应在轻松愉快的气氛中进行，从而让幼儿流露出更多的真实想法。

（三）问卷调查法

问卷调查就是由调查者拟定关于所调查内容的问卷，通过被调查者回答的问卷来收集资料的方法。该方法的优点是简便易行，能在较短的时间内获得大量的信息，便于量化统计分析；缺点是缺少直接的沟通，获得的信息不够深入细致。在学前儿童科学教育的评价中，应用较多的是对教师和家长的评价。近年来，也出现了以幼儿为对象的问卷调查。

问卷调查法的关键是问卷的设计与编制。为了便于幼儿回答及以后的统计，设计问卷时应注意用适宜的方式表述，在问题的表述方式上要精心考虑。例如，在词语的使用上，要考虑不同调查对象的特点。如果是对家长的调查，要尽量采用简短、明确的话语。调查者提出的问题既不能带有暗示性，也不能带有倾向性，以免出现调查对象“讨好”调查者的现象。

如果是对幼儿的书面调查，问卷中必须避免文字，尽量用图画的方式，同时给予相应的指示语。指示语只为让幼儿明白问卷上的问题，不能带有暗示性和倾向性。在实施调查时，要由调查者（一般是教师）指导幼儿理解问卷上图画的意义，再让幼儿作答。此外，对幼儿的问卷调查，更多采用口头式的测查，即由教师口述问题，让幼儿口头回答，教师根据幼儿的回答进行评价。

案例 8-7

调查幼儿关于动物生存环境的知识

向幼儿出示一张画有各种动物的图，如下图所示，同时给予相应的指示语：“你知道这些动物生活在哪里吗？请你把生活在水里的动物打上△，把生活在陆地上的动物打上○。”

（四）测试法

测试法是根据图片所表示的内容及问题，通过思考，用符号或数字作为标记来回答各种问题的方式。测试法应注意选择适当的题型。一般来说，多采用选择题、判断题、排序题、匹配题等便于作答和统计的题型，而问答题是让调查对象按照自己的想法自由作答的问题，回答费时，且结果难于处理，除非是那些很有必要深入了解的问题，尽量少用问答题。

案例 8-8

利用判断题评价幼儿对于磁铁性能的了解

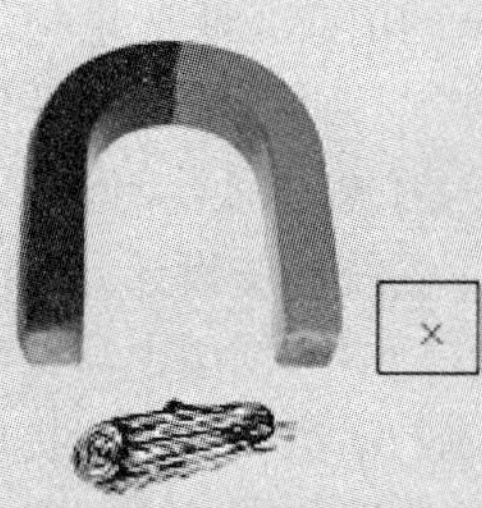

提问幼儿："图片上有什么？""磁铁能吸住木头吗？"幼儿在右边的空格内画上"√"或"×"，表示"能"或者"不能"。

分析：判断题也称是非测试题，即幼儿只要根据问题（图片、语言或两者结合）回答"是"或"否"的问题。图片辅以简单的语言说明，要求幼儿在问题后面的括号内用笔打"√"或"×"的符号。这种方式使用比较广泛。其优点在于设计时相对比较容易，评价比较客观，因为它以"是"或"否"的方式进行，在事后整理资料时比较容易。其缺点在于大多测试幼儿的记忆水平，幼儿思维能力等方面的发展不易测出。

案例 8-9

利用选择题评价幼儿对于磁铁性能的了解

请观察图片回答："图片上有什么东西？""请将能被磁铁吸住的东西选出来圈住。"

分析：选择题由问题和答案两部分组成，而答案中有正确的和错误的两种选项。一般运用于幼儿的选择测试，由一个正确的选项和两个错误的选项构成。少于或超过两个错误选项都是不适宜的。该方法能评价幼儿对概念的理解，还能评价幼儿发现事物之间相互关系的能力，以及运用所获得的科学概念，去解释熟悉的或新发现的现象的能力。

案例 8-10

利用匹配题评价幼儿对于小动物食性的了解

请观察图片后，将小动物与它喜欢吃的食物连线。

分析：匹配题给出两组内容，让幼儿根据其个体间的联系或关系，用线条联系起来。个体间的联系与关系通常是物体、现象与其用途、功能、习性等方面的内容。这种题型设计起来较简单，但它一般只能用于比较低水平的目标测试，趋向于测试幼儿记忆的内容较多。设计时须注意两组内容之间的联系不能有交叉的情况出现，否则就无法进行了。

（五）作品分析法

作品分析法是根据幼儿的各种作品，如图画、泥塑等，分析幼儿科学素养发展水平的一种方法。例如，通过对幼儿观察记录的分析，了解幼儿的观察水平，如教师安排任务，从某月某日起，幼儿每天观察自己所养蚕的变化情况并记录，然后将记录拿到幼儿园，以此分析幼儿观察的细致性水平等，同时还可了解幼儿的坚持性、自制力等个性品质的发展情况。该方法的优点在于收集资料较易。其缺点是不能系统、完整地了解幼儿的科学素质发展水平，因此需要结合各种方式进行。

思考与实践

1．什么是学前儿童科学教育评价？

2．为什么要对学前儿童科学教育进行评价？有何意义？

3．简述学前儿童科学教育评价的一般步骤。

4．找一份学前儿童科学教育活动方案，尝试对该活动方案做出评价和讨论，也可针对同学设计的活动方案进行互评，以改进方案。

5．请选择一到两种学前儿童科学教育评价的方式，尝试设计学前儿童科学教育评价方案并在实践中运用它。

6．到幼儿园见习或观摩一次，用有关活动评价的指标和方法尝试对某一次幼儿园科学教育活动进行评价。

参考文献

蔡英英，2011．社区资源在幼儿科学教育中的运用［J］．教育学刊，(6)．

陈虹，2013．幼儿科学教育与活动指导［M］．北京：高等教育出版社．

董佩燕，张晓焱，2014．学前儿童科学教育［M］．南京：江苏大学出版社．

黄瑾，2006．学前儿童数学教育［M］．上海：华东师范大学出版社．

霍雨佳，2008．幼儿科学活动中教师指导的特点与类型［J］．学前教育研究，(6)．

孔令达，2007．儿童对两组时间词的习得［J］．安徽师范大学学报（人文社会科学版），(11)．

李高峰，刘恩山，2009．美国《国家科学教育标准》倡导的科学探究［J］．教育科学，(25)．

李季湄，冯晓霞，2013．《3—6岁儿童学习与发展指南》解读［M］．北京：人民教育出版社．

李维金，2012．学前儿童科学教育［M］．2版．北京：科学出版社．

梁慧琳，2010．幼儿园数学教育活动设计［M］．北京：中国社会出版社．

刘占兰，2014．幼儿园科学教育资源［M］．北京：人民教育出版社．

刘占兰，2008．学前儿童科学教育［M］．2版．北京：北京师范大学出版社．

罗群，2015．学前儿童科学教育的困境与对策［J］．课程教育研究，(5)．

马林，2014．试析学前儿童科学教育资源的类型与功能［J］．湖北第二师范学院学报，(5)．

玛丽亚·蒙台梭利，2017．蒙台梭利教育法［M］．霍力岩，译．北京：北京师范大学出版社．

潘月娟，2013．幼儿数学教育与活动指导［M］．北京：高等教育出版社．

彭越，王栋材，2014．幼儿园科学教育活动设计与指导［M］．2版．长沙：湖南大学出版社．

让·皮亚杰，1981．教育科学与儿童心理学［M］．傅统先，译．北京：文化教育出版社．

让·皮亚杰，1982．儿童的心理发展［M］．傅统先，译．济南：山东教育出版社．

施燕，2014．学前儿童科学教育与活动指导［M］．3版．上海：华东师范大学出版社．

施燕，等，2014．幼儿园科学教育资源库［M］．上海：华东师范大学出版社．

孙姝婷，2009．幼儿园利用家庭、社会资源进行科学教育的现状与建议［J］．幼儿教育（教育科学），(3)．

王晓芬，钱慧，2011．小议幼儿园教育活动目标的制定［J］．教育导刊，(3)．

维果茨基，1994．维果茨基教育论著选［M］．余震球，选译．北京：人民教育出版社．

夏力，2014．学前儿童科学教育活动指导［M］．3版．上海：复旦大学出版社．

徐苗郎，2004．我的幼儿园数学活动模式［M］．上海：上海社会科学院出版社．

叶钟，2006．家园互动开展幼儿科学教育活动［J］．幼儿园教育教学，(1)．

张俊，2004．幼儿园科学教育［M］．北京：人民教育出版社．

郑美玲，1996．幼儿园教师评估手册［M］．上海：上海科学技术出版社．

周欣，2004．儿童数概念的早期发展［M］．上海：华东师范大学出版社．

周欣，2013．《指南》“数学认知”目标解读［J］．幼儿教育，(6)．